みんなが欲しかった！
中小企業診断士の問題集 上

2021年度版

企業経営理論
財務・会計
運営管理

TAC中小企業診断士講座・編著

はじめに

　本試験に合格する力をつけるためには、知識をインプットするだけでなく、アウトプット演習を行うことが必要となります。つまり、知識を「わかる」水準から、「得点できる」水準にまで引き上げなければなりません。本書は、姉妹書の『中小企業診断士の教科書』の完全準拠問題集として、教科書で学んだ知識を、試験に対応できる実践的水準にまで「効率よく高める」ことにとことんこだわり、制作しました。

　本試験で「得点できる」水準にまで知識を高めるには、質のよい問題を、本試験と同一形式で演習することが、最も効果的となります。

　本書は、直近の中小企業診断士第1次試験問題から、試験対策上重要で外せないものをピックアップし、『中小企業診断士の教科書』のSectionにあわせて編集しています。試験合格に必要な重要ポイントはすべて盛り込んでいます。これらの問題を本試験と同一の実践的な形式で演習することにより、『中小企業診断士の教科書』で学んだ知識を、さらにレベルアップさせていくことが可能となります。

　本書掲載の問題を、隅々まで解きこなし、弱点の克服を図りながら得点力を高め、「合格」を勝ち取っていきましょう。合格発表日には良い結果が出ることを心よりお祈りいたします。

　2020年9月

TAC中小企業診断士講座

(3)

本書の特色

　本書は、直近の中小企業診断士第1次試験問題から、試験対策上とくに重要なものをピックアップして収載しています。本書をしっかりこなして、合格レベルの実力をしっかり養ってください。

重要度

　本書の問題には、A、B、Cの3段階で重要度を表示しています。Aが最も重要度が高くなっています。

重要度
A　高
B　↑
C　低

問題ページ例

問題 1

重要度 　ドメイン①

チェック欄▶ 　　

多角化した企業のドメインと事業ポートフォリオの決定に関する記述として、最も適切なものはどれか。

ア　多角化した企業の経営者にとって、事業ドメインの決定は、企業の基本的性格を決めてアイデンティティを確立するという問題である。

イ　多角化した企業の経営者にとって、事業ドメインの決定は、現在の活動領域や製品分野との関連性を示し、将来の企業のあるべき姿や方向性を明示した展開領域を示す。

ウ　多角化した事業間の関連性を考える経営者にとって、企業ドメインの決定は、多角化の広がりの程度と個別事業の競争力とを決める問題である。

エ　多角化した事業間の関連性を考える経営者にとって、事業ドメインの決定は、全社戦略の策定と企業アイデンティティ確立のための指針として、外部の多様な利害関係者との間のさまざまな相互作用を規定する。

オ　多角化を一層進めようとする経営者は、事業間の関連性パターンが集約型の場合、範囲の経済を重視した資源の有効利用を考える。

4

チェック欄

　演習は全体を通して数回は繰り返すようにしましょう。各問に付されているチェック欄に日付を書き込んでチェックしていきましょう。

過去問番号

　本書は、過去の本試験問題から重要なものを、厳選して掲載しています。過去問番号の見方は次のとおりです。
　　H29-1＝平成29年度第1問、R元-1＝令和元年度第1問

(4)

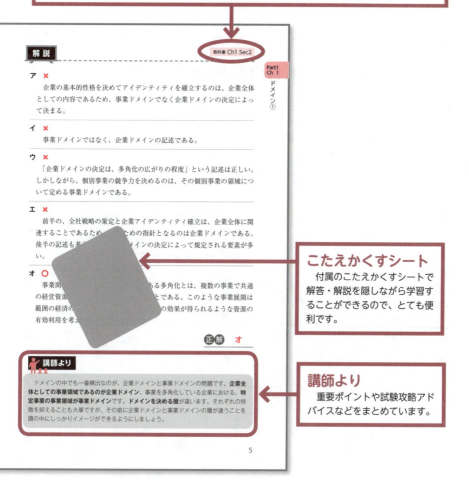

セパレートBOOK形式

　本書は、科目ごとに分解できる「セパレートBOOK形式」を採用しています。対応している『中小企業診断士の教科書』も、同じ科目ごとに分解が可能なため、教科書と問題集を必要な部分だけ、コンパクトに持ち歩けます。

★セパレートBOOKの作りかた★

①白い厚紙から、色紙のついた冊子を抜き取ります。
　※色紙と白い厚紙は、のりで接着されています。乱暴に扱いますと、破損する危険性がありますので、ていねいに抜き取るようにしてください。

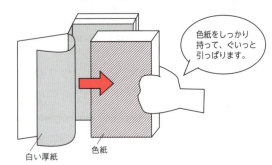

②本体のカバーを裏返しにして、抜き取った冊子にかぶせ、きれいに折り目をつけて使用してください。

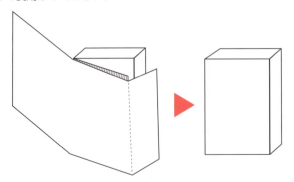

※抜き取るさいの損傷についてのお取替えはご遠慮願います。

中小企業診断士試験の概要

続いて、試験についてみていきましょう。

第1次試験

受験資格

年齢、学歴等に制限はなく、**だれでも**受験することができます。

試験日程

試験案内・申込書類の配布期間、申込受付期間	例年5月上旬～6月上旬まで （令和2年度は4月1日～5月8日）
試験日	例年8月上旬の土・日2日間 （令和2年度は7月11日、12日）
合格発表日	例年9月上旬 （令和2年度は8月25日）

※令和2年度は東京オリンピック開催予定に伴い、例年と異なる日程でした。

試験形式、試験科目

第1次試験は、7科目（8教科）、**択一マークシート形式**（四肢または五肢択一式）で実施されます。

試験日程		試験科目	試験時間	配点
第1日目	午前	経済学・経済政策	60分	100点
		財務・会計	60分	100点
	午後	企業経営理論	90分	100点
		運営管理（オペレーション・マネジメント）	90分	100点
第2日目	午前	経営法務	60分	100点
		経営情報システム	60分	100点
	午後	中小企業経営・中小企業政策	90分	100点

合格基準

(1) 総得点による基準

総点数の**60％以上**であって、かつ、1科目でも満点の40％未満のないことを基準とし、試験委員会が相当と定めた得点比率とされています。

(2) 科目ごとによる基準

満点の**60％**を基準とし、試験委員会が相当と認めた得点比率とされています。

(7)

合格の有効期間

第1次試験合格（全科目合格）の有効期間は**2年間（翌年度まで）**

第1次試験合格までの「科目合格」の有効期間は**3年間（翌々年度まで）**

※一部の科目のみに合格した場合には、翌年度及び翌々年度の第1次試験の受験の際に、申請により当該科目が免除されます（合格実績は、最初の年を含めて、**3年間有効**です）。

※最終的に、7科目すべての科目に合格すれば、**第1次試験合格**となり、第2次試験を受験することができます。

第2次試験（筆記試験、口述試験）

受験資格

第1次試験の合格者とされています。

※第1次試験に全科目合格した年度と、その翌年度に限り有効です。

※平成12年度以前の第1次試験合格者で、平成13年度以降の第2次試験を受験していない場合は、1回に限り、第1次試験を免除されて第2次試験を受験できます。

試験日程

試験案内・申込書類の配布期間、申込受付期間		例年8月下旬～9月下旬まで（令和2年度は8月21日～9月18日）
試験日	筆記試験日	例年10月下旬の日曜日（令和2年度は10月25日）
	口述試験受験資格発表	例年12月上旬（令和2年度は12月11日）
	口述試験日	例年12月中旬の日曜日（令和2年度は12月20日）
合格発表日		例年12月下旬（令和2年度は令和3年1月5日）

試験形式、試験科目

【筆記試験】
　第2次試験の筆記試験は、**4科目**・各設問15～200文字程度の**記述式**で実施されます。

	試験科目	試験時間	配点
午前	中小企業の診断及び助言に関する実務の事例Ⅰ テーマ：組織（人事を含む）	80分	100点
午前	中小企業の診断及び助言に関する実務の事例Ⅱ テーマ：マーケティング・流通	80分	100点
午後	中小企業の診断及び助言に関する実務の事例Ⅲ テーマ：生産・技術	80分	100点
午後	中小企業の診断及び助言に関する実務の事例Ⅳ テーマ：財務・会計	80分	100点

【口述試験】
　筆記試験の出題内容をもとに、4～5問出題され、10分程度の**面接**で実施されます。

合格基準

　総点数の**60％以上**であって、かつ、1科目でも満点の40％未満のものがない者であって、口述試験における評定が**60％以上**のものとされています。

試験に関する
お問い合わせ先

一般社団法人　中小企業診断協会（試験係）
〒104-0061 東京都中央区銀座1-14-11 銀松ビル5階
ホームページ　https://www.j-smeca.jp/
TEL 03-3563-0851　FAX 03-3567-5927

TAC出版の診断士本　合格活用術

「みんなが欲しかった！シリーズ」を中心においた、中小企業診断士試験合格までの書籍活用術をご紹介します。合格を目指してがんばりましょう！

第1次試験対策　まずは知識のインプット！

みんなが欲しかった！中小企業診断士 合格へのはじめの一歩

合格への第一歩となる書籍
試験の概要、学習プランなどのオリエンテーションと、科目別の主要論点の入門講義を収載しています。フルカラーの豊富なイラスト、板書でスイスイ学習が進みます！

教科書、問題集は科目ごとに取り外しができます。まずは1科目ずつ進めていきましょう！

みんなが欲しかった！中小企業診断士の教科書 全2冊

上：企業経営理論、財務・会計、運営管理
下：経済学・経済政策、経営情報システム、経営法務、中小企業経営・中小企業政策

フルカラーで学ぶ教科書！
本書でまずは合格に必要な基本事項をインプットしましょう。

みんなが欲しかった！中小企業診断士の問題集 全2冊

上：企業経営理論、財務・会計、運営管理
下：経済学・経済政策、経営情報システム、経営法務、中小企業経営・中小企業政策

「教科書」に準拠した問題集！
過去問から重要問題を厳選収載。合格に必要な力をしっかり身につけましょう！

最速合格のための第1次試験過去問題集　全7冊

①企業経営理論、②財務・会計、③運営管理、④経済学・経済政策、⑤経営情報システム、⑥経営法務、⑦中小企業経営・中小企業政策

過去5年分の本試験問題と丁寧な解説を収載した科目別過去問題集
過去5年分の本試験問題を年度ごとにまるごと収載。「中小企業診断士の問題集」をひととおり解き終えたらチャレンジしてみましょう。

(10)

第1次試験 → 要点整理・弱点克服

第2次試験 → 第2次試験対策

最速合格のための 要点整理ポケットブック 全2冊

- 1日目（経済学・経済政策、財務・会計、企業経営理論、運営管理）
- 2日目（経営法務、経営情報システム、中小企業経営・中小企業政策）

コンパクトサイズの要点まとめテキスト

第1次試験の日程と同じ科目構成の「要点まとめテキスト」です。コンパクトサイズでいつでもどこでも手軽に学習できるので、最終チェックに最適です。

最速合格のための 第2次試験 過去問題集

過去5年分の本試験問題を収載

問題の読み取りから解答作成の流れを丁寧に解説しています。抜き取り式の解答用紙付きで実戦的な演習ができる1冊です。

集中特訓 診断士 第2次試験

本試験と同様の4つの事例を4回分、計16問の問題を収載

対策がとりにくい2次試験を克服するためのトレーニング本です。2次試験への対応力を高めることができます。

集中特訓 財務・会計 計算問題集 第7版

財務・会計の計算力が飛躍的に向上するトレーニング本

第1次試験の基礎的なレベルから、第2次試験の応用レベルまで幅広く対応しています。計算に苦手意識のある方には、とくにオススメの1冊です。

ポケットブックは、暗記事項の最終チェックにも役立ちます！

1次試験が終わったら、すぐに2次試験対策に切り替えましょう！

(11)

CONTENTS

はじめに／(3)　　本書の特色／(4)
セパレートBOOK形式／(6)
中小企業診断士試験の概要／(7)
TAC出版の中小企業診断士本　合格活用術／(8)

第1分冊　企業経営理論

Part 1　経営戦略論

Chapter 1　経営戦略の全体像／4
Chapter 2　成長戦略／20
Chapter 3　競争戦略／26
Chapter 4　技術経営／46

Part 2　組織論

Chapter 1　組織構造論／60
Chapter 2　組織行動論／64
Chapter 3　労働関連法規／82

Part 3　マーケティング論

Chapter 1　マーケティングの基礎概念／92
Chapter 2　マーケティングマネジメント戦略の展開／94
Chapter 3　マーケティングリサーチ／100
Chapter 4　消費者購買行動／106
Chapter 5　製品戦略／114
Chapter 6　価格戦略／124
Chapter 7　チャネル・物流戦略／130
Chapter 8　プロモーション戦略／132
Chapter 9　関係性マーケティングとデジタルマーケティング／136

第2分冊　財務・会計

Chapter 1　財務・会計の学習を始めるにあたって
Chapter 2　財務諸表概論
Chapter 3　経営分析／4
Chapter 4　管理会計／24
Chapter 5　意思決定会計（投資の経済性計算）／38
Chapter 6　ファイナンスⅠ（企業財務論）／48
Chapter 7　ファイナンスⅡ（証券投資論）／90
Chapter 8　貸借対照表および損益計算書の作成プロセス／140
Chapter 9　キャッシュフロー計算書の作成プロセス／146
Chapter10　原価計算／158

第3分冊　運営管理

Part 1　生産管理

Chapter 1　生産管理概論／4
Chapter 2　生産のプランニング／18
Chapter 3　生産のオペレーション／70
Chapter 4　製造業における情報システム／96

Part 2　店舗・販売管理

Chapter 1　店舗・商業集積／98
Chapter 2　店舗施設／102
Chapter 3　商品仕入・販売（マーチャンダイジング）／110
Chapter 4　物流・輸配送管理／120
Chapter 5　販売流通情報システム／132

（13）

【編集執筆者紹介】（50音順）

小口 真和（こぐち まわ）
中小企業診断士。一級販売士。関西学院大学卒業後、㈱日経BPにて中小企業向けビジネス情報誌の編集部に所属。その後、外資系出版社を経て、現在は教育系ベンチャー企業㈱みらいスクールの事業推進に従事。企業経営の実務に携わりながら、創業・マーケティング支援や研修講師などを行っている。TAC中小企業診断士講座専任講師（新宿校、八重洲校、通信講座）。

鈴木 伸介（すずき しんすけ）
中小企業診断士。早稲田大学理工学部卒業。TAC中小企業診断士講座専任講師（渋谷校、立川校）。教育サービス企業にて人事・秘書を歴任し、その後、外資系金融機関の営業職を経て、2009年に中小企業診断士資格の取得を機に独立。現在、数学をビジネスに活かすための執筆業・講師業に尽力している。

仲田 俊一（なかた しゅんいち）
中小企業診断士。広告業界でWEBマーケティングを中心とした企画提案業務を経て、中小企業診断士として独立。広告業界での知識と経験を生かし、中小企業向けのWEBサイトのコンサルティングや、シティプロモーションと商店街支援の分野でコンサルタントとセミナー講師として活動中。TAC中小企業診断士講座専任講師（渋谷校、池袋校）。

夏原 馨（なつはら かおり）
中小企業診断士。SEから人材業界を経て独立。TAC中小企業診断士講座専任講師（新宿校にて企業経営理論・経営情報システム）。「子どもたちに希望ある未来を手渡す」をテーマに、専門領域であるHR（人事組織）・IT分野を中心に官民両面からコンサルティング・研修の両輪で多くの企業などを支援中。

松本 真也（まつもと しんや）
中小企業診断士。ICU国際基督教大学卒業。芸能プロダクションのアーティストマネージャーとしてキャリアをスタート。その後、Web業界大手に転じ、広告プランナー、人事、経営企画、新規事業開発など幅広く経験を積む。現在は、テクノロジーのわかる診断士として、エンタメ業界やクリエイティブ業界での起業や事業成長をサポートしている。TAC中小企業診断士講座専任講師（八重洲校、通信講座）。

ほか2名

装丁：神田 彩
イラスト：都築めぐみ

2021年度版
みんなが欲しかった！中小企業診断士の問題集（上）

2020年10月25日　初　版　第1刷発行

編 著 者	Ｔ Ａ Ｃ 株 式 会 社	
	（中小企業診断士講座）	
発 行 者	多　田　敏　男	
発 行 所	ＴＡＣ株式会社　出版事業部	
	（ＴＡＣ出版）	

〒101-8383
東京都千代田区神田三崎町3-2-18
電　話　03（5276）9492（営業）
FAX　03（5276）9674
https://shuppan.tac-school.co.jp

組 版	株 式 会 社 グ ラ フ ト	
印 刷	今 家 印 刷 株 式 会 社	
製 本	株 式 会 社 常 川 製 本	

© TAC 2020　　Printed in Japan

ISBN 978-4-8132-8962-3
N.D.C. 335

落丁・乱丁本はお取り替えいたします。

本書は，「著作権法」によって，著作権等の権利が保護されている著作物です。本書の全部または一部につき，無断で転載，複写されると，著作権等の権利侵害となります。上記のような使い方をされる場合，および本書を使用して講義・セミナー等を実施する場合には，小社宛許諾を求めてください。

各種本試験の実施の延期，中止を理由とした本書の返品はお受けいたしません。返金もいたしかねますので，あらかじめご了承くださいますようお願い申し上げます。

中小企業診断士への関心が高まった方へおすすめの

2021合格目標 1次「財務・会計」先どり学習講義

1次試験「財務・会計」試験、2次試験「事例Ⅳ」とも数値計算をする問題が出題されます。当講義は頻出領域に絞って解説しながらインプットし、問題を解きながらアウトプットする学習をしていきます。
「財務・会計」が得意になると、2次試験「事例Ⅳ」の学習でも大きなアドバンテージを得られます。早期に対策を行うことで、「財務・会計」をぜひ得意科目にしてください!

カリキュラム

第1回	☐ 会計種類 ☐ B/S(貸借対照表)、P/L(損益計算書)の概要とつながり ☐ B/S、P/Lの一般的な項目	☐ 簿記(仕訳)の基礎、仕訳の練習、減価償却 ☐ B/S、P/L作成練習 ☐ キャッシュフロー計算書
第2回	☐ 経営分析(総合収益性、収益性、効率性、安全性)	☐ 1次過去問題演習　☐ 2次過去問演習
第3回	☐ CVP分析(損益分岐点、損益分岐点比率、安全余裕率、利益計画、利益差額、感度分析) ☐ 1次過去問題演習　☐ 2次過去問演習	
第4回	☐ 投資の経済性計算(正味現在価値法、内部収益率法、収益性指数法、単純回収期間法) ☐ 1次過去問題演習　☐ 2次過去問演習	

学習メディア
●ビデオブース講座　●Web通信講座

教材
オリジナルテキスト1冊

講義時間
140分/回

フォロー制度
質問メール:3回まで(受講生専用サイトにて受付)

受講料

コース	学習メディア	通常受講料
1次「財務・会計」先どり学習講義	ビデオブース講座	¥15,000
	Web通信講座	¥14,000

※左記は入会金不要
※受講料は教材費・消費税10%が含まれます。

中小企業診断士試験の受講を検討中でもっといろいろなことをお知り

これから始める相談ダイヤル
ライセンスアドバイザーまで
お気軽にご相談ください。

通話無料 **0120-443-411**　受付時間　月〜金／9:30〜19:00　土・日・祝／9:30〜18:00

講座案内　　　　　　　　　　　　　　資格の学校 TAC

2021合格目標 1次パック生 [直前編]

全7科目のアウトプットを中心に直前期の総仕上げをしたい方におすすめです。TACオリジナル問題の答練・公開模試を受験することで、得点力が向上します。

カリキュラム 全21回（内Web受講7回）+1次公開模試

	2021年5月～7月
1次完成答練 ［14回］	本試験の予想問題に取り組み、これまでの学習の成果を確認します。 ここで間違えてしまった問題は、確実にマスターすることが重要です。
1次公開模試 ［2日間］	本試験と同様の形式で実施する模擬試験です。 自分の実力を正確に測ることができます。これまでの学習の成果を発揮してください。
1次最終講義 ［各科目1回／全7回］	1次試験対策の最後の総まとめ講義です。 法改正などのトピックも交えた最新情報をお伝えします。

学習メディア
●教室講座　●ビデオブース講座　●Web通信講座　●DVD通信講座

フォロー制度
質問メール:10回まで(受講生専用サイトにて受付)

受講料

コース	学習メディア	開講月	通常受講料	
1次パック生（直前編）	教室講座	2021年5月	¥80,000	2021年 2月1日(月)より お申込みいただけます。
	ビデオブース講座			
	Web通信講座	2021年4月	¥72,000	
	DVD通信講座		¥88,000	

※0から始まる会員番号をお持ちでない方は、受講料のほかに別途入会金¥10,000(消費税込)が必要です(ただし、¥30,000未満のコースは不要)。
※受講料は教材費・消費税10%が含まれています。

になりたい方は、下記のサービス（無料）をお気軽にご利用ください！

これから始める相談メール

メール相談は24時間受付中！

TAC 資格例　検索

中小企業診断士講座のご案内

現役の中小企業診断士が"熱く"語る！
講座説明会&個別相談コーナー
予約不要！ 参加無料！

試験制度や学習方法、資格の魅力等について、現役の中小企業診断士が語ります。予約不要、参加無料です。直接会場にお越しください。
ガイダンス終了後には、学習を始めるにあたっての疑問や不安を、講師や合格者等に質問できる「個別相談コーナー」も開催します。

>>ガイダンス日程は、TAC中小企業診断士講座パンフレットまたはTACホームページにてご確認ください。

▶▶▶ TAC 診断士 ガイダンス 検索

TACの講義を体感！
無料体験入学制度
体験無料！

TACではお申込み前に講義を無料で体験受講いただけます。
講義の雰囲気や講師・教材をじっくり体験してからお申込みください！

教室で体験

各コースの第1回目の講義の開始前に各校舎の受付窓口にてお手続きください。
予約不要です。

ビデオブースで体験

TACのビデオブースで第1回目の講義を受講できます。ご都合の良い日時を下記よりご予約ください。

03-5276-8988 [受付時間 月〜金／9:30〜19:00 土・日・祝／9:30〜18:00]

インターネットで体験

TACホームページ内の「TAC動画チャンネル」より体験講義のご視聴が可能です。

▶▶▶ TAC 診断士 動画チャンネル 検索

> 当ページでご紹介しているサービスは、全て無料です。ぜひご活用ください!

資格の学校 TAC

各種セミナー・体験講義を見たい!
TAC動画チャンネル　視聴無料!

資格の概要や試験制度・TACのカリキュラムをご説明する「講座説明会」、実務の世界や戦略的な学習方法、試験直前対策などをお話する「セミナー」等、多様なジャンルの動画を無料でご覧いただけます!

▶▶▶ | TAC 診断士 動画チャンネル | 検索

読者にオススメの動画!

ガイダンス

中小企業診断士の魅力とその将来性や、効率的・効果的な学習方法等を紹介します。ご自身の学習計画の参考として、ぜひご覧ください!

主なテーマ例
- ▶ 中小企業診断士の魅力
- ▶ 試験制度
- ▶ 初学者向けコースガイダンス
- ▶ 無料体験講義(Web視聴)

各種セミナー

各種情報や教室で開催したセミナーを無料配信しています。中小企業診断士受験生に役立つ情報が盛りだくさんです!

主なテーマ例
- ▶ 1次直前対策セミナー
- ▶ 2次直前対策セミナー
- ▶ 2次口述試験対策セミナー
- ▶ キャリアアップ&起業・創業・独立開業セミナー　等

開講コースのご案内

学習したい科目のみのお申込みができる、学習経験者向けカリキュラム
1次上級単科生（応用+直前編）

- □ 必ず押さえておきたい論点や合否の分かれ目となる論点をピックアップ！
- □ 実際に問題を解きながら、解法テクニックを身につける！
- □ 習得した解法テクニックを実践する答案練習！

カリキュラム ※講義の回数は科目により異なります。

1次応用編 2020年10月～2021年4月		1次直前編 2021年5月～		1次試験［2021年7月（推定）］
1次上級講義 ［財務5回／経済5回／中小3回／その他科目各4回］ 講義140分/回 過去の試験傾向を分析し、頻出論点や重要論点を取り上げ、実際に問題を解きながら知識の再確認をするとともに、解法テクニックも身につけていきます。 ［使用教材］ 1次上級テキスト(上・下巻) →INPUT←	**1次上級答練** ［各科目1回］ 答練60分+解説80分 1次上級講義で学んだ知識を確認・整理し、習得した解法テクニックを実践する答案練習です。 ［使用教材］ 1次上級答練 ←OUTPUT→	**1次完成答練** ［各科目2回］ 答練60分+解説80分/回 重要論点を網羅した、TAC厳選の本試験予想問題による答案練習です。 ［使用教材］ 1次完成答練	**1次最終講義** ［各科目1回］ 講義140分/回 1次対策の最後の総まとめです。法改正などのトピックを交えた最新情報をお伝えします。 ［使用教材］ 1次最終講義レジュメ →INPUT←	

1次養成答練 ［各科目1回］ ※講義回数には含まず。
基礎知識の確認を図るための1次試験対策の答案練習です。
配布のみ・解説講義なし・採点あり
←OUTPUT→ ←OUTPUT→

さらに！ 「1次基本単科生」の教材付き！（配付のみ・解説講義なし）
◇基本テキスト ◇講義サポートレジュメ ◇1次養成答練 ◇トレーニング ◇1次過去問題集

学習メディア

教室講座

ビデオブース講座

Web通信講座 / DVD通信講座

開講予定月
- ◎企業経営理論／10月
- ◎財務・会計／10月
- ◎運営管理／10月
- ◎経営学・経済政策／10月
- ◎経営情報システム／10月
- ◎経営法務／10月
- ◎中小企業経営・政策／11月

1科目から申込できます！ ※詳細はホームページまたはパンフレットをご覧ください。

資格の学校 **TAC**

本試験を体感できる！実力がわかる！
2021(令和3)年合格目標　公開模試

受験者数の多さが信頼の証。全国最大級の公開模試！

中小企業診断士試験、特に2次試験においては、自分の実力が全体の中で相対的にどの位置にあるのかを把握することが非常に大切です。独学や規模の小さい受験指導校では把握することが非常に困難ですが、TACは違います。規模が大きいTACだからこそ得られる成績結果は極めて信頼性が高く、自分の実力を相対的に把握することができます。

1次公開模試
2019年度受験者数
3,278名

2次公開模試
2019年度受験者数
2,374名

TACだから得られるスケールメリット！

規模が大きいから正確な順位を把握し効率的な学習ができる！

TACの成績は全国19の直営校舎にて講座を展開し、多くの方々に選ばれていますので、受験生全体の成績に近似しており、**本試験に近い成績・順位を把握**することができます。
さらに、**他のライバルたちに差をつけられている、自分にとって本当に克服しなければいけない苦手分野を自覚することができ**、より効率的かつ効果的な学習計画を立てられます。

はたして今の成績は良いの？悪いの？

規模の小さい受験指導校で得られる成績・順位よりも…

この母集団で今の成績なら大丈夫！

規模の大きい**TAC**なら、本試験に近い成績が分かる！

実施予定

1次公開模試：2021年5/29(土)・30(日)実施予定
2次公開模試：2021年9/5(日)実施予定

詳しくは公開模試パンフレットまたはTACホームページをご覧ください。

1次公開模試：2021年2月中旬完成予定　2次公開模試：2021年7月上旬完成予定

https://www.tac-school.co.jp/　　TAC　診断士　　検索

2021年度 中小企業診断士試験 （第1次試験・第2次試験）

TAC出版では、中小企業診断士試験（第1次試験・第2次試験）にスピード合格を目指される方のために、科目別、用途別の書籍を刊行しております。資格の学校TAC中小企業診断士講座とTAC出版が強力なタッグを組んで完成させた、自信作です。ぜひご活用いただき、スピード合格を目指してください。

※刊行内容・刊行月・装丁等は変更になる場合がございます。

基礎知識を固める

▶ みんなが欲しかった！シリーズ

**みんなが欲しかった！
中小企業診断士
合格へのはじめの一歩** 好評発売中

A5判
- フルカラーでよくわかる、「本気でやさしい入門書」！試験の概要、学習プランなどのオリエンテーションと、科目別の主要論点の入門講義を収載。

**みんなが欲しかった！
中小企業診断士の教科書**

上：企業経営理論、財務・会計、運営管理
下：経済学・経済政策、経営情報システム、経営法務、中小企業経営・政策

A5判　10～11月刊行　全2巻
- フルカラーでおもいっきりわかりやすいテキスト
- 科目別の分冊で持ち運びラクラク
- 赤シートつき

**みんなが欲しかった！
中小企業診断士の問題集**

上：企業経営理論、財務・会計、運営管理
下：経済学・経済政策、経営情報システム、経営法務、中小企業経営・政策

A5判　10～11月刊行　全2巻
- 診断士の教科書に完全準拠
- 各科目とも論点別に約50問収載
- 科目別の分冊で持ち運びラクラク

▶ 最速合格シリーズ

科目別 全7巻
①企業経営理論
②財務・会計
③運営管理
④経済学・経済政策
⑤経営情報システム
⑥経営法務
⑦中小企業経営・中小企業政策

**最速合格のための
スピードテキスト**

A5判　9～12月刊行
- 試験に合格するために必要な知識のみを集約。初めて学習する方はもちろん、学習経験者も安心して使える基本書です。

科目別 全7巻
①企業経営理論
②財務・会計
③運営管理
④経済学・経済政策
⑤経営情報システム
⑥経営法務
⑦中小企業経営・中小企業政策

**最速合格のための
スピード問題集**

A5判　9～12月刊行
- 『スピードテキスト』に準拠したトレーニング用問題集。テキストと反復学習していただくことで学習効果を飛躍的に向上させることができます。

1次試験への総仕上げ

**最速合格のための
第1次試験過去問題集**

A5判　11月刊行
- 過去問は本試験攻略の上で、絶対に欠かせないトレーニングツールです。また、出題論点や出題パターンを知ることで、効率的な学習が可能となります。5年分の本試験問題を科目別にまとめた本書は、丁寧な解説つきで、理解もぐんぐん進みます。

科目別 全7巻
①企業経営理論　③運営管理　⑤経営情報システム　⑦中小企業経営・中小企業政策
②財務・会計　④経済学・経済政策　⑥経営法務

受験対策書籍のご案内　TAC出版

要点整理と弱点補強

**最速合格のための
要点整理ポケットブック**
B6変形判　1月刊行

全2巻
1日目
（経済学・経済政策、財務・会計、企業経営理論、運営管理）
2日目
（経営法務、経営情報システム、中小企業経営・中小企業政策）

● 第1次試験の日程と同じ科目構成の「要点まとめテキスト」です。コンパクトサイズで、いつでもどこでも手軽に確認できます。買ったその日から本試験当日の会場まで、フル活用してください！

集中特訓 財務・会計 計算問題集 第7版
B5判

好評発売中

● 財務・会計を苦手とする受験生の「計算力」を飛躍的に向上することを目的として、第1次試験の基礎的なレベルから、第2次試験の応用レベルまでを広くカバーした良問を厳選して収載しました。集中特訓で苦手科目脱却を図りましょう。

2次試験への総仕上げ

**最速合格のための
第2次試験
過去問題集**
B5判　1月刊行

● 過去5年分の本試験問題を収載し、問題文の読み取り方から解答作成まで丁寧に解説しています。抜き取り式の解答用紙付きです。最高の良問である過去問題に取り組んで、合格をたぐりよせましょう。

**集中特訓 診断士
第2次試験 第2版**
B5判

● 本試験と同様の4つの事例を4回分、計16問の問題を収載。実際に問題を解き、必要な確認・修正を行い、次の問題に取り組むことを繰り返すことで、2次試験への対応力を高めることができます。

好評発売中

TACの書籍はこちらの方法でご購入いただけます

1 全国の書店・大学生協　2 TAC各校 書籍コーナー　3 インターネット

CYBER BOOK STORE　TAC出版書籍販売サイト
アドレス　https://bookstore.tac-school.co.jp/

・2020年8月現在　・価格等詳細は、決定しだい上記のサイバーブックストアに掲載されますのでご参照ください

書籍の正誤についてのお問合わせ

万一誤りと疑われる箇所がございましたら、以下の方法にてご確認いただきますよう、お願いいたします。

なお、正誤のお問合わせ以外の書籍内容に関する解説・受験指導等は、**一切行っておりません。**
そのようなお問合わせにつきましては、お答えいたしかねますので、あらかじめご了承ください。

1 正誤表の確認方法

TAC出版書籍販売サイト「Cyber Book Store」の
トップページ内「正誤表」コーナーにて、正誤表をご確認ください。

CYBER TAC出版書籍販売サイト
BOOK STORE

URL:https://bookstore.tac-school.co.jp/

2 正誤のお問合わせ方法

正誤表がない場合、あるいは該当箇所が掲載されていない場合は、書名、発行年月日、お客様のお名前、ご連絡先を明記の上、下記の方法でお問合わせください。
なお、回答までに1週間前後を要する場合もございます。あらかじめご了承ください。

文書にて問合わせる
●郵 送 先　〒101-8383 東京都千代田区神田三崎町3-2-18 TAC株式会社 出版事業部 正誤問合わせ係

FAXにて問合わせる
●FAX番号　**03-5276-9674**

e-mailにて問合わせる
●お問合わせ先アドレス　**syuppan-h@tac-school.co.jp**

お電話でのお問合わせは、お受けできません。

各種本試験の実施の延期、中止を理由とした本書の返品はお受けいたしません。返金もいたしかねますので、あらかじめご了承くださいますようお願い申し上げます。

(2020年4月現在)

2021年度版　みんなが欲しかった！中小企業診断士の問題集（上）

第１分冊

企業経営理論

CONTENTS

Part1　経営戦略

Chapter1　経営戦略の全体像

問題 1	ドメイン①	4
問題 2	ドメイン②	6
問題 3	ドメイン③	8
問題 4	ドメイン④	10
問題 5	競争優位性①	12
問題 6	競争優位性②	14
問題 7	競争優位性③	16
問題 8	シナジー	18

Chapter2　成長戦略

問題 9	製品ライフサイクル	20
問題10	PPM（プロダクト・ポートフォリオ・マネジメント）①	22
問題11	PPM（プロダクト・ポートフォリオ・マネジメント）②	24

Chapter3　競争戦略

問題12	5フォース①	26
問題13	5フォース②	28
問題14	5フォース③	32
問題15	規模の経済	34
問題16	規模の経済と経験曲線	36
問題17	規模の経済性と経験曲線効果とシナジー効果	38
問題18	競争戦略の3つの基本戦略	40
問題19	バリューチェーン	42
問題20	競争地位別戦略	44

Chapter4　技術経営

問題21	研究開発	46
問題22	製品アーキテクチャ①	48
問題23	製品アーキテクチャ②	50
問題24	イノベーション、製品アーキテクチャ	52
問題25	デファクトスタンダード	54
問題26	ベンチャー企業のマネジメント	58

Part2　組織論

Chapter1　組織構造論
問題27　組織構造の設計原理	60
問題28　組織形態	62

Chapter2　組織行動論
問題29　モチベーション①	64
問題30　モチベーション②	66
問題31　組織スラック	70
問題32　コンフリクト	72
問題33　組織変革①	74
問題34　組織変革②	78
問題35　組織変革③	80

Chapter3　労働関連法規
問題36　労働関連法規①	82
問題37　労働関連法規②	84
問題38　労働関連法規③	86
問題39　労働関連法規④	88
問題40　労働関連法規⑤	90

Part3　マーケティング論

Chapter1　マーケティングの基礎概念
問題41　マーケティングコンセプト	92

Chapter2　マーケティングマネジメント戦略の展開
問題42　ターゲットマーケティング①	94
問題43　ターゲットマーケティング②	96
問題44　ターゲットマーケティング、製品＝市場マトリクス	98

Chapter3　マーケティングリサーチ
問題45　マーケティングリサーチ①　PPM、SWOT分析	100
問題46　マーケティングリサーチ②	102
問題47　マーケティングリサーチ③	104

Chapter4　消費者購買行動
問題48　消費者購買行動①	106

| 問題49 | 消費者購買行動② | 108 |
| 問題50 | 消費者購買行動③ | 112 |

Chapter5　製品戦略
問題51	ブランド①	114
問題52	ブランド②	118
問題53	ブランド③	122

Chapter6　価格戦略
| 問題54 | 価格戦略① | 124 |
| 問題55 | 価格戦略② | 126 |

Chapter7　チャンネル・物流戦略
| 問題56 | チャンネル戦略 | 130 |

Chapter8　プロモーション戦略
| 問題57 | プロモーション① | 132 |
| 問題58 | プロモーション② | 134 |

Chapter9　関係性マーケティングとデジタルマーケティング
問題59	関係性マーケティング	136
問題60	インターネットマーケティングと消費者反応モデル	138
問題61	インターネットマーケティングと価格戦略	142
問題62	インターネットマーケティングと消費者購買行動	146

問題 1

チェック欄▶ 1／ 2／ 3／

重要度 Ⓐ **ドメイン①**　　　　　　　　　　　　　　　　　　　H29-1

　多角化した企業のドメインと事業ポートフォリオの決定に関する記述として、最も適切なものはどれか。

ア　多角化した企業の経営者にとって、事業ドメインの決定は、企業の基本的性格を決めてアイデンティティを確立するという問題である。

イ　多角化した企業の経営者にとって、事業ドメインの決定は、現在の活動領域や製品分野との関連性を示し、将来の企業のあるべき姿や方向性を明示した展開領域を示す。

ウ　多角化した事業間の関連性を考える経営者にとって、企業ドメインの決定は、多角化の広がりの程度と個別事業の競争力とを決める問題である。

エ　多角化した事業間の関連性を考える経営者にとって、事業ドメインの決定は、全社戦略の策定と企業アイデンティティ確立のための指針として、外部の多様な利害関係者との間のさまざまな相互作用を規定する。

オ　多角化を一層進めようとする経営者は、事業間の関連性パターンが集約型の場合、範囲の経済を重視した資源の有効利用を考える。

4

解 説

教科書 Ch1 Sec2

ア ✗
　企業の基本的性格を決めてアイデンティティを確立するのは、企業全体としての内容であるため、事業ドメインでなく企業ドメインの決定によって決まる。

イ ✗
　事業ドメインではなく、企業ドメインの記述である。

ウ ✗
　「企業ドメインの決定は、多角化の広がりの程度」という記述は正しい。しかしながら、個別事業の競争力を決めるのは、その個別事業の領域について定める事業ドメインである。

エ ✗
　前半の、全社戦略の策定と企業アイデンティティ確立は、企業全体に関連することであるため、このための指針となるのは企業ドメインである。後半の記述も基本的には企業ドメインの決定によって規定される要素が多い。

オ 〇
　事業間の関連性パターンが集約型である多角化とは、複数の事業で共通の経営資源を活用するような多角化のことである。このような事業展開は範囲の経済の効果を得られやすいため、その効果が得られるような資源の有効利用を考える。

　正解　オ

講師より

　ドメインの中でも一番頻出なのが、企業ドメインと事業ドメインの問題です。**企業全体としての事業領域であるのが企業ドメイン**、事業を多角化している企業における、**特定事業の事業領域が事業ドメイン**です。**ドメインを決める層**が違います。それぞれの特徴を抑えることも大事ですが、その前に企業ドメインと事業ドメインの層が違うことを頭の中にしっかりイメージができるようにしましょう。

問題 2

重要度 Ⓐ ドメイン②

H27-2

チェック欄▶ 1／ 2／ 3／

複数事業を営む企業の企業ドメインおよび事業ドメインの決定に関する記述として、最も不適切なものはどれか。

ア 企業ドメインの決定は、現在の活動領域や製品・事業分野との関連性とともに、将来の企業のあるべき姿を包含して経営理念を反映している。

イ 企業ドメインの決定は、全社戦略策定の第一歩として自社の存続のために外部の多様な利害関係者との間の様々な相互作用の範囲を反映している。

ウ 企業ドメインの決定は、多角化した企業において個々の事業の定義を足し合わせることではなく、企業ドメインに合わせて事業の定義を見直すことが重要である。

エ 事業ドメインの決定は、将来の事業領域の範囲をどう定義するかについて、企業が自らの相互作用の対象として選択した事業ポートフォリオの決定であり、特定の市場での競争戦略に影響を受ける。

オ 事業ドメインの決定は、日常的なオペレーションがルーティン化していたとしても、競争優位を持続するためには必要である。

6

解 説

教科書 Ch1 Sec2

ア ◯
本肢の記述は企業ドメインについての内容である。

イ ◯
本肢の記述は企業ドメインについての内容である。

ウ ◯
本肢の記述は企業ドメインについての内容である。

エ ✕
事業ポートフォリオとは、企業が展開する事業の組み合わせであるため、これを規定するのは企業ドメインである。事業ドメインが特定の市場での競争戦略に影響を受けることは正しい。

オ ◯
事業ドメインの決定は、日常的なオペレーションがルーティン化しているからといって不要になるわけではなく、明確に定めたうえで効果的に経営資源を投入していくことが、競争優位を持続するためには必要である。

 エ

問題1と同じく、企業ドメインと事業ドメインの問題です。企業ドメインと事業ドメインの違いがしっかりとイメージができるようになったら、事業ドメインを考えるときの有用なツールである、**エーベルの3次元枠組**をしっかりと理解しましょう。

問題 3

チェック欄 ▶ 1 / 2 / 3 /

重要度 Ⓐ **ドメイン③**

H25-5

　A社は医療分野での先端的な製品開発を通じて社会に貢献するという理念の下で、現在の医療機器事業に加えて新薬開発の支援や再生医療の分野を包含した将来的なドメインの定義を企図している。企業ドメインと事業ドメインの決定に関する記述として、最も適切なものはどれか。

ア　企業ドメインの決定は、現状追認ではなく将来の方向性を明示しているが、注意の焦点を絞り込んで資源分散を防止するのには適さない。

イ　企業ドメインの決定は、差別化の基本方針を提供し、新たに進出する事業の中心となる顧客セグメントの選択の判断に影響する。

ウ　企業ドメインの決定は、将来の企業のあるべき姿や経営理念を包含している生存領域を示すが、現在の生存領域や事業分野との関連性は示していない。

エ　事業ドメインの決定は、将来手がける事業をどう定義するかの決定であり、企業戦略策定の第一歩として競争戦略を結びつける役割を果たす。

オ　事業ドメインは、全社的な資源配分に影響を受けるため、企業ドメインの決定に合わせて見直すこともありうる。

解説

教科書 Ch1 Sec2

ア ✗

前半の記述は正しい。事業領域を設定することは、企業の意思決定者の注意の焦点が定まることを通して、経営資源の集中的な投入をしやすくすることに貢献するので、資源分散の防止に適している。

イ ✗

本肢の記述は事業ドメインについての内容である。

ウ ✗

前半の記述は正しい。現在の延長上に将来の生存領域があるため、将来の生存領域は現在の生存領域や展開している事業分野と無関係に描かれるものではなく、むしろ関連性をもって設定されることになる。

エ ✗

本肢の記述は企業ドメインについての内容である。

オ 〇

企業ドメインの決定や変更は、限られた経営資源をどのように各事業に配分していくかに影響を与えることになる。たとえば、経営資源の投入量が変われば、従来の事業ドメインのままでその事業の競争優位を保つことが困難になることも考えられる。よって、企業ドメインの決定によって、事業ドメインを見直すこともあり得る。

正解 オ

講師より

企業経営理論の序盤にはドメインの問題が出されやすく、特に**「企業ドメインと事業ドメイン」が論点になることが多いです**。①ドメインそのものの理解、②企業ドメインと事業ドメインの理解、③企業ドメインと事業ドメインの違いを意識して勉強してください。

問題 **4**

チェック欄▶ 1 / 2 / 3 /

重要度 **A** ドメイン④

R元-1

　多角化して複数の事業を営む企業の企業ドメインと事業ドメインの決定に関する記述として、最も適切なものはどれか。

ア　企業ドメインの決定は、個々の事業の定義を足し合わせるのではなく、外部の利害関係者との間のさまざまな相互作用の範囲を反映し、事業の定義を見直す契機となる。

イ　企業ドメインの決定は、新規事業進出分野の中心となる顧客セグメント選択の判断に影響し、競争戦略策定の出発点として差別化の基本方針を提供する。

ウ　事業ドメインの決定は、将来手がける事業をどう定義するかの決定であり、日常のオペレーションに直接関連し、全社戦略策定の第一歩として競争戦略に結び付ける役割を果たす。

エ　事業ドメインの決定は、多角化の広がりの程度を決め、部門横断的な活動や製品・事業分野との関連性とともに、将来の企業のあるべき姿や経営理念を包含している存続領域を示す。

オ　事業ドメインの決定は、特定市場での競争戦略に影響を受け、将来の事業領域の範囲をどう定義するかについて、企業が自らの相互作用の対象として選択した事業ポートフォリオの決定である。

解説

教科書 Ch1 Sec2

ア ○

本肢の記述は企業ドメインについての内容である。

イ ×

本肢の記述は、事業ドメインについての内容である。エーベルの3次元枠組みのうちの「顧客層」のことであり、これは事業ドメインの決定によって規定される。また、競争戦略の出発点として差別化の基本方針を提供するのも事業ドメインの決定によってである。

ウ ×

「事業ドメインの決定＝将来手がける事業をどう定義するかの決定」ではない。また後半の記述「全社戦略策定の第一歩」は全社レベルで行うことであるので、企業ドメインについてである。

エ ×

多角化の広がりの程度を決めること、部門横断的な活動や製品・事業分野との関連性、将来の企業のあるべき姿や経営理念を包含している存続領域を示すのも、すべて全社レベルで行うことである。つまり、企業ドメインの決定によって決めるものである。

オ ×

後半の記述の「事業ポートフォリオの決定」は、企業が展開する事業の組み合わせであるため、これを決定するのは企業ドメインである。

正解　ア

講師より

今回も**「企業ドメインと事業ドメイン」**の論点についてです。それぞれに理解していても、選択肢の独特の言葉使いに振り回されて判断に迷いが出てきてしまう人も多いかと思います。そのためには**慣れ**が必要です。慣れるためにも過去問はたくさん解きましょう。

問題 5

チェック欄▶ 1／ 2／ 3／

重要度 **A** 競争優位性①

H27-3

　企業の経営資源と持続的な競争優位に関する記述として、<u>最も不適切なも</u><u>の</u>はどれか。

ア ある市場において、競合企業が業界のリーダーのもつ経営資源を複製する能力をもっていても、市場規模が限られていて複製を行わないような経済的抑止力のある状況では模倣しない傾向がある。

イ 競合企業に対する持続可能な競争優位の源泉となるためには、代替可能な経営資源の希少性が長期にわたって持続する必要がある。

ウ 時間の経過とともに形成され、その形成のスピードを速めることが難しく、時間をかけなければ獲得できない経営資源には経路依存性があり、模倣を遅らせることで先発者を保護する。

エ 代替製品の脅威は事業の収益性に影響を与えるが、競合企業は代替資源で同様の顧客ニーズを満たす製品を提供できる。

オ 独自能力の概念では、競争戦略の実行に不可欠な経営資源であっても、自社製品や事業のオペレーションを特徴づける独自なものでなければ、その資源は競争優位の源泉とはならない。

解説

教科書 Ch1 Sec2

ア ○
　市場規模が限られていて複製を行わないような経済的抑止力のある状況とは、市場規模がそれほど大きくないため、たとえ経営資源を複製する能力をもっていても、その意義が小さいため、複製による模倣は行わない傾向になる。

イ ×
　代替可能な経営資源の希少性が長期にわたって持続するということは、自社が保有する経営資源が長期にわたって代替される可能性が高いということであり、持続可能な競争優位の源泉にはなりにくくなる。

ウ ○
　経営資源に経路依存性があるとは、他社は容易に模倣することができず、模倣を遅らせることになる。よって、先発者を保護することに寄与する。

エ ○
　ある企業の製品の代替製品が登場することはその企業にとって脅威であり、収益性に影響を与えることになる。競合企業にとってみれば、代替資源で同様の顧客ニーズを満たす製品を提供できるということを意味する。

オ ○
　競争戦略の実行に不可欠な経営資源であっても、そこに独自性がないということは、競合他社も保有することができているということである。競争優位の源泉とはならない。

正解　イ

講師より

　VRIO分析の中の資源の**模倣困難性（Inimitability）**をしっかりと理解しておけば、確実に点が取れるところです。資源の模倣困難性は出題頻度も高いので、重点的に学習をしましょう。

問題 6

チェック欄▶ 1／ 2／ 3／

重要度 Ⓐ 競争優位性②

H30-2

経営資源の1つとして区別される情報的経営資源に関する記述として、最も適切なものはどれか。

ア 企業活動における仕事の手順や顧客の特徴のように、日常の業務活動を通じた経験的な効果として蓄積される経営資源は、情報的経営資源には含まれない。

イ 企業活動における詳細なマニュアルや設計図は、熟練やノウハウなどの情報的経営資源と比較して模倣困難性は高くない。

ウ 企業にとって模倣困難性の低い情報的経営資源が競争にとって重要ならば、特許や商標のような手段で法的に模倣のコストを高める必要性は高くない。

エ 企業の特定の事業分野における活動で蓄積された情報的経営資源は、その事業に補完的な事業分野でしか利用できない。

解説

教科書 Ch1 Sec2

ア ✕
　情報的経営資源とは、企業が事業活動に使用する経営資源のうち、無形のものすべてを指す。

イ 〇
　「熟練やノウハウなどの情報的経営資源」は、身に付けるのに時間やコストを要するため、模倣するのは容易ではない。よって、「詳細なマニュアルや設計図」のほうが模倣は容易である。

ウ ✕
　模倣困難性の低い情報的経営資源は、模倣がされやすいので、特許や商標のような手段で法的に模倣のコストを高める必要性が高くなる。

エ ✕
　ある特定の事業分野における活動で蓄積された情報的経営資源であっても、それが他の分野で活用できることはよく見られることである。よって、その事業に補完的な事業分野でしか利用できないわけではない。

 　正解　イ

講師より

　情報的経営資源を使った競争優位性の問題です。情報的経営資源は模倣困難性を構築しやすいため、他の経営資源と比べて重要となります。**どのようなものが情報的経営資源に含まれるのか、どのような経営資源だと模倣困難性が高くなるのか**を理解しましょう。

問題 7

チェック欄▶ 1 / 2 / 3 /

重要度 **B** 競争優位性③

R元-4改題

　G.ハメルとC.K.プラハラードによるコア・コンピタンスに関する記述として、最も適切なものはどれか。

ア　コア・コンピタンスは、企業内部で育成していくものであるため、コア・コンピタンスを構成するスキルや技術を使った製品やサービス間で競争が行われるものの、コア・コンピタンスの構成要素であるスキルや技術を獲得するプロセスで企業間の競争が起きることはない。

イ　コア・コンピタンスは、企業の未来を切り拓くものであり、所有するスキルや技術が現在の製品やサービスの競争力を支えていることに加えて、そのスキルや技術は将来の新製品や新サービスの開発につながるようなものであることが必要である。

ウ　コア・コンピタンスは、顧客が認知する価値を高めるスキルや技術の集合体であるから、その価値をもたらす個々のスキルや技術を顧客も理解していることが必要である。

エ　コア・コンピタンスは、他の競争優位の源泉となり得る生産設備や特許権のような会計用語上の「資産」ではないので、貸借対照表上に表れることはなく、コア・コンピタンスの価値が減少することもない。

解 説

教科書 Ch1 Sec2

ア ×

コア・コンピタンスの構成要素であるスキルや技術を獲得するプロセスで、企業間の競争は十分に起きる。この競争に打ち勝ち、価値の高いコア・コンピタンスを構築した企業が競争優位を構築するというものである。

イ 〇

本肢の記述はコア・コンピタンスについての記述である。

ウ ×

コア・コンピタンスの価値をもたらす個々のスキルや技術まで、顧客が理解していることが必要なわけではない。コア・コンピタンスそのものは、模倣困難性の高さも条件となっているように、その具体的な競争力の源泉は、むしろ企業外からは把握するのが困難なものである。

エ ×

コア・コンピタンスが特許の要件を満たすのであれば、自家創設として、調査、研究、発明などに支出した額が計上される可能性はゼロではない。かつ、コア・コンピタンスの価値が減少することはあり得る。特定のコア・コンピタンスが、時間を経ても同じ経済的価値を生み出し続けることは困難だからである。

  イ

講師より

コア・コンピタンスについての問題です。選択肢の言葉使いが難しいですが、コア・コンピタンスの3つの要件をもとにイメージをつかめていれば、十分に得点できる問題です。コア・コンピタンスは特に出題頻度が高い重要ワードですので、しっかり勉強しましょう。

問題 8

チェック欄▶ 1 / 2 / 3 /

重要度 **B** シナジー H26-5

シナジー効果に関する記述として、最も適切なものはどれか。

ア 動的なシナジーよりも静的なシナジーをつくり出せるような事業の組み合わせの方が望ましい。

イ 範囲の経済の効果とは別個に発生し、複数事業の組み合わせによる費用の低下を生じさせる。

ウ 複数事業の組み合わせによる情報的資源の同時多重利用によって発生する効果を指す。

エ 複数の製品分野での事業が互いに足りない部分を補い合うことで、企業全体として売上の季節変動などを平準化できる。

18

解説

教科書 Ch1 Sec2

ア ×

シナジーを、その効果が時間に依存するものか否かで分類すると、依存しないものを静的なシナジー、依存するものを動的なシナジーという。動的なシナジーは、効果が表れるのが長期間にわたることになり、企業の成長に与える影響が大きくなるので望ましい。

イ ×

範囲の経済とシナジーは、共に複数の要素（事業）の組み合わせによって効果が生じるものであることから同時に発生することも多く、別個に発生するわけではない。

ウ ○

シナジー効果は複数事業を展開する際に、経営資源の展開パターンによって得られるものである。また、その効果は特に情報的資源の同時多重利用の場合に大きくなる。

エ ×

複数の製品分野が売上を補い合うことによって企業全体の受注の平準化が実現するのは、相補効果が生じている状況である。

 ウ

講師より

毎年出題される重要な論点です。本問は**シナジー**そのものが直接的に出題されたものですが、シナジーは他の論点との相性が良いため、**他の論点と一緒に出題される**場合があります（問題17参照）。そのため、ただ覚えるのではなく、頭の中でしっかりとイメージできないと得点することが難しいです。今回の問題にもある「相補効果」や「範囲の経済」のような似ている用語と比較して学習すると、よりイメージがしやすくなります。

問題 9

チェック欄▶ 1 / 2 / 3 /

重要度 **B** 製品ライフサイクル

H26-1

市場の成熟期を迎えた製造業の企業は、これまでの経営戦略を見直し、成熟段階にふさわしい戦略をとることが重要になる。成熟期の戦略に関する記述として、最も適切なものはどれか。

ア 買い慣れた顧客が増えて、市場シェアを巡る競争は緩和するので、ブランド戦略を追求する。

イ 市場での競争が緩和するので、市場シェアの拡大のために生産や販売の分野に積極的な追加投資をすることが効果的になる。

ウ 市場や技術はほぼ安定するので、競争の重点をコストとサービスに置くようにする。

エ 通常、成熟期に向かうにつれて流通業者のマージンが減少し、撤退する流通業者が増えるので、製造業企業は強くなった交渉力を活かして流通支配力の強化を図る戦略を狙う。

オ 転用のきかない経営資産は、帳簿価格が清算価値を上回っていれば売却してキャッシュフローの増大を図る。

解説

教科書 Ch2 Sec2

ア ✗
　市場が成熟期を迎えた段階では、新規顧客が増加しないため、市場シェアを巡る競争は激化することになる。

イ ✗
　成熟期においては選択肢アでも述べたとおり、市場シェアを巡る競争は激化した状態になる。しかしながら、市場成長率は停滞するため、大幅な生産量や売上の拡大は見込めず、生産や販売の分野に積極的な追加投資は行われなくなる。

ウ ○
　成熟期の段階においては、市場や技術はほぼ安定し、競争の重点がコストや（付随的な）サービスなどにシフトしてくることになる。

エ ✗
　成熟期に向かうにつれ、流通業者にとって、その製品の重要度は相対的に低下し、流通業者側の製造業者側に対する交渉力が高まることになる。その結果、流通業者のマージンはむしろ増加する可能性が高い。

オ ✗
　転用のきかない経営資産ということは、たとえば、現状の事業でしか活用ができない設備といったものである。この資産の売却が効果的（キャッシュフローの増大を図れる）なのは、清算価値が帳簿価格を上回っている場合である。

正解　ウ

講師より

製品ライフサイクルは、PPMやマーケティングの理解を深めるうえでも重要な論点です。製品ライフサイクルは、**導入期から衰退期までの流れ**と、**それぞれの時期の特徴**をしっかりと頭にイメージできるようにしましょう。

問題 10 PPM（プロダクト・ポートフォリオ・マネジメント）①

重要度 A

H26-6

プロダクト・ポートフォリオ・マネジメント（PPM）の考え方に関する記述として、最も適切なものはどれか。

ア　事業単位は他の事業単位と製品や市場について相互に関連した統合的戦略をもち、計画の範囲内で自由に対処する。

イ　資金の流出は市場での競争上の地位で決まると考える。

ウ　資金の流出量を削減して優位性を確保できる「問題児」の選択が重要である。

エ　自社の相対的な市場シェアと自社事業の成長率を基準として事業を分類する。

オ　全社的な資源配分のための論理のひとつとしての位置付けが重要であり、ドメインの定義と併せることで現実的な資源配分の指針となる。

解説

教科書 Ch2 Sec2

ア ✕

　PPMは、各SBU間のシナジーといった質的な面での評価が軽視されているという問題点がある。よって、各SBUと相互に関連した統合的戦略をもつものではない。

イ ✕

　PPMにおいては、資金の流出は市場成長率で規定され、これが高ければ（「問題児」や「花形」）資金流出が大きく、低ければ（「金のなる木」や「負け犬」）資金流出が小さくなる。市場での競争上の地位（相対的市場占有率）で決まるのではない。

ウ ✕

　「問題児」は、育成のためにも資金の流出量が大きくなるため、資金の流出量を削減して優位性を確保できるものではない。資金の流出量を削減して優位性を確保できるのは「金のなる木」である。

エ ✕

　PPMは相対的市場占有率（シェア）と市場成長率の２軸を基準に事業を分類するものである。自社事業の成長率（自社事業の業績が拡大している割合）ではない。

オ ◯

　PPMは事業単位間のシナジーなどの質的な効果が得られにくいポートフォリオになることも考えられる。よって、ドメインを定義することによって、ある一定の範囲内で事業展開が行われることになり、現実的な資源配分が行われることになる（指針となる）。

　正解　オ

　PPM（プロダクト・ポートフォリオ・マネジメント）は、ほぼ毎年出題されている重要論点です。１つの論点で幅広い知識を問われるので、勉強をしているつもりでもなかなか得点に結びつかない人もいるかと思います。それぞれの知識を覚える前に、**このポートフォリオは何を目的にして作られたのか**をしっかりと理解してください。

問題 11

チェック欄▶ 1／ 2／ 3／

重要度 Ⓐ **PPM（プロダクト・ポートフォリオ・マネジメント）②**

H29-2

プロダクト・ポートフォリオ・マネジメント（PPM）に関する記述として、最も適切なものはどれか。

ア 衰退期に入った業界の「金のなる木」事業と「負け犬」事業は可及的速やかに撤退し、成長率の鈍化した業界の「花形商品」事業の再活性化に多くのキャッシュを投入することが重要である。

イ 成長市場で競争優位の実現を期待できる「問題児」の選択と、競争優位性を期待できないが資金流出の小さい「負け犬」事業の中で市場成長率が低くとも高収益事業を選別することは重要である。

ウ プロダクト・ポートフォリオ・マネジメントの考え方では、資金の流入は自社事業の成長率と市場の成長率、資金の流出は自社事業の競争上の地位（相対的な市場シェア）で決まる。

エ プロダクト・ポートフォリオ・マネジメントの考え方は、事業間のマーケティングや技術に関するシナジーを考慮して、複数事業に対して財務面を重視した資金の再配分のガイドラインとなる。

オ プロダクト・ポートフォリオ・マネジメントの考え方は、自社技術開発、外部技術の導入、外部資金の再配分により、範囲の経済を達成して競争優位性を構築する業界に適用できる。

解説

教科書 Ch2 Sec2

ア ✗

「金のなる木」事業は、市場成長率は低い状態ではあるが、可及的速やかに撤退する事業ではない。また、「負け犬」事業についても、資金の流入は少ないものの、資金の流出も少ないため、高収益であることもあるので、「負け犬」事業だからといって、すべて可及的速やかに撤退するというわけではない。

さらに、「花形商品」事業は、市場成長率の高い事業であるため、再活性化を図るという段階でもない。

イ 〇

PPMの特徴である。

ウ ✗

PPMは、「市場成長率」と「相対的市場占有率（自社事業の競争上の地位、相対的な市場シェア）」という2軸によって4つの象限に分けるフレームワークである。そのため、自社事業の成長率は無関係である。

エ ✗

PPMの問題点として、事業間のシナジーといった質的な面での評価が軽視されやすいというものがある。そのため、事業間のマーケティングや技術に関するシナジーは考慮されていない。

オ ✗

PPMは、自社技術開発、外部技術の導入、外部資金の再配分といったことによる範囲の経済を想定しているものではないため、それが競争優位性の源泉になるような業界で適用することは困難である。

  正解 イ

講師より

PPMは各カテゴリの特徴も大事ですが、**PPMの問題点**も出題されやすいです。問題点もしっかりと学習しましょう。

問題 12

チェック欄▶ 1 / 2 / 3 /

重要度 **A** **5フォース①**

R元-6改題

「業界の構造分析」の枠組みに基づいて想定される、既存企業間での対抗度に関する予測として、最も適切なものはどれか。

ア 業界の成長率が高いと、製品市場での競合が激化して、業界全体の潜在的な収益性は低くなる。

イ 顧客側で生じるスイッチングコストが高い業界では、製品市場での競合が緩和されて、業界全体の潜在的な収益性は高くなる。

ウ 固定費が高い業界では、製品市場での競合が緩和されて、業界全体の潜在的な収益性は高くなる。

エ 退出障壁が高いと、製品市場での競合が緩和されて、業界全体の潜在的な収益性は高くなる。

解説

教科書 Ch3 Sec1

ア ✕
　業界の成長率が高いと、自社の成長を図るためには他社から顧客を奪う必要が少ないため、製品市場での競合が激化しにくい。そのため収益性も低くなるわけではない。

イ 〇
　顧客側で生じるスイッチングコストが高い業界では、顧客は容易にブランドスイッチを行わないため、企業側は顧客を引き留めるために値下げするといった必要性が相対的に低くなる。よって、製品市場での競合が緩和し、業界全体の潜在的な収益性は高くなる。

ウ ✕
　固定費が高い業界では、販売量を増加させて単位あたりの製造原価を引き下げようとするインセンティブが働く。よって、製品市場での競合は激化し、業界全体の潜在的な収益性は低くなる。

エ ✕
　退出障壁が高くなるのは、その業界において用いられている設備が他の用途に転用できず、撤退してしまうと大きな損失が生じるなど、その業界にとどまらざるを得ない理由がある状況である。この場合には、たとえ収益性が低下したとしても、投資資金を回収するために、低価格販売に打って出る可能性が高くなる。よって、製品市場での競合は激化し、業界全体の潜在的な収益性は低くなる。

  正解　イ

講師より

　ポーターの、5フォースモデルにおける既存業者間の敵対関係に関する問題です。5フォースの中では、**既存業者間の敵対関係は特に出題されやすい**ので、ここを重点的に学習しましょう。

問題 13

チェック欄▶ 1 / 2 / 3 /

重要度 **B** **5フォース②**

R2-3改題

「業界の構造分析」の枠組みに基づいて考えられる、売り手（サプライヤー）と買い手（顧客）との間での交渉力に関する記述として、最も適切なものはどれか。

ア 新たな企業が売り手として参入できる場合には、新規参入が不可能な場合と比べて、売り手に対する買い手の交渉力は低下する。

イ ある売り手が供給する製品と他社の競合製品との間での互換性が高い場合には、互換性が低い場合と比べて、売り手に対する買い手の交渉力は低下する。

ウ ある売り手が供給する製品を買い手が他社の競合製品に切り換える際に、買い手がその製品の使用方法を初めから学び直す必要がある場合には、その必要がない場合と比べて、買い手に対する売り手の交渉力は低下する。

エ 売り手が前方統合できる場合には、前方統合が不可能な場合と比べて、売り手に対する買い手の交渉力は低下する。

解説

教科書 Ch3 Sec1

ア ✗

　新たな企業が売り手として参入できるというのは、参入障壁が低いということである。つまり、売り手としては同業他社（ライバル企業）が多いということになる。そのため、顧客（買い手）側のほうが優位に取引を行うことが可能である。よって、売り手に対する買い手の交渉力は高くなる。

イ ✗

　ある売り手が供給する製品と他社の競合製品との間での互換性が高いということは、取り換えがきくということである。この場合には、買い手側にとっては、特定の売り手からしか調達できないわけではないため、買い手側のほうが優位に取引を行うことが可能である。よって、売り手に対する買い手の交渉力は高くなる。

ウ ✗

　ある売り手が供給する製品を買い手が他社の競合製品に切り替える際に、買い手がその製品の使用方法をはじめから学び直す必要がある場合とは、買い手にとってスイッチングコストが高い状況である。この場合、買い手は、その特定の売り手の製品を購入し続けることを望むため、売り手側のほうが優位に取引を行うことが可能である。よって、買い手に対する売り手の交渉力は高くなる。

エ 〇

　前方統合とは、原材料の生産から製品の販売に至る業務を垂直な流れと見て、原材料に近い方を川上、製品販売に近い方を川下とした際に、自社にとって川下方向の企業を統合するということである。売り手が前方統合できる場合、買い手にとっては、同業者が統合されるということになる。このようなことが生じると、買い手はその売り手を失うことになる。このような場合、売り手側のほうが優位に取引を行うことが可能である。よって、売り手に対する買い手の交渉力は低下する。

正解　エ

ポーターの5フォースモデルの売り手と買い手の交渉力の問題です。企業は依存度を下げたりして、相手の交渉力を低下させようとしますが、なかなかうまくいかない場合もあります。**どんな時に相手の交渉力が高まるのか**をしっかりと理解することが、問題を解くうえで重要となります。

MEMO

問題 14

5フォース③

業績が悪化している事業から撤退すべきであっても、なかなかそれができないのは、撤退を阻む障壁が存在するからである。そのような撤退障壁が生じている状況に関する記述として、最も不適切なものはどれか。

ア　自社の精神ともいうべき事業への創業者や従業員の思い入れが強く、現状で踏ん張らざるをえない。

イ　生産過剰で収益率が悪化しているが、業界秩序を守る協定が存在しているので同業者数に変化はなく、市場競争は平穏である。

ウ　撤退のための社内再配置等のコストがかさむので、撤退の判断が難しくなる。

エ　特定の業種にしか利用できない資産のために清算価値が低く、それを移動したり流用しようとすると、そのためのコスト負担が新たに大きくのしかかる。

オ　不採算に陥っている事業であっても、他の事業との関連性が強いために、撤退すると他の事業の不利益を招き、自社の戦略上の強みを失いかねない。

解説

教科書 Ch3 Sec1

ア 〇

このような場合には、たとえその事業の収益性が低くなったり、将来性が見込みにくくなったりしたとしても、簡単に撤退するというわけにはいかず、そのままその業界内で踏ん張る傾向が強くなる。

イ ✕

協定により他の戦略グループへの移動は制限されていたとしても、業界そのものから撤退することが制限されるわけではなく、生産過剰で収益率が悪化しているのであれば、撤退することを選択することもあり得る。

ウ 〇

組織体制や役割分担の変更、その事業に従事していた従業員の再配置といった社内再配置等のコストがかさむことになり、撤退の判断を難しくすることになる。

エ 〇

特定の業種にしか利用できない資産は、汎用的な使用価値が低いことから清算価値が低くなる可能性が高い。また、再配置（移動）や他の業種などで使用する（流用）と、加工や設定の変更などを行う必要がある。

オ 〇

不採算に陥っている事業であっても、他の事業との間にシナジー効果を生み出している場合には、その事業から撤退してしまうと、シナジー効果が失われ、自社の戦略上の強みを失う可能性が高くなる。

  正解　イ

講師より

撤退障壁に関する問題です。企業は、業績が悪化している事業があったとしても、さまざまな理由でその事業を撤退させることができない場合があります。

問題 15

重要度 **B** 規模の経済

チェック欄▶ 1 / 2 / 3 /

H29-8

　規模の経済は、モノづくりをする企業にとって重要である。規模の経済を説明する記述として、最も適切なものはどれか。

ア　売り上げの増大をもたらすように複数の製品を組み合わせて生産するようにする。

イ　買い手にとって購入価値が高まれば販売数が増大するので、製品の普及度に注目してクリティカルマスを超えるようにマーケティング組織の規模を維持する。

ウ　現有製品の特性を分析し直し、製品の構成要素の機能や性能を向上させて、新たな経済価値を付与した製品の生産を行う。

エ　産出量の増大に伴って1単位当たりの製品を産出する平均費用を低下させるべく、一度に数多くのアウトプットを産出するようにする。

オ　累積生産量を増やして単位当たりのコストを下げるようにする。

解説

教科書 Ch3 Sec2

ア ✗

規模の経済は、複数の製品を組み合わせて生産することによって得られる概念ではない。

イ ✗

クリティカルマスとは、ある商品やサービスが爆発的に普及するために、最小限必要とされる市場普及率のことである。これを超える市場普及率を実現するのであれば、マーケティング組織の規模は拡大していくことが必要になる。

ウ ✗

新たな経済価値を付与した製品を生み出していくということは、既存の製品とは異なる製品ということである。よって、規模の経済による効果を得るという点においては適切とはいえない。

エ ○

規模の経済性の特徴である。

オ ✗

規模の経済は、大規模な生産体制を構築することによって得ることができる「静的」なものである。累積生産量を増やして単位あたりのコストを下げることができるのは、「動的」なものである経験曲線効果である。

 正解　エ

 講師より

規模の経済は、毎年のように出題される頻出論点です。本問は、規模の経済の特徴を直接的に聞いている問題です。他の論点と合わせて出る場合も多いです。しっかりと理解してください。

35

問題 **16**

チェック欄 ▶ 1 / 2 / 3 /

重要度 **A** 規模の経済と経験曲線　　　　　　　H26-7

　規模の経済と経験曲線および経験効果に関する記述として、<u>最も不適切な</u>
<u>もの</u>はどれか。

ア　規模の経済と経験効果は連続的に生じ、コスト低下の効果が生じない
停滞期間が存在することは少ないが、物理的な特性が効率性の向上の水
準を制限する場合もある。

イ　規模の経済の追求には相当額の投資が必要であり、多くの場合、特殊
化した資産が投資対象となって長期間にわたって実現されるコストの減
少を通じた投資回収を目指す。

ウ　規模の経済は、ある一定程度の総生産量が増加することによるコスト
の低下を指し、大規模な工場施設の建設などで模倣することはできる
が、経験効果の構築にはある程度の時間を必要とする。

エ　規模の経済は、業界内において利益をあげられる企業数の上限を決定
する一因となり、市場規模に対する生産の最小効率規模が大きいほど、
当該業界に存在できる企業数は少なくなる。

オ　経験曲線は累積生産量の増加に伴ってコストが低下することを表し、
累積生産量に対応する技術の進歩や改善等の要因からも生じるが、生産
機能において生じる経験効果に限定されない。

解説

教科書 Ch2 Sec2、Ch3 Sec2

ア ✗

規模の経済によるコストダウンは、極端にいえば、大規模な投資をすれば、その瞬間に得られることができる静的なものであり、経験効果によるコストダウンは、時間をかけて積み重ねるに連れて、コストダウンが進展していくという動的なものである。よって、経験効果は連続的に生じるものであるが、規模の経済は通常連続的に生じるものではない。よって、規模の経済はコスト低下の効果が、（新たに）生じない停滞期間も存在することになる。

イ ○

規模の経済の特徴である。

ウ ○

規模の経済と経験効果の特徴である。

エ ○

規模の経済と経験効果の特徴である。

オ ○

経験曲線効果の特徴である。

正解　ア

講師より

規模の経済と経験曲線効果は、どちらも重要なワードです。いずれもコストを下げる方法のため、それぞれのイメージがあやふやになってしまう受験生が多いです。似ているワードだからこそ、**それぞれの特徴を比較して**理解しましょう。比較することでそれぞれの特徴のイメージが頭に残りやすくなります。

問題 **17**

重要度 規模の経済性と経験曲線効果とシナジー効果

R元-7改題

経験効果や規模の経済に関する記述として、最も適切なものはどれか。

ア 経験効果に基づくコスト優位を享受するためには、競合企業を上回る市場シェアを継続的に獲得することが、有効な手段となり得る。

イ 生産工程を保有しないサービス業では、経験効果は競争優位の源泉にならない。

ウ 中小企業では、企業規模が小さいことから、規模の経済に基づく競争優位を求めることはできない。

エ 同一企業が複数の事業を展開することから生じる「シナジー効果」は、規模の経済を構成する中心的な要素の1つである。

解説

教科書 Ch1 Sec2、Ch2 Sec2、Ch3 Sec2

ア ○

経験効果（経験曲線効果）に基づくコスト優位は、累積生産量を増加させることで享受することができる。よって、競合企業を上回る市場シェアを継続的に獲得することができれば、おのずと累積生産量を増加させていくことができるため、有効な手段となり得る。

イ ✕

生産工程を保有しないサービス業であっても、サービスを作り出す（生産する）スキルは経験を積むことで高まる。よって、経験効果が競争優位の源泉になり得る。

ウ ✕

規模の経済に基づく競争優位は、企業規模が大きいほうが求めやすいのは事実であるが、だからといって、中小企業にとってそれができないといい切れるものではない。

エ ✕

「シナジー効果」は、同一企業が複数の事業を展開することから生じる事業間の相乗効果である。規模の経済とは、企業の規模や生産量が増大することによってコスト効率が高まるものであり、通常は特定の事業に特化することで得られる効果である。シナジー効果は、必ずしもコスト効率が向上するという要素を包含した概念でもない。よって、シナジー効果は規模の経済を構成する中心的な要素のひとつというわけではない。

正解　ア

講師より

本問は前問より論点が1つ増えて、規模の経済性と経験曲線効果とシナジー効果の問題です。シナジー効果も同様に重要ワードです。それぞれの違いを理解するように比較して勉強しましょう。

問題 18

チェック欄▶ 1 / 2 / 3 /

重要度 **B** 競争戦略の３つの基本戦略 [H28-6]

　企業が競争優位を獲得するための競争戦略のひとつであるコスト・リーダーシップ戦略に関する記述として、最も適切なものはどれか。

ア コスト・リーダーシップ戦略では、継続的に自社製品を購入する顧客を確保するために、ブランド・ロイヤルティを高めることが課題となり、企業の提供する付加価値が明確になっている。

イ コスト・リーダーシップ戦略は、市場成長率が安定してきて、製品ライフサイクルの成熟期以降に採用する戦略として適しており、企業が脱成熟をしていくうえで有益な戦略となる。

ウ コスト・リーダーシップ戦略は、多角化した企業において、シナジーの創出によるコスト削減を目指していく戦略であるので、事業間の関連性が高い企業の方が、優位性を得やすくなる。

エ コスト・リーダーシップ戦略を行う企業が、浸透価格政策をとると、自社の経験効果によるコスト低下のスピードは、競合他社よりもはやくなる。

オ コスト・リーダーシップ戦略を行っている企業は、特定モデルの専用工場を建設し、生産性の高い設備を導入しており、新しい市場ニーズへも迅速に対応できる。

40

解説

教科書 Ch1 Sec2、Ch2 Sec2、Ch3 Sec2

ア ✗
　コストリーダーシップ戦略を採用する際にブランド・ロイヤルティを高めることが不要なわけではないが、このことが課題になるのは差別化戦略のほうである。

イ ✗
　コストリーダーシップ戦略は、製品ライフサイクルの初期段階でその地位を確保できると、その後の生産量の伸びが大きくなり、経験効果が大きくなる。よって、成熟期以降に採用したのでは、競争優位を築くのは困難である。

ウ ✗
　コストリーダーシップ戦略は、多角化した企業がシナジーの創出によってコスト削減を目指すものではない。

エ ○
　選択肢イで述べたように、コストリーダーシップ戦略を採る場合には、他社よりも早い段階で、ある程度その地位を確保することが重要になる。

オ ✗
　コストリーダーシップ戦略では、同種の製品を大量生産することでコスト面における優位性を築くことになる。よって新しい市場ニーズに対する迅速な対応はしにくくなる。

正解　エ

講師より

　3つの基本戦略の、**コストリーダーシップ戦略**からの問題です。今回はコストリーダーシップ戦略のみでしたが、**差別化戦略**と**集中戦略**も重要ですので、3つの基本戦略はしっかりと学習しましょう。

41

問題 19　バリューチェーン

競争優位の源泉を分析するには、バリュー・チェーン（価値連鎖）という概念が有効である。バリュー・チェーンに関する記述として、最も適切なものはどれか。

ア　差別化の効果は、買い手が認める価値と、自社のバリュー・チェーンのなかで作り出した特異性を生み出すためのコストが同水準になった時に最大化する。

イ　バリュー・チェーン内で付加価値を生み出していない価値活動に関して、アウトソーシングなどによって外部企業に依存する場合、企業の競争力を弱めてしまう。

ウ　バリュー・チェーンの各々の価値活動とともに、それらの結び付き方は、企業の独特な経営資源やケイパビリティとして認識することができる。

エ　バリュー・チェーンの全体から生み出される付加価値は、個別の価値活動がそれぞれ生み出す付加価値の総和であり、各価値活動の部分最適化を図っていくことが、収益性を高める。

解説

教科書 Ch3 Sec2

Part1 Ch 3 バリューチェーン

ア ×

同水準であれば、作り出した特異性によって差別化が実現できていたとしても、企業にとっては、少なくとも定量的にはその効果は生じていないということになる（当然、最大化はしていない）。

イ ×

バリューチェーン内で付加価値を生み出していない価値活動に関してはアウトソーシングを活用し、自社のコアであり、付加価値を生み出す活動に注力することで、経営資源を有効活用して競争優位の源泉を構築することも可能である。

ウ ○

バリューチェーンを構成する各々の価値活動が密接に結びつくことは模倣困難性を生じさせることになる。

エ ×

バリューチェーン全体として生み出される付加価値は、個別の価値活動がそれぞれ生み出す付加価値の単純な総和ではなく、それ以上のものになるということである。また、このような組み合わせによって価値を生み出すには、活動全体で価値を生み出すことを志向するため、全体最適化を図っていくことが重要であり、それによって収益性が高まることになる。

 正解 ウ

価値連鎖（バリューチェーン）の問題です。ここも頻出論点ですが、イメージがつかみづらい受験生も多いところです。まずは**全体像とメリット**をつかむところから始めてください。

問題 20

チェック欄▶ 1 / 2 / 3 /

重要度 **B** 競争地位別戦略 H28-7

　業界での競争地位によって、企業はリーダー、チャレンジャー、フォロワー、ニッチャーに分類できる。そのなかで、チャレンジャーとニッチャーに関する記述として、最も適切なものはどれか。

ア チャレンジャーは、業界で生き残ることを目標に、購買の動機として価格を重視するセグメントをターゲットにし、徹底的なコストダウンを行い、代替品を低価格で提供していく戦略を採る。

イ チャレンジャーは、市場全体をターゲットとするフル・カバレッジにより、リーダーの製品を模倣していく戦略を採る。

ウ チャレンジャーは、リーダーに対する価格・製品・プレイス・プロモーションという4Pの差別化よりも、ドメインの差別化を行う。

エ ニッチャーは、狭いターゲットに対して、業界の価格競争には巻き込まれないように閉鎖型の販売チャネルを採用して、媒体を絞り込んだプロモーションを展開する。

オ ニッチャーは、自社が属する業界のライフサイクルの導入期に活動が活発になり、他社の行動を追随する同質化を推進し、市場全体の規模を広げる役割を担っている。

解説

教科書 Ch1 Sec2、Ch3 Sec2

Part1 Ch 3 競争地位別戦略

ア ✗

本肢の記述はフォロワーに関する内容である。フォロワーはリーダーが提供している製品の低価格帯の代替品を提供することで生存を図っていくことになる。

イ ✗

チャレンジャーの対象市場は、フル・カバレッジよりもやや絞り込んだセミ・フルカバレッジであるのが定石である。また、採用する戦略は、リーダーの製品の模倣ではなく、リーダーとの差別化である。

ウ ✗

チャレンジャーは、リーダーと差別化を図って市場シェアを奪い、リーダーとなることを戦略目標とする。リーダー企業から顧客を奪うことを志向することから、ドメイン（事業領域）についてはおおむね同様であると考えることができる。よって、顧客を奪うために、価格・製品・プレイス・プロモーションといったマーケティングの4Pなどの面で差別化を図っていくことになる。

エ 〇

ニッチャーの特徴である。

オ ✗

業界のライフサイクルの導入期においては、消費者ニーズの多様化が進展していない。よって、ニッチ市場が存在しないため、ニッチャーとしての戦略行動が活発になる段階ではない。また、他社の行動を追随する同質化を推進するのはフォロワーである。さらに、市場全体の規模を広げる役割を担うのはリーダーである。

競争地位別戦略の問題です。今回はチャレンジャーとニッチャーのみの出題でしたが、リーダーとフォロワーの特徴も知っていないと解きづらい問題になっています。**4つの特徴を整理**してきちんと覚えましょう。

45

問題 21 研究開発

研究開発に関する記述として、最も不適切なものはどれか。

ア 基礎研究から生み出された技術が成功するためには、その技術に基づく製品が市場で勝ち抜くことを阻む「死の谷」と呼ばれる断絶を克服しなければならない。

イ 自社の技術だけで最終製品が生まれることはまれであり、関連する技術領域を幅広く動員する技術の統合能力が製品開発には必要である。

ウ 市場ニーズをくみ上げて技術開発を進めるには、研究開発要員が日常的に市場との対話の機会を持ったり、営業部門や生産部門との連携を保つことが重要である。

エ 新規な技術が生まれにくくなるにつれて、顧客の感性に訴えるデザインや利便性あるいは顧客の課題解決提案などの新たな視点による製品開発の例も生まれている。

オ 模倣は、研究開発投資のコストや時間を節約できるばかりでなく、先発企業の市場開拓に追随すればよいので、マーケティング・コストの負担も軽減できる可能性が高い。

解 説

教科書 Ch4 Sec1、5

ア ✕

市場で勝ち抜くことを阻む関門（断絶）は、「ダーウィンの海」である。

イ ○

現代の市場に流通している多くの最終製品は、多くの企業で分業される形で開発・生産が行われている。

ウ ○

現代は市場ニーズの変化のスピードが増してきているため、市場ニーズに応えると同時に生産可能な製品を生み出すための技術開発を実行していくことが重要になる。

エ ○

製品の機能面による差別化が困難な状況では、顧客の感性に訴えるデザインや利便性、顧客の課題解決提案などの新たな視点による製品開発の例も生まれてくることになる。

オ ○

このような模倣を行うことは、自前で研究開発を行わなくても類似する製品を開発・生産することを可能にすることから、研究開発投資のコストや時間を節約することにつながる。

正解　ア

講師より

研究開発の問題です。研究開発の知識だけでなく、組織論やマーケティングの知識も必要となるため難しかったかもしれませんが、企業経営理論は複数の論点が一緒に出題されることは珍しくありません。このような問題にも過去問を通して慣れましょう。

選択肢アにある「**死の谷**」や、「**魔の川**」、「**ダーウィンの海**」の３つの用語はよく出る論点ですので、それぞれの特徴を整理してしっかりと学習しましょう（問題26参照）。

問題 22

重要度 Ⓐ **製品アーキテクチャ①**

H27-7

製品アーキテクチャがモジュール化するにつれて、技術戦略は変わってくる。そのような変化がもたらす部品メーカーの状況や、部品メーカーの変化への対応に関する記述として、最も適切なものはどれか。

ア 製品サブシステムのインターフェースが標準化されるにつれて、部品メーカーは一定のデザインルールのもとで、独自に技術開発を進めることが可能になる。

イ 製品統合が容易になり、組立メーカーの製品が標準化されるにつれて、その収益が低下するので、部品メーカーも収益が悪化する。

ウ 製品のサブシステム間の関係が簡素になるので、部品メーカーは部品生産技術をめぐって、組立メーカーとの技術交流を緊密化することが重要になる。

エ 標準化された部品の生産プロセスにおける技術改良の余地がなくなり、価格競争が激化するので、部品メーカーの収益は悪化する。

オ 部品メーカーにとっては、自社固有の独自技術を梃子にして新規なモジュール部品を開発する必要性がなくなるので、これまで取引がなかった組立メーカーにも販路を広げることが重要になる。

解説

教科書 Ch4 Sec3

ア ○

インターフェースが標準化された状況においては、部品メーカーはその標準化されたインターフェースのデザインルールに基づいて開発を行うことになる。

イ ✕

組立メーカーの製品が標準化されると、競合他社との差異を打ち出すことの困難性が高まり、組立メーカーの収益が低下することになる。しかしながら、部品メーカーは独自の技術開発によって差別化されたモジュール部品を生み出すことができ、そのような部品メーカーは大きな収益を獲得することができる。

ウ ✕

モジュール化が進展している場合には、インターフェースのデザインルールが標準化されるため、技術交流の緊密化は重要にならない。

エ ✕

標準化された部品が流通した場合、部品メーカーは収益を獲得するために、生産プロセスを効率化してコストダウンに注力するケースも多いため、生産プロセスにおける技術改良の余地がなくなるわけではない。また、価格競争が激化する可能性は高いものの、販売量が増加すればコストダウンも進むので、部品メーカーの収益が悪化するわけではない。

オ ✕

部品メーカーは、自社固有の独自技術の蓄積を進めることになる。そして、それを梃子にして新規なモジュール部品を開発し、競争優位を築いていくことになる。よって、開発する必要性がなくなるということはない。

正解 **ア**

講師より

製品アーキテクチャに関する問題です。毎年のように出題される頻度が高い分野ですので、重点的に学習してください。まずは、**モジュール型アーキテクチャとインテグラル型アーキテクチャ**が、頭の中にしっかりとイメージできるようにしてください。

問題 23

チェック欄▶ 1 / 2 / 3 /

重要度 Ⓐ 製品アーキテクチャ②　　H25-8

　製品の設計が、部品間のインターフェースが単純なモジュラー的な場合と、複雑で調整が必要な擦り合わせ的な場合とで、製品開発や技術開発の進め方が異なる。モジュラー的な製品開発や技術開発に関する記述として、最も適切なものはどれか。

ア モジュール部品を多様に組み合わせて得られる製品は、低価格・高機能を容易に実現でき、差別化による高い収益性を発揮できる。

イ モジュラー化の進展によって、自社固有の技術開発余地が狭まり、標準部品を使った製品間の競争が激化し、価格競争が激しくなる。

ウ モジュラー的な製品開発では、多様な部品を幅広く組み合わせるので、技術開発と製品開発が緊密に連携することが不可欠になる。

エ モジュラー的な製品では、モジュール部品を広く外部から調達することが可能になるので、これまでの社内のモジュール部品の生産設備は埋没原価になる。

オ モジュラー的な製品は、技術を持たない企業の参入可能性を高めるが、先発企業はシステム統合技術で先行するので、市場シェアには大きな影響を与えない。

解 説

教科書 Ch4 Sec3

ア ✗

モジュール部品を多様に組み合わせて得られる製品の場合には、構造的に差別化が図りにくいという特徴がある。

イ 〇

本肢の"自社"が、モジュールメーカーということなのであれば、製品アーキテクチャがモジュール化している状況においてはインターフェースが規定されることによって、制約される側面がある。本肢の"自社"が、完成品メーカーということなのであれば、他社のモジュールを活用して製品をつくることになることから、自社固有の要素が少なくなる。

ウ ✗

技術開発と製品開発が緊密に連携することが不可欠ということはない。

エ ✗

社内の生産設備によって生産するモジュール部品の自社内での使用量が減少したとしても、他社に販売することも可能であるので、埋没原価になるということはない。

オ ✗

モジュラー的な製品は、技術をもたない企業でも完成品の製造が可能になるため、参入可能性を高めるというのは正しい。システム統合技術については、先発企業が先行するということはなく、各モジュールメーカーが市場化することによって業界内の企業が容易に手に入れることができる。よって、後発企業がキャッチアップすることも可能であり、市場シェアにも影響を与えることになる。

  正解 イ

👨‍🏫 講師より

製品アーキテクチャのモジュール型アーキテクチャの問題です。モジュール型とインテグラル型のイメージができるようになったら、**それぞれのメリットとデメリットを比較**して、理解を深めましょう。

問題 24

重要度 Ⓐ イノベーション、製品アーキテクチャ

H29-11

　製品のイノベーションを起こすには、企業の内外の知識や情報を動員し、それを有効に活用することが重要である。イノベーションのタイプと知識の関係に関する記述として、最も適切なものはどれか。

ア　アーキテクチャの構成要素の改善を積み重ねながら、製品を進化させるイノベーションでは、システムの複雑性に対処するための専門横断的に共有される知識が重要になる。

イ　アーキテクチャの構成要素の組み合わせやつながり方を変えることによって生み出されるイノベーションでは、専門領域に固有な知識がイノベーションの機会を捉えるうえで重要な役割を担う。

ウ　アーキテクチャの構成要素を見直して、ユーザーの価値の変化に適応した製品コンセプトを生み出すイノベーションでは、専門的な技術知識や経路依存的に蓄積される知識が有効になる。

エ　アーキテクチャを変えることなく、構成要素のイノベーションを起こそうとするモジュラー・イノベーションでは、その構成要素をめぐって培われた学習や経験などのノウハウ的な知識を用いることが有効である。

オ　製品コンセプトを変えるようなラディカルなイノベーションでは、専門的な技術知識を持たないユーザーからの製品価値評価を用いずに、研究開発部門から生み出される専門知識を活用することが重要になる。

解説

教科書 Ch4 Sec2、3

ア ○
正しい記述である。

イ ×
製品アーキテクチャを変化させるイノベーションは、専門領域に固有な知識がイノベーションの機会をとらえるうえで重要な役割を担うわけではなく、アーキテクチャ知識（コンポーネントのつなぎ方についての知識）の変革が求められることになる。

ウ ×
ユーザーの価値の変化に適応した製品コンセプトを生み出すのであれば、専門的な技術知識や、その組織がそれまでに獲得してきた経営資源として蓄えられている知識ではなく、「顧客ニーズ」が有効になる。

エ ×
この場合、各コンポーネントで用いられている技術を別のものに置き換えることになるため、既存の構成要素をめぐって培われた学習や経験などのノウハウ的な知識は活かしにくい形のイノベーションとなる。

オ ×
抜本的、破壊的なイノベーションとなるため、研究開発部門から生み出される専門知識よりも、ユーザーからの製品価値評価を用いることの重要性が高くなる。

正解 ア

講師より

製品アーキテクチャと**イノベーション**の問題です。それぞれの分野をただ暗記するだけでは対応できません。それぞれの分野の特徴を、**頭の中でしっかりとイメージ**できるようにしましょう。

問題 25

重要度 **B** デファクトスタンダード

R2-13

デファクト・スタンダードやネットワーク外部性に関する記述として、最も適切なものはどれか。

ア デファクト・スタンダードの確立には、ISOのような国際的な標準化機関が重要な役割を果たすことから、これらの機関での調整や協議を進めることが、デファクト・スタンダードの獲得に向けた中心的な方策となる。

イ デファクト・スタンダードは、パーソナルコンピュータやスマートフォンのOS（基本ソフト）のようなソフトウェアにおいて重要な役割を果たすものであり、情報技術が関わらない領域では生じない。

ウ デファクト・スタンダードは製品市場における顧客の選択を通じて確立するために、競合する製品や規格の中で、基本性能が最も高いものが、デファクト・スタンダードとしての地位を獲得する。

エ 当該製品のユーザー数の増加に伴って、当該製品において補完財の多様性が増大したり価格が低下したりすることで得られる便益は、ネットワーク外部性の直接的効果と呼ばれ、間接的効果と区分される。

オ ネットワーク外部性を利用して競争優位を獲得するためには、ユーザー数を競合する製品や規格よりも早期に増やすことが、有効な方策となる。

解説

教科書 Ch4 Sec4

Part1
Ch 4

デファクトスタンダード

ア ✗

デファクト・スタンダードは、ISOのような国際的な標準化機関（公的な標準化機関）の認定を必要とするものではない（重要な役割を果たすものではない）。

イ ✗

デファクト・スタンダードが、パーソナルコンピュータやスマートフォンのOS（基本ソフト）のようなソフトウェアにおいてよく見られるため、重要な役割を果たすものであることは正しい。しかしながら、情報技術がかかわらない領域で生じないわけではない。市場において認められた規格であれば該当することになる。

ウ ✗

デファクト・スタンダードは、その地位を獲得するということは、多くの需要者や供給者に用いられているということである。その際に重要な要素としてよくあげられるのがネットワーク外部性である。たとえ、性能や品質に劣るものであっても、それ以上に参加メンバーが多いことによる魅力が大きく、市場で支持される規格となる。よって、基本性能が最も高いものがデファクト・スタンダードとしての地位を獲得するというわけではない。

エ ✗

ネットワーク外部性には、ネットワークの大きさが直接便益の拡大をもたらす「直接効果」と、補完財が介在する「間接効果」がある。よって、選択肢に書かれている、補完財の多様性が増大したり価格が低下したりすることで得られる便益は、間接効果である。直接効果とは、ネットワークの参加者が多いことそのものによる便益である（電話やFAXは利用者が多いことでその便益が高まる）。間接効果とは、たとえば、スマートフォンのOSごとに、使用できるアプリが異なる場合、アプリの開発者は、ネットワークの参加者が多いOS向けに開発することになる。その結果、そのネットワークの参加者は多くのアプリを利用することができ、便益が向上する、といったことである。

55

オ ○
　選択肢**ウ**の解説で述べたとおりである。

 オ

　ここも出題頻度が高めの分野です。家庭用VTRやパソコン、ゲーム機など私たちの身近なところにも**デファクトスタンダード**をめぐる競争はあります。ただ覚えるだけでなく、**身近な例も参考に**して学習をしましょう。

MEMO

Part1 Ch 4 デファクトスタンダード

問題 26

重要度 Ⓐ **ベンチャー企業のマネジメント** H30-12改題

チェック欄▶ 1 / 2 / 3 /

　技術開発型ベンチャー企業が起業から事業展開で直面する障壁には、通常、以下の【A欄】にあるダーウィンの海、デビルリバー（魔の川）、デスバレー（死の谷）と呼ばれるものがある。これらの障壁は【B欄】のように説明できる。

　【A欄】のa～cに示された障壁名、【B欄】の①～③に示された障壁の内容の組み合わせとして、最も適切なものを下記の解答群から選べ。

【A：障壁名】
a　ダーウィンの海
b　デビルリバー
c　デスバレー

【B：障壁の内容】
①　応用研究と商品開発ないし事業化との間に存在する資金や人材の不足などという障壁
②　開発商品を事業化して軌道に乗せる際、既存商品や他企業との激烈な競争に直面するという障壁
③　技術シーズ志向の研究のような基礎研究からニーズ志向の応用（開発）研究に至る際の障壁

〔解答群〕
　ア　a－①　　b－②　　c－③
　イ　a－②　　b－③　　c－①
　ウ　a－②　　b－①　　c－③
　エ　a－③　　b－①　　c－②
　オ　a－③　　b－②　　c－①

解説

教科書 Ch4 Sec5

　ダーウィンの海（A欄：a）とは、事業化を成し遂げた後も、その事業が軌道に乗るまでの間で、市場における激しい競争にさらされることで直面する関門のことである（B欄：②）。

　デビルリバー（A欄：b）とは、基礎研究で開発されたシーズの社会的な有用性が識別しにくいことで直面する関門である。基礎研究を終えて、応用研究や開発研究へと進めるかどうかということである（B欄：③）。

　デスバレー（A欄：c）とは、応用研究と製品開発（さらには事業化）の間で、十分な資金や人材などを調達することができないことで直面する関門である（B欄：①）。

　よって、a－②、b－③、c－①という組み合わせとなる。

 正解　イ

 講師より

　ベンチャー企業のマネジメントの、「デビルリバー（魔の川）」「デスバレー（死の谷）」「ダーウィンの海」の3つの用語に関する問題は頻出です。本問もそうですが、3つの用語の意味を知っていないと解けない問題がほとんどですので、確実に覚えてください。

問題 27

チェック欄▶ 1 / 2 / 3

重要度 **B** 組織構造の設計原理

H29-14

組織構造のデザインに関する記述として、最も適切なものはどれか。

ア 異なったタスクを組み合わせて、顧客に提供するサービスとしてまとめる方法を、機能部門化という。

イ 指揮命令系統は、組織のトップからロアーに至る権限の系統であるが、組織横断的なコミュニケーションを可能にする情報ネットワーク技術の発展によって、指揮命令系統は組織デザインの要素としては必須ではなくなっている。

ウ 仕事を細かく分割された作業ルーティンとしてではなく、トータルなプロセスとして任せるように割り当てることを、職務の専門化という。

エ 職務の標準業務手続きの公式化が進むほど、職務の進め方に対する個人の自由裁量は小さくなる。

オ 組織の頂点に意思決定を集中する度合いとして集権化と分権化が決められ、集権化するほど環境変化への対応力を高めることができ、分権化するほど迅速な組織的な行動が可能になる。

60

解説

教科書 Ch1 Sec1

ア ✗

　機能部門化とは、機能ごとに部門化を図るということである（機能別組織のイメージ）。よって、異なったタスク（機能）を組み合わせて、顧客に提供するサービスとしてまとめる方法ではない。

イ ✗

　情報ネットワーク技術の発展によって組織横断的な（水平方向の）コミュニケーションが可能になってきたからといって、組織である以上、共通の目的を有して、その達成を目指すためには、指揮命令系統は必要である。

ウ ✗

　職務の専門化とは、トータルなプロセスとして任せるように割り当てるのではなく、むしろ細かく分割された作業ルーティンとして割り当てるものである。

エ ○

　正しい記述である。

オ ✗

　組織の頂点に意思決定を集中することは集権化（機能別組織のイメージ）、組織全体に権限を与えていくことは分権化（事業部制組織のイメージ）ということになる。集権化を進めた組織の場合には、トップが大局的な意思決定が可能になるものの、トップの負担が大きいことから迅速性に乏しく、環境変化への対応力は低くなる。

正解　エ

　組織構造の設計原理の問題です。ここでは、専門化の原則がウとエで出題されています。特にエの公式化については、教科書にもあるように専門化と関連が強い言葉なので、類似語の標準化とともに特徴を学習してください。

問題 28

重要度 Ⓐ **組織形態**

H28-12

機能別組織、事業部制組織、マトリックス組織の特徴に関する記述として、最も適切なものはどれか。

ア 機能別組織は部門間で緊密な調整が必要な場合に有効であるが、安定した環境のもとで官僚制的な組織になるという短所がある。

イ 事業部制組織が有効に機能するためには、トップマネジメントが業務的意思決定から解放され、戦略的意思決定と管理的意思決定に専念できるようにする必要がある。

ウ 事業部制組織は複数の製品—市場分野を持つ企業が、範囲の経済を実現するのに適しているが、規模の経済を追求することは難しい。

エ マトリックス組織は変化の速い環境で部門間の相互依存が高い場合に有効であるが、コンフリクトや曖昧さを許容する組織文化を持たないと効果的に機能しにくい。

オ マトリックス組織を効果的に管理するためには、1人の部下に対して、機能マネジャーとプロダクトマネジャーが同じ権限を持っていなければならない。

解説

教科書 Ch1 Sec1

ア ×

機能別組織は、水平方向の機動的な連携はしにくく、部門間で緊密な調整が必要な場合に有効な組織形態ではない。

イ ×

事業部制組織が有効に機能するためには、トップマネジメントが業務的意思決定や管理的意思決定から解放され、戦略的意思決定に専念できるようにする必要がある。

ウ ×

事業部制組織では、各事業部が自らの事業部の利益達成にこだわることからセクショナリズムが生じるなど、事業部間で経営資源を共用するといった協力関係が構築されにくい組織形態である。そのため、範囲の経済を実現するのには適していない。

エ 〇

マトリックス組織の特徴である。

オ ×

マトリックス組織では組織構成員に2人のボス（マネジャー）が存在することになる。そして、機能マネジャーとプロダクトマネジャーといった同程度の力を有している状況は考えられるが、同じ権限をもつわけではない。

 正解　エ

講師より

組織形態の問題です。基本となる**機能別組織**、**事業部制組織**を理解してから、**マトリックス組織**を学習しましょう。特にマトリックス組織はイメージがあやふやな受験生が多いです。メリットとデメリットを覚えながら、組織の特徴のイメージをつかみましょう。

問題 **29**

チェック欄▶ 1 / 2 / 3 /

重要度 **Ⓑ** モチベーション① H29-16改題

モチベーション理論に関する記述として、最も適切なものはどれか。

ア A.マズローの欲求段階説は、多様な欲求が同時に満たされることによって、個人のモチベーションが階層的に強まっていくことを提唱した。

イ D.マクレガーのX理論とY理論は、個人は肯定的側面と否定的側面の両面を併せ持つことを示し、状況に応じてモチベーションを刺激する組み合わせを変化させる必要性があることを提唱した。

ウ F.ハーズバーグの二要因理論では、従業員が不満足を知覚する衛生要因と、満足を知覚する動機づけ要因を独立した要因として捉え、必ずしも不満足を解消せずとも、モチベーションを高めることができることを提唱した。

エ V.ブルームの期待理論によれば、モチベーションは将来に対する合理的な計算として捉えられ、特定の努力によって実現される目標の期待値と、目標を実現することによって得られる報酬の期待値の総和として把握できることを提唱した。

解説

教科書 Ch2 Sec1

ア ×

A.マズローの欲求段階説においては、多様な欲求が同時に満たされるということを想定したものではない。

イ ×

D.マクレガーのX理論とY理論では、人間が肯定的側面と否定的側面の両面を併せ持つことを想定しているわけではない。また、マクレガー自身は、状況に応じてモチベーションを刺激する組み合わせを変化させる必要性があるとしているわけではない。

ウ ○

F.ハーズバーグの二要因理論の記述である。

エ ×

V.ブルームの期待理論は、「目標の期待値」と「報酬の期待値」の総和ではなく、「目標の期待（確率）」と「報酬の期待値」の積である。

正解　ウ

講師より

モチベーション理論の問題です。モチベーション理論は数が多く、学習がしづらいですが、**多くの理論のベースとなるのはマズローの欲求段階説**です。マズローの欲求段階説をしっかりと理解してから、違いや類似点を意識しながら他の理論を学習しましょう。

問題 30

重要度 Ⓐ **モチベーション②**　　　　　　　　H25-16改題

チェック欄▶ 1／　2／　3／

次の文章を読んで、下記の設問に答えよ。

　C社の研究開発部門で働く研究員は、公式に仕事として与えられた研究開発テーマ以外にも、自らの興味や関心に基づき、非公式に新しい研究開発テーマを探索していた。もちろん、公式な仕事として与えられたわけではないので、新しい研究開発テーマを探索する場所や設備などの作業環境は良好なものではなかったし、昼休みや終業後の時間が費やされていた。

　このことをインフォーマルに伝え聞いた経営者は、研究員による自発的活動をより活発なものにするために、新たな研究開発テーマの探索に必要な作業環境を改善するとともに、就業時間外に行った活動にも金銭的報酬を支払う制度を導入することにした。

　ところが、新制度を導入した後には、研究員は昼休みや終業後の時間に、新しい研究開発テーマを探索することがめっきり少なくなってしまった。研究員にアンケートを取ってみると、作業環境の改善によって満足度が上がったわけでもなさそうであった。

設問1

　作業環境が改善されたにもかかわらず、研究員の満足度が改善されなかった理由として、最も適切なものはどれか。

ア　経営者の判断によって行われた作業環境の改善内容が、研究員が望んでいたものとは異なっていたから。

イ　作業環境に対する不満足の解消と、新たな研究開発テーマの探索を通じて得られる満足は別問題だから。

ウ　作業環境の改善内容が、研究員が望んでいた希求水準を下回っていたから。

エ 作業環境を経営者が改善してくれたこと自体が、研究員に対するホーソン効果を生みだしたから。

設問2

昼休みや終業後の時間に、研究員が自発的に新たな研究開発テーマを探索しなくなった。その理由として、最も不適切なものはどれか。

ア あくまで自らの意志で行っていたということを、金銭的報酬が与えられたことによって見失ってしまったから。

イ 新しい研究開発テーマの探索が、金銭的報酬のためであると知覚されるようになったから。

ウ 困難な仕事内容を考えれば、新しい研究開発テーマの探索の対価としてはふさわしくないと感じられたから。

エ 制度設計をした経営者が、研究員の自発的行動をコントロールするためではなく、研究員に報いるためのものであることをきちんと説明しなかったから。

解説

教科書 Ch2 Sec1

設問1

ア ✗
作業環境の改善は衛生要因であるため、そもそも満足度の改善につながるものではない。また、研究員が作業環境の改善を望んでいたわけでもない。

イ ○
作業環境は衛生要因であり、新たな研究開発テーマの探索は動機づけ要因である。よって、これらは別のものである。

ウ ✗
作業環境の改善は衛生要因であるため、研究員が望んでいた希求水準に達していたか否かにかかわらず、満足度の改善にはつながらない。

エ ✗
ホーソン効果とは、人は注目されたり、期待されたりすると、さらに効果を上げようとする傾向が生まれるものである、ということを称したものである。今回のケースでは、ホーソン効果が生み出されたような状況は見られない。

　正解　イ

設問2

ア ○
「やりたくてやっていたこと」が、「金銭的報酬を得るための手段」のように知覚され、自らの意思で行っていた感覚を見失うことになる。

イ ○
金銭的報酬が与えられてしまったことによって、新しい研究開発テーマの探索を行うという行為は、自発的にやるようなものではなく、金銭的報酬を得るための手段であるというように知覚が変化してしまったことが考えられる。

68

ウ ✗
　これまでは金銭的報酬がなくても自発的に行っていたわけであるので、対価が発生したことで、ふさわしくない（安すぎる）と感じるということはない。

エ ◯
　言語報酬（賞賛）は外的な報酬ではあるものの、内発的動機づけを強化する。よって、経営者が賞賛の一環として金銭によって報いるという趣旨を説明していれば、このような事態を避けることができたと考えられる。

 ウ

　設問1 はハーズバーグの動機付け＝衛生理論（二要因論）、 設問2 は内発的動機づけに関する問題であることに気づいたでしょうか？　気づければ難しくない問題です。せっかく知識を覚えても、使い方や使い場所がわからなければ正解になりません。教科書の内容を理解し覚えることも重要ですが、過去問を解いて問題慣れをすることも同じくらい重要です。

問題 **31**

チェック欄▶ 1／ 2／ 3／

重要度 **B** 組織スラック

H27-19

組織スラックに関する記述として、最も不適切なものはどれか。

ア 組織スラックは、イノベーションを遂行するための資源となりうる。

イ 組織スラックは、緊急事態に対応するための余裕資源として、組織の安定に寄与する。

ウ 組織スラックは、新規行動案の探索をリスク回避的にする傾向にある。

エ 組織スラックは、複数の利害関係者の組織に対する要求を調整する機能を持つ。

オ 組織スラックは、利害関係者が組織に対して求める要求が、満足水準に基づくことから生じる傾向にある。

解説

教科書 Part1 Ch2 Sec1、Part2 Ch2 Sec4

ア ○

組織スラックに関する記述である。

イ ○

組織スラックに関する記述である。

ウ ✗

組織スラックがあることで、現状を抜本的に変えるような挑戦的な行動を起こしたり、そのための探索を行ったりすることが可能になる。組織スラックがない状況ではこれらが実行しにくいため、新規行動案の探索がリスク回避的になる。よって、組織スラックがあることによって、新規行動案の探索がリスク回避的になるということはなく、むしろリスクを取りやすくなる。

エ ○

組織スラックに関する記述である。

オ ○

組織スラックに関する記述である。

 ウ

経営戦略論の多角化戦略と組織論の組織変革で学習した**スラック（余裕資源）**に関する問題です。企業が、あえて余裕や遊びを持つには、メリットがあるからです。そのメリットから学習しましょう。

問題 32

チェック欄▶ 1 / 2 / 3 /

重要度 **B** コンフリクト

R元-15改題

コンフリクトは、意思決定の標準メカニズムの機能不全を意味する。組織における部門間コンフリクトの原因、それへの対応に関する記述として、最も適切なものはどれか。

ア 組織内のスラックが豊富に存在すると、部門間の目標の独立性が減少し、部門間コンフリクトが発生しやすくなる。

イ 組織内の部門間コンフリクトは、共同意思決定の必要性が高ければ高いほど、また予算など限られた資源への依存度が大きければ大きいほど、発生する可能性が高まる。

ウ 命令の一元性が確保されていると、部門間の目標や知覚の分化が進むため、部門間コンフリクトが起きる可能性は低下する。

エ 目標が共有されている部門間でコンフリクトが生じた場合、その基準を満たす解決策を探索するために、政治的工作やバーゲニングが使用される可能性が高くなる。

解説

教科書 Ch2 Sec2

ア ✗
　組織内のスラックが豊富に存在する場合、部門間調整の負担が軽減されることになるが、それによって部門間の目標の独立性が減少するということはない。また、組織内のスラックが豊富に存在するのであれば、部門間における調整負担が軽減されるため、コンフリクトは発生しにくくなる。

イ ○
　共同意思決定の必要性が高ければ、部門間の調整負担が高まるため、組織内の部門間コンフリクトが発生する可能性が高まる。また、予算など限られた資源への依存度が大きければ、その資源の獲得を巡ってコンフリクトが発生する可能性が高まることになる。

ウ ✗
　命令の一元性が確保されている状況においては、部門間の目標や知覚の共通化が進むことになる。また、このような官僚的なメカニズムがあることは、基本的には対立が抑制されることに寄与するため、部門間におけるコンフリクトが起きる可能性が低下する。

エ ✗
　目標が共有されている部門間においてコンフリクトが生じた場合には、バーゲニング（交渉）を行って解決策を探索するのは有効である。しかしながら、政治的工作（相手の心理や動向を探り合って物事を行う）を行ってしまっては、信頼関係を損なうリスクが大きいため、好ましい解決策とはいえない。

正解　　イ

講師より

　コンフリクトが直接問われた問題です。組織論の、特に集団ダイナミクスや組織変革を理解するには、コンフリクトの理解は不可欠です。コンフリクトはどういうときに起きるのか？　起きた時にはどうするのか？　まで理解しましょう。

問題 **33**

チェック欄▶ 1 / 2 / 3 /

重要度 Ⓐ **組織変革①**

H26-21

変化する環境に効果的に適応していくためには、組織を戦略的に変革することが必要となることがある。一般に戦略的に組織変革を進めていくプロセスを、組織変革の必要性を認識すること、組織変革案の創造、組織変革の実施・定着という3段階に分けて考えることができる。戦略的な組織変革のプロセスについて、以下の設問に答えよ。

設問 1

文中の下線部①の組織変革の必要性を認識することに関する記述として、最も適切なものはどれか。

ア 組織の現状を客観的に診断するために、組織内の情報に頼らず、外部環境の調査機関やコンサルタントなどから情報を収集する。

イ 組織変革を進めている間にも現在の業務を遂行しなければならないため、中間管理職や現場管理者を巻き込まないよう配慮し、大局観をもったトップマネジメントが現状を診断する必要がある。

ウ 組織メンバー間やコンサルタントとの間で、フェイス・ツー・フェイスのコミュニケーションを通じて、できるだけ問題が生じている現場の生のデータを収集し、予期されなかった事態についての情報にも耳を傾ける必要がある。

エ 変革の認識を共有する場面では、様々なコンフリクトが顕在化した場合、円滑な変革プロセスを妨害する可能性があるため、速やかに政治的な処理をしていく必要がある。

設問2

いかに優れた変革案が作成されても、実際にその変革を実施し、定着させる過程で様々な混乱や抵抗が生じることがある。文中の下線部②の組織変革の実施・定着段階に関する記述として、最も適切なものはどれか。

ア 既存の組織内で権力を持っていた集団が新しい組織案ではその権力を失ってしまうことに抵抗を示す可能性があるので、そのような権力集団を排除する必要がある。

イ 望ましい組織変革案を支持するメンバーに対して、ボーナス、給与、昇進などの報酬を与え動機づける必要がある。

ウ 変革の実施段階では、非公式のコミュニケーションルートを様々なうわさや妨害情報が流れるので、非公式な情報ルートを遮断し、公式なコミュニケーションを徹底することが重要となる。

エ 変革を自己に有利な形で利用して権力を握ろうとする集団が登場することがあるため、混乱が収まるまで新しい組織案を提示しないようにしなければならない。

解 説

教科書 Ch2 Sec4

設問1

ア ✗

　組織変革の必要性を認識するためには、経営者自身がリッチな情報を獲得し、それの意味するところを解釈しなくてはならない。そのためには、①組織内にスラックを有した状態で情報収集を行うスラック探索を行う、②生のデータへアクセスする、③組織内のコンフリクトを変革の必要性を示すシグナルだと解釈する、といったことが必要になる。

イ ✗

　変革のプロセスをトップマネジメントを中心とした一部のメンバーで進めてしまっては、大きな不満を生み出し、抵抗や混乱を引き起こす可能性が高くなる。

ウ ◯

　組織変革ではフェイス・ツー・フェイスのコミュニケーションによって把握していくことが重要になる。

エ ✗

　コンフリクトを速やかに政治的に処理することは、不公平感や不透明感を抱かせることにつながりやすい。また、むしろコンフリクトは変革の契機をつかむことができる材料として、積極的に向き合うべきである。

正解　ウ

設問2

ア ✗

　むしろ、変革にかかわる重要決定に参加・関与させるなどして、抵抗ができないような状況にもっていくことが必要になる。

イ ◯

　報酬などの外発要因は、組織変革を実行するためには勢いやスピードが重要になるし、組織として向かうべき新たな方向性を報酬という明確な形

で示すことは効果的であり、妥当な方法であると考えることができる。

ウ ✗

　移行管理者は移行の進行状況について、情報の途絶が起きないように、定常状態とは別のコミュニケーション・ネットワークやフィードバック・メカニズムを作るとともに、調査、聴取、相談等の、インフォーマルな情報ルートを適時利用することになる。

エ ✗

　このような集団からの支援を得るためには、変革後の組織体制や権限などを提示し、透明性を担保することが重要になる。この点からも、混乱が収まるまで新しい組織案を提示しないというのは得策ではない。

 イ

　組織変革についての問題です。組織変革は組織論の中でもっとも出題頻度が高い論点になります。**組織学習との関連性も高い**ので、合わせて重点的に学習しましょう。
　組織変革が実現するためには、①変革の必要性の認識、②変革案の創造、③変革の実施・定着が必要となります。①〜③において、それぞれどのような要件があるかを整理して学習してください。

問題 34

チェック欄▶ 1 / 2 / 3 /

重要度 **A** **組織変革②**　　　　　　　　H30-18改題

　変化が激しい環境に適応する組織にとって、組織学習を促進していくことは不可欠である。組織学習に関する記述として、最も適切なものはどれか。

ア　シングルループ学習とは、ある目的とそれを達成するための行為の因果関係についての知識を、一度見直すことを意味する。

イ　組織内の人々は役割が規定され、その成果によって評価されるために、環境の変化に対応した新しい知識を獲得しても、それを直ちに個人や組織の行動の変化に反映できないことがある。

ウ　高い成果をもたらした組織のルーティンは、繰り返し使用することによって、より高い成果を生み出すことにつながるため、慣性の高い組織の方が長期適応する能力は高くなる。

エ　低次学習よりも高次学習を促進するためには、明確なコンテキストのもとで、ある行為の結果に関する大量の情報を処理し、その行為の有効性を評価する必要がある。

解説

教科書 Ch2 Sec4

ア ×

　シングルループ学習とは、与えられた目標や制約条件の中において、手段や行動などの修正を行う学習である。よって、目的とそれを達成するための行為の因果関係についての知識を、一度見直すといった抜本的な学習を指すものではない。

イ ○

　環境変化が生じると、新たな目的や方針を掲げる必要性も想定されるが、組織はそれまでの目的や方針を達成するために全体としてデザインされているため、すぐに変わるのは困難なことが多い。よって、新しい知識を獲得したとしても、それをただちに個人や組織の行動の変化に反映することが困難なことも多い。

ウ ×

　環境が安定している状況では、高い成果をもたらした組織のルーティンが有効に機能し続ける可能性は高いが、環境が変化した場合には機能しない可能性が高くなる。慣性の高い組織とは、既存のルーティンをそのまま継続しようとする組織ということであるので、この場合、環境の変化に適応することができないため、長期適応する能力は低くなる。

エ ×

　コンテキストとは、文脈、前後関係、状況、脈絡といったことである。これらが明確であるということは、組織が置かれている状況が安定的であったり、活動によってもたらされるものが明確であったりということである。このような状況において、ある行為の結果に関する大量の情報を処理し、その行為の有効性を評価することは、低次学習となる。

  正解 イ

 講師より

組織変革の組織学習に関する問題です。シングルループ学習、ダブルループ学習、低次学習、高次学習の意味を覚えることも重要ですが、本問のように**環境の変化があるときや、環境が安定しているときにどのような学習が効果的なのか**を理解してください。

問題 35

チェック欄▶ 1 / 2 / 3 /

重要度 Ⓐ **組織変革③**

R元-14改題

組織学習は、一般に低次学習と高次学習に分けて考えることができる。組織学習に関する記述として、最も適切なものはどれか。

ア D.マグレガーのいうY理論に基づく管理手法を採用すると、低次学習が促進されるため、組織の業績は悪化する可能性が高まる。

イ 高次学習とは組織の上位階層で行われている学習であり、低次学習とは組織の下位階層で行われている学習である。

ウ 組織の行動とそれが環境に与える効果の因果関係が分かりにくい場合、迷信的学習といわれる低次学習が起こりやすい。

エ 低次学習とは組織の成果にとって悪い影響を与える学習であり、高次学習とはより高い成果をあげるために不可欠であるため、組織メンバーに高次学習を意識させることが重要である。

80

解 説

教科書 Ch2 Sec4

ア ✕

D.マグレガーのY理論における人間観では、高次欲求が個人を支配していると仮定しているため、意思決定への参加、責任ある仕事、良好な人間関係の構築などが仕事への意欲を高めるとしている。そのため、Y理論に基づく管理手法として、権限委譲、職務拡大といったことが考えられるが、これによって低次学習が促進されるということはない。かつ、低次学習が促進されるからといって、組織の業績が悪化する可能性が高まるわけではない。

イ ✕

高次学習は、組織の上位階層で生じることが多いが、上位階層だけで行われるのではなく、組織全体として行われるものである。低次学習は、組織の下位階層でも行われるが、各階層それぞれにおいて行われるものである。

ウ ◯

正しい記述である。

エ ✕

低次学習と高次学習は、組織の発展段階に応じて、ともに必要なものである。一概に高次学習がより高い成果をあげるために不可欠であるとはいい難く、組織メンバーに高次学習を意識させることは重要であるが、常に意識させなければならないわけでもない。

正解　ウ

講師より

引き続き、組織学習の問題です。組織学習は、低次だから悪い、レベルが低い、というわけではありません。それぞれに必要性があることを理解しましょう。それと、今回はモチベーション理論の知識も同時に問われました。他の知識が混ぜられても、慌てず解きましょう。

問題 **36**

チェック欄 ▶

重要度 **B** 労働関連法規①

H26-23

就業規則の記載事項に関する記述として、最も不適切なものはどれか。

ア 育児休業は、労働基準法に定められたものではないが、就業規則の絶対的必要記載事項のひとつである「休暇」に該当するので、対象となる労働者の範囲等の付与要件及び休業取得に必要な手続き並びに休業期間について、就業規則に記載する必要がある。

イ 退職金制度を設ける場合には、適用される労働者の範囲、退職金の決定、計算及び支払の方法並びに退職金の支払の時期について、就業規則に記載しなければならない。

ウ パートタイマー等、勤務態様、職種、本人の希望等によって始業及び終業の時刻が異なる労働者については、就業規則に基本となる始業及び終業の時刻を記載するとともに、具体的な各人ごとの始業及び終業の時刻については、個別の労働契約等で定める旨の委任規定を設けることでも差し支えない。

エ 労働基準法第89条第1号から第3号までの絶対的必要記載事項の一部、又は同条第3号の2以下の相対的必要記載事項中、当該事業場が適用を受けるべき事項を記載していない就業規則は、他の要件を具備していてもその全部が無効である。

解 説

教科書 Ch3 Sec1

ア ○
正しい記述である。

イ ○
正しい記述である。

ウ ○
正しい記述である。

エ ✕
就業規則が絶対的必要記載事項の一部を欠いている場合、または相対的必要記載事項中、当該事業場が適用を受けるべき事項を記載していない場合は、労働基準法第89条違反とはなるが、このような就業規則であっても、その効力発生について他の要件を具備する限り有効である。

 エ

労働関連法規は毎年4題前後出題されます。出題範囲も広く難易度の高い問題も多いため、苦手にしている受験生も多い分野です。労働基準法を中心に学習をすれば、解きやすい問題もありますので、諦めずに頑張りましょう。

問題 37

重要度 **B** 労働関連法規②

チェック欄 ▶ 1 / 2 / 3 /

H28-23

　労働基準法における労働時間、休憩・休日に関する記述として、最も適切なものはどれか。

ア　使用者は、労働時間が連続8時間を超える場合においては少なくとも1時間の休憩時間を労働時間の途中に与えなければならず、労働時間が連続12時間を超える場合には少なくとも1時間30分の休憩時間を労働時間の途中に与えなければならない。

イ　使用者は、所定労働時間が5時間である労働者に1時間の時間外労働を行わせたときは、少なくとも45分の休憩時間を労働時間の途中に与えなければならない。

ウ　使用者は、労働者に対して、4週間を通じ4日以上の休日を与え、その4週間の起算日を就業規則その他これに準じるものにおいて明らかにしているときには、当該労働者に、毎週1回の休日を与えなくてもよい。

エ　労働時間に該当するか否かは、労働者の行為が使用者の指揮命令下に置かれたものと評価することができるか否かにより客観的に定まるものではなく、労働契約、就業規則、労働協約等の定めのいかんにより決定されるべきものである。

84

解説

教科書 Ch3 Sec2

ア ✗

使用者は、12時間を超える場合に1時間30分の休憩時間を与えなければならないという規定はない。この場合には「1時間」の休憩時間で足りる。

イ ✗

本肢の労働時間は5時間＋1時間＝6時間ちょうどで、6時間を超えていないため、労働基準法上、休憩時間を与える義務は発生しない。

ウ 〇

正しい記述である。

エ ✗

労働時間とは、労働者が使用者の指揮命令下に置かれている時間をいい、労働時間に該当するか否かは、労働者の行為が使用者の指揮命令下に置かれたものと評価することができるか否かにより客観的に定まるものであって、労働契約、就業規則、労働協約等の定めのいかんにより決定されるものではないとされる。

講師より

労働関連法規では、本問のような**労働時間の問題と賃金の問題の出題頻度が高いで
す**。この２つの分野は特に重点的に学習をしましょう。

問題 38

重要度 **B** 労働関連法規③

H29-26

労働基準法に基づく賃金の支払いに関する記述として、最も適切なものはどれか。

ア 使用者が賃金を労働者の銀行口座への振込みによって支払うためには、当該労働者の同意を得なければならない。

イ 使用者は、年俸制で年俸額が600万円の労働者に対しては、毎月一定の期日を定めて月50万円ずつ賃金を支払わなければならない。

ウ 賃金は、直接労働者に支払わなければならないが、未成年者の親権者または後見人は、その賃金を代わって受け取ることができる。

エ 毎月の第4金曜日というような特定された曜日に定期賃金を支払うことを、就業規則で定めることができる。

解 説

教科書 Ch3 Sec3

ア ○

賃金は通貨で支払わなければならないのが原則であるが（通貨払の原則）、労働者個人の同意を得た場合には、例外として、労働者が指定する銀行等への振込みによって支払うことが認められる。

イ ×

賃金には毎月1回以上払の原則、一定期日払の原則があり、これは年俸制にも適用される。しかし、あくまで毎月1回以上、一定の期日を定めて支払わなければならないだけであって、毎月の「支払額」まで規定するものではない。

ウ ×

賃金は直接労働者に支払わなければならない（直接払の原則）。労働者が未成年者だったとしてもこの原則は適用される。

エ ×

賃金は毎月一定の期日に支払わなければならない（一定期日払の原則）。本肢の「毎月の第4金曜日」といった定め方は支払日を特定したことにならないため、認められない。

正解　ア

講師より

　賃金支払の5原則に関する問題です。労働関連法規の賃金の基本は、**賃金支払の5原則**と**割増賃金**です。労働関連法規の問題は、問題の特性上、知っていないと解けない問題がほとんどであるため、この2つについては重点的に覚えてください。

問題 **39**

チェック欄▶ 1 / 2 / 3 /

重要度 **Ⓐ** 労働関連法規④

H30-24

労働契約の期間に関する記述として、最も適切なものはどれか。なお、一定の事業の完了に必要な期間を定める労働契約については考慮しないものとする。

ア 期間の定めのない労働契約を締結している労働者については、いかなる場合でも定年年齢まで解雇することはできない。

イ 期間の定めのない労働契約を除き、1年を超える労働契約は締結できない。

ウ 期間の定めのない労働契約を除き、満60歳以上の労働者との間に締結される労働契約の期間は、最長5年である。

エ 期間の定めのない労働契約を除き、薬剤師の資格を有し、調剤業務を行う者との間に締結される労働契約の期間は、最長3年である。

解説

教科書 Ch3 Sec1

ア ✗

期間の定めがない場合でも、労働基準法上の手続（解雇予告・解雇予告手当の支払）をすることで、労働者を解雇することは可能である。また、①天災事変その他やむを得ない事由のために事業の継続が不可能となった場合、または②労働者の責に帰すべき事由に基づいて解雇する場合で、所轄労働基準監督署長の認定を受けていれば、即時解雇（解雇予告・解雇予告手当の支払なしでの解雇）も認められる。いずれにしても、**いかなる場合でも、**定年年齢まで解雇することができないわけではない。

イ ✗

労働契約は、期間の定めのないものを除き、一定の事業の完了に必要な期間を定めるもののほかは、原則として、「3年」を超える期間について締結してはならない。「1年」が誤りである。

ウ ◯

選択肢イの解説で述べたとおり、労働契約期間は、原則として「3年」を超えることはできないが、①高度で専門的な知識等を有する者（博士号取得者、公認会計士、医師、弁護士等専門的な知識、技術または経験であって高度のものを有している労働者がその知識等を必要とする業務に就く場合）、②満60歳以上の者との労働契約では、「5年」まで認められる。

エ ✗

薬剤師は、選択肢ウの解説で述べた「高度で専門的な知識等を有する者」に該当する。これらの者との労働契約では、契約期間の最長は「5年」となる。

  ウ

講師より

労働契約の期間の問題です。労働契約の期間の定めがある場合は原則3年が上限です。どのような場合に例外として5年まで認められるでしょうか。本問もそうですが、このような**例外**のところまでしっかりと覚えてください。

問題 40

チェック欄▶ 1 ／ 2 ／ 3 ／

重要度 Ⓐ **労働関連法規⑤**　　　　　H30-26

就業規則の作成や届け出、周知等に関する記述として、最も適切なものはどれか。

ア　常時10人以上の労働者を使用する事業場の使用者は、就業規則を作成した場合、もしくはすでにある就業規則を変更した場合、14日以内に所轄の労働基準監督署長に届け出て、その承認を得なければならない。

イ　常時10人以上の労働者を使用する事業場の使用者は、その労働者のうち大半がパートタイマーであっても、就業規則を定めて所轄の労働基準監督署長に届け出なければならない。

ウ　使用者は、就業規則を作成した場合、常時事業場の見やすい場所に掲示する方法では足りず、全労働者に配布する方法によって周知させなければならない。

エ　使用者は、就業規則を作成した場合、もしくはすでにある就業規則を変更した場合、労働者の過半数で組織する労働組合がある場合はその労働組合、ない場合は労働者の過半数を代表する者の同意を得なければならない。

90

解説

教科書 Ch3 Sec1

ア ×

就業規則を作成・変更した場合、所轄労働基準監督署（長）に届け出る必要はあるが、承認は不要である。また、「いつまで」という規定もない。

イ ○

正しい記述である。

ウ ×

就業規則は労働者に周知しなければならないが、①常時作業場の見やすい場所へ掲示し、または備え付けること、②書面を労働者に交付すること、③磁気テープ、磁気ディスク、その他これらに準ずる物に記録し、かつ各作業場に労働者が当該記録の内容を常時確認できる機器を設置すること（社内LAN、イントラネット等）、のうちいずれかの方法で周知すればよい。

エ ×

就業規則を作成・変更する場合、当該事業場に、労働者の過半数で組織する労働組合がある場合においてはその労働組合、労働者の過半数で組織する労働組合がない場合においては労働者の過半数を代表する者の意見を聴かなければならないが、「同意」は不要である。

正解　イ

就業規則に関する問題です。教科書の内容を覚えていれば解ける難易度です。先にも書きましたが、難易度の高い問題もありますがこのような解きやすい問題も出題されますので、労働関連法規も教科書の範囲のみでよいのでしっかりと学習しましょう。

問題 **41**

チェック欄▶

重要度 **B** マーケティングコンセプト H28-30改題

　マーケティング概念は今日に至るまで複数の段階を経て発展したとフィリップ・コトラーは指摘している。この事に関することとして最も適切なものはどれか。

ア Marketing 1.0とも呼ばれる第1段階では、経済の高度化にともなって、多品種・小ロットを重視する柔軟な市場対応が重要視された。

イ Marketing 1.0とも呼ばれる第1段階では、生産者の生産能力と需要を整合するために、市場指向の考え方が採用されるようになった。

ウ Marketing 2.0と呼ばれる第2段階では、情報技術の進展に後押しされる形での展開が見られ、より優れた製品をターゲット市場セグメントに投入することの重要性が高まった。

エ Marketing 3.0とも呼ばれる第3段階では、デジタル技術によるオートメーションがマーケティング戦略策定における支配的なツールになることが強調されている。

解説

教科書 Ch1 Sec1

ア ✗

　Marketing 1.0ともよばれる第1段階のマーケティングは、製品中心であるとする考え方である。多品種・小ロットを重視する柔軟な市場対応（消費者志向）が重要視されたのはMarketing 2.0である。

イ ✗

　Marketing 1.0のコンセプトは製品を効率的に生産して販売するというプロダクトアウト（企業側のニーズ）である。市場指向の考え方が登場するのはMarketing 2.0である。

ウ 〇

　選択肢ア、イで述べたように、Marketing 2.0とよばれる第2段階のマーケティングは、市場指向の考え方である。

エ ✗

　Marketing 3.0においてもデジタル技術は重要なものであるが、支配的なツールであることが強調されているマーケティングコンセプトではない。

正解　ウ

講師より

マーケティングコンセプトの問題です。マーケティングコンセプトが時代とともにどのように変わって来たのかを、**流れを意識して**学習をしましょう。

問題 42

重要度 Ⓐ ターゲットマーケティング①　H29-30改題

ターゲット・マーケティングに関する記述として、最も適切なものはどれか。

ア A社は、面や胴、小手、剣道着、はかまといった剣道用品を総合的に企画・生産するメーカーである。同社は、幼児・小学生、中高生、大学生・一般といった年齢を変数とした市場セグメントのそれぞれに適した製品群を生産している。これは、選択的専門化によるターゲティングの代表例である。

イ 老舗の豆腐製造業者B社は4代にわたって、家族従業者だけで豆腐の生産に携わっている。豆腐の販売先は、大都市に立地する日本酒バー数店舗のみである。これは、製品専門化によるターゲティングの典型例である。

ウ タオルメーカーのC社は、同社のランドマーク商品である、手触りのよいハンドタオルシリーズのブランドによって、高級ホテルやレストラン、スポーツジム、贈答品専門店など幅広いターゲットに対する働きかけを行っている。これは市場専門化によるターゲティング・アプローチである。

エ ハンドメイドのスポーツ自転車を製造・小売するD社は、小さな製造小売事業所2店舗を通じて、ファッション性と堅牢度の高い製品を提供している。製品は洗練されたデザインを持つが、競技指向や機能性指向とは対照的な、ファッション性を求める市場セグメントがターゲットである。これは、集中によるターゲティングである。

解説

教科書 Ch2 Sec2

ア ✕

A社は、「剣道用品（特定の製品カテゴリー）」に特化しており、「あらゆる年代（多様な市場セグメント）」を標的市場としている。よって、製品専門化によるターゲティングであると考えられる。

イ ✕

B社は、「豆腐（特定の製品）」を取り扱っており、それを「大都市に立地する日本酒バー数店舗のみ（特定の市場セグメント）」を標的市場としている。よって、選択肢の記述は「単一セグメント集中化」によるターゲティングである。

ウ ✕

ランドマーク商品とは、その企業を象徴するような主力商品のことである。C社のようなターゲティング・アプローチは、「製品専門化」である。

エ ◯

正しい記述である。

　正解　エ

講師より

ターゲットマーケティングの問題です。エーベルは、ターゲットマーケティングにおける標的市場のとらえ方を、全市場を対象とする**全市場浸透型**と、絞り込んだ市場を対象とする**単一セグメント集中型**・**製品専門型**・**市場専門型**・**選択的専門型**という5つに分類しています。

問題 **43**

チェック欄▶ 1 / 2 / 3 /

重要度 **B** ターゲットマーケティング②　　R元-27

市場細分化に関する記述として、最も適切なものはどれか。

ア　BtoBマーケティングで企業規模に基づき市場細分化を行った場合、各セグメント内の企業は企業規模以外の基準においても均一となる。

イ　BtoBマーケティングではさまざまな変数に基づいた市場細分化が行われるが、突発的な注文が多い企業や小口の注文が多い企業などは対象セグメントとして望ましくない。

ウ　BtoBマーケティングにおいては組織的な購買が行われることが多いが、購買担当者の個人的特性に基づく市場細分化が有効な場合がある。

エ　市場細分化によって製品・サービスの種類が増えるため、企業のコストも増加せざるを得ない。

解説

教科書 Ch2 Sec2

ア ×

　BtoBマーケティングにおいて、企業規模に基づき市場細分化を行った場合、各セグメント内の企業は同程度の企業規模になるが、企業規模以外の基準においては考慮していないため、当然、均一とはならない。

イ ×

　BtoBマーケティングにおいて、さまざまな変数に基づいた市場細分化が行われる状況は考えられる。その細分化後に選定する対象セグメントとして、突発的な注文が多い企業や小口の注文が多い企業などが望ましくないということはない。相対的に、中小企業はこのような対応（突発的な注文や小口の注文）が採りやすく、大企業との競争を回避できる。

ウ 〇

　BtoBマーケティングにおいては、購買する側は、購買担当者個人の判断による意思決定でなく、組織としての意思決定（組織的な購買）となることが多い。しかし、購買担当者が専門的な知見を有していたり、大きな裁量を有している場合もある。よって、購買担当者の個人的特性をふまえて市場（顧客）を細分化し、それぞれのセグメントごとにマーケティングミックスを開発していくことが効果的な場合もあるであろう。

エ ×

　市場細分化を行ったあとに、企業はどの市場をターゲットセグメントとするかを選択することになる。必ず製品・サービスの種類が増えるわけではなく、企業のコストも増加せざるを得ないということでもない。

  ウ

講師より

　本問はターゲットマーケティングとBtoBマーケティングが合わさった問題です。BtoBマーケティングとは、端的にいうと、会社と会社の取引のマーケティングです。マーケティングというと一般消費者向け（BtoC）が頭に浮かぶかもしれませんが、会社同士の取引でもマーケティング手法は活かされますので、知っておいてください。

問題 44

ターゲットマーケティング、製品＝市場マトリクス

次の文章を読んで、下記の設問に答えよ。

マーケターがその活動の場として選択する市場は、ターゲット・マーケット・セグメントあるいは対象市場、標的市場などと呼ばれる。どのような市場セグメントをターゲットとするかは、企業の戦略や資源・能力の多様性に関連している。また、<u>ターゲットとする市場セグメントの選択パターンは、マーケターが対象とする製品と市場、あるいはそのいずれかの選択に依存する</u>。

文中の下線部について、下表の空欄Ａ～Ｄに当てはまる語句の組み合わせとして、最も適切なものを下記の解答群から選べ。

		市場	
		既存	新規
製品	既存	A	C
	新規	B	D

〔解答群〕

ア　A：競争相手の顧客奪取　　B：新製品で顧客深耕
　　C：顧客内シェアの向上　　D：フルライン化による結合効果

イ　A：顧客層拡大　　　　　　B：新製品で顧客深耕
　　C：顧客内シェアの向上　　D：製品系列の縮小

ウ　A：顧客内シェアの向上　　B：新製品で顧客深耕
　　C：既存製品の新用途開発　D：新製品で市場開拓

エ　A：新製品で顧客深耕　　　B：新・旧製品の相乗効果
　　C：顧客内シェアの向上　　D：フルライン化による結合効果

解説

教科書 Part1 Ch2 Sec1

A欄

「既存製品」を「既存市場」に投入する市場浸透戦略である。これは、すでに展開している戦略の延長上で販売を拡大していくものである。よって、客単価の上昇、購買点数や購買頻度の増加、競合他社から顧客を奪うといったことが考えられる。解答群の中の文言では、「競争相手の顧客奪取」と「顧客内シェアの向上」があてはまる。

B欄

「新規製品」を「既存市場」に投入する新製品開発戦略である。解答群の中の文言では、「新製品で顧客深耕」と「新・旧製品の相乗効果」があてはまる。

C欄

「既存製品」を「新規市場」に投入する新市場開拓戦略である。新たな市場（顧客）に販売を拡大していくものである。解答群の中の文言では、「既存製品の新用途開発」があてはまる。

D欄

「新規製品」を「新規市場」に投入する多角化戦略である。解答群の中の文言では、「フルライン化による結合効果（相乗効果とほぼ同義）」と「新製品で市場開拓」があてはまる。

正解 ウ

講師より

ターゲットマーケティングの問題です。本問では、経営戦略論で学習した製品＝市場マトリクスが論点になっています。製品＝市場マトリクスは、直接の内容を問われる出題はあまりありませんが、企業戦略においての基本となりますので、教科書の板書を利用して**4つの戦略の基本**をしっかりと理解しましょう。

問題 **45**

チェック欄 ▶ 1 / 2 / 3 /

重要度 **C** マーケティングリサーチ①
PPM、SWOT分析

H29-31改題

市場動向を把握し、競合となりうる製品・企業を特定するための作業について、最も適切なものはどれか。

ア PEST分析は、組織の外部環境を捉えるための方法である。これは、政治的環境、企業文化的環境、社会的環境、技術的環境という4つの側面から外部環境を把握することを支援する。

イ SWOT分析は、組織の内部環境の把握に限定した方法であるが、自社の強みと弱み、機会と脅威のそれぞれを構成する要素を整理するために有用である。

ウ 相対的市場シェアとは、最大の競争相手の市場シェアで自社の市場シェアを割る（除する）ことで算出される数値である。この値が50％を超えていれば、自社はその市場のリーダー企業である。

エ 有効市場とは、ある製品・サービスに対する十分な関心をもち、購買に必要な水準の収入を有しており、かつその製品・サービスにアクセスすることができる消費者の集合のことである。

100

解説

教科書 Part1 Ch1 Sec3、Ch2 Sec2

ア ✕

PEST分析とは、「Political/Legal（政治的、法律的）」「Economical（経済的）」「Social/Cultural（社会的、文化的）」「Technological（技術的）」という4つの側面から外部環境を把握することを支援するものである。

イ ✕

SWOT分析とは、組織の内部環境の把握に限定した方法ではない。

ウ ✕

相対的市場シェアの値が100％を超えていれば自社の市場シェアが最大の競争相手の市場シェアよりも大きいということであるため、自社はその市場のリーダー企業である。

エ ○

市場の定義の仕方にはさまざまなレベルがある。①潜在市場（特定の製品やサービスに対してある程度関心があることを明言した消費者の集合）、②有効市場（①を満たしたうえで、十分な支払い能力があり、その製品にアクセスすることが可能な消費者の集合）、③適確有効市場（②を満たしたうえで、法的にもその製品を購入する資格がある消費者の集合）、④対象市場（③を満たした市場のなかで、企業がターゲットとすることを決定した消費者の集合）、⑤浸透市場（④のなかで、すでに自社の製品を購入した消費者の集合）である。

正解　エ

講師より

PPMとSWOT分析などが、マーケティング分野にて出題されました。企業経営理論では、経営戦略論の内容がマーケティングや組織論で出題されたりするのは珍しくありません。慌てずに対応しましょう。**SWOT分析は、2次試験でも使う重要な分析ツール**です。中身を覚えるだけでなく、このツールが使いこなせるように学習しましょう。

問題 46

チェック欄▶ 1 / 2 / 3 /

重要度 Ⓑ マーケティングリサーチ② H26-27設問2改題

次の文章を読んで、下記の設問に答えよ。

家業の果物農家を継いだS氏は、父親の代から取り組んできた大手小売チェーンへの完全直販体制をさらに強化するために、地域の若手農家とともに、この小売チェーンとの間で自らが生産する果物のブランド化を図る準備を進めている。各種の調査結果からは、消費者の年齢と果物の消費量との間には強い正の相関があることが明らかにされている。そこで、S氏はこの取り組みのメンバーとマーケティング・リサーチ検討会を立ち上げ、今後とるべき方策の判断材料を集めることにした。

文中の下線部に示す「マーケティング・リサーチ」に関する記述として、最も適切なものはどれか。

ア S氏らは、果物を購買し消費する人々の行動原理がどうなっているのか、そしてそれらの行動の背景にはどのような気持ちがあるのかを知りたいと思っている。そうした「消費者の潜在意識的な部分」のことをコンシューマー・マインドマップと呼ぶ。

イ S氏らは、取引先小売チェーンの協力のもと、果物の消費量の異なる複数のセグメントに属する消費者を集めてデプス・インタビューを継続的に実施している。グループダイナミクスの効果によって、思いもかけない果物の消費体験例を知ることができる。

ウ S氏らは、取引先の小売チェーンにPOSデータの分析を依頼している。その中でもとくに陳列情報、販促情報やその他果物の販売量に影響を与えるコーザルデータの分析を重視している。この種のデータはPOSデータから直接、簡単に取得できるものであり、迅速な意思決定を支援する。

エ S氏らは、年齢と果物消費量の関係をさらに深掘りして把握するために、調査設計において被験者の「年齢」、「時代」、「世代」からなる3つの要因を分解して分析可能なアプローチを設計した。これは、有効な方法である。

解説

教科書 Ch3 Sec1

ア ✗

顧客の潜在的な意識の中にある、行動観察や深層心理の洞察を通じて明らかにされる価値観・行動・感情といった購買行動の核心のことを、コンシューマー・インサイトという。

イ ✗

デプス・インタビューとは、顧客の深層心理を知るためにインタビュアーと被験者が1対1で対面する調査方法である。よって、複数のセグメントに属する消費者を集めて行うものではないし、グループダイナミクスが生じるわけでもない。

ウ ✗

コーザルデータ（Causal Data）とは、販売に影響を与える要因についての情報であり、天候・気温、競合店の有無や休日、地域行事といったものがあげられる。この種のデータは、POSデータから直接、簡単に取得できるものではない。

エ 〇

正しい記述である。

 エ

講師より

マーケティングリサーチの問題です。教科書の範囲外の用語も含まれていますが、教科書の内容を理解したうえで、「コンシューマー・インサイト」「コーザルデータ」などの用語を覚えて、マーケティングリサーチへの理解を深めてください。

問題 47

チェック欄 ▶ 1 / 2 / 3 /

重要度 Ⓐ マーケティングリサーチ③　　R元-32設問2改題

次の文章を読んで、下記の設問に答えよ。

　製品開発を効果的に行うために、多くの場合、企業担当者は製品開発プロセスを段階的に管理・実行している。それぞれの段階において、調査や実験を行い、それぞれの分析結果に基づき意思決定を繰り返すことで、新製品の成功確率を高めるよう努めている。

　文中の下線部の調査や実験におけるデータ収集方法に関する記述として、最も適切なものはどれか。

ア　観察法には、実験的条件下の調査対象者の行動を観察する方法や、調査者自らが体験しその体験自体を自己観察する方法が含まれる。

イ　グループインタビューの司会者は、複数の参加者と均一な距離を保つことが求められる。共感を示したり、友好的関係を築こうとしたりしないほうがよい。

ウ　デプスインタビューでは、考え方や価値観、行動スタイル、嗜好などを聞くことが可能である。また、グループインタビューと比較すると、他の参加者の影響を受けにくく、一人当たりの調査コスト（金銭および時間）は低い。

104

解説

教科書 Ch3 Sec1

ア ○

　観察法とは、調査対象者の行動や反応を直接調査者が観察することで情報収集する方法であり、小売店舗における動線調査や、街頭における通行量調査などがこれにあたる。質問法などとは異なり、実際の行動や状況をありのままに観察する方法なので、調査者自身が体験しその体験自体を自己観察する方法もこれに含まれるであろう。

イ ×

　グループインタビューは、複数名の被験者を集め、特定のテーマについて意見や感想を自由に述べ合う形式の調査方法である。有益な調査になるためには、意見を出しやすい雰囲気づくりが重要であるため、司会者の手腕が問われることになる。特定の参加者とだけ距離を縮めるといったことで、他の参加者の気持ちを害するようなことは好ましくない。しかしながら、司会者が共感を示したり、友好的関係を築いたりすることは、意見を出しやすい雰囲気づくりのために必要なことである。

ウ ×

　デプスインタビューとは、顧客の深層心理を知るためにインタビュアーと被験者が1対1で対面する調査方法である。そのため、1人に対して多くの時間をかけて、考え方や価値観、行動スタイル、嗜好などを聞くことが可能であることは正しい。また、グループインタビューと比較して他の参加者の影響を受けにくいことも正しいが、一度に1人を相手にする方法であるため、1人あたりの調査コスト（金銭および時間）は高くなる。

正解　ア

講師より

　マーケティングリサーチの基本的な問題です。リサーチ手法はいろいろとあり、覚えるのが大変かもしれませんが、そのうちのいくつかは皆さんも体験したことがあるのではないでしょうか。実体験を思い出しながら、その特徴を覚えましょう。

問題 48

チェック欄▶ 1 / 2 / 3 /

重要度 Ⓐ **消費者購買行動①**

H25-25改題

「購買意思決定」についての消費者または企業の行動に関連する記述として、最も適切なものはどれか。

ア ある小売商が店頭で靴下の「よりどり3点600円」の販促を実施した。多くの消費者は売れ筋の商品だけでなく、単独の販売ランキング下位の商品も購買していた。これは、バラエティ・シーキング論の主張と一致する。

イ 個々の消費者による購買行動はその人物の文化的、社会的、個人的、心理的な特性の強い影響を受けるが、マーケターに与えられた役割はこれらの特性を変容させることである。

ウ 消費者がある製品に対して高い製品関与水準を持つとき、この消費者は自らが蓄積した豊かな製品知識を容易に参照できるため、購買意思決定プロセスは単純化する。これは精緻化見込みモデルによる見解である。

エ 生産財の購買は組織内の異なる部門や複数の階層から構成される購買センターを通じて行われるため、購買主体は十分な知識を持って迅速な意思決定を下すことができる。

解説

教科書 Ch4 Sec1

ア ○
正しい。バラエティ・シーキング論の主張と一致するといえる。

イ ×
マーケターの主要な役割は、消費者の購買行動に影響を与えるさまざまな個人の特性を把握、分析し、それらの特性に合わせたマーケティング戦略を実施することである。消費者がもつこれらの特性自体を変容させることは困難である。

ウ ×
関与が高くても、豊かな製品知識を保有しているとは限らず、それを容易に参照できるともいい切れない。また、関与が高い場合には、より多くの情報を収集・処理しようとするため、関与が低い場合と比べて、購買意思決定プロセスは複雑になる。さらに、精緻化見込みモデルとは、消費者の購買行動は、必ずしも論理的な判断によるものばかりではなく、感情や感覚的な判断によるものもあるとするモデルであり、選択肢のような内容を指すものではない。

エ ×
生産財の購買は、複数の組織にまたがって慎重に検討が行われることが多いため、購買の意思決定の迅速性は低く、後半の記述は誤りである。

正解 ア

講師より

消費者購買行動の問題です。問題中に出てくる、「**バラエティ・シーキング**」と「**関与**」と「**知識**」は頻出の用語になります。特に、どのようなときに関与が高くなるのか、関与が高い商品に対して、消費者はどのような行動をとるのかなど、関与の意味をしっかりとイメージができるようにしましょう（問題50参照）。

問題 49

重要度 Ⓐ 消費者購買行動②

H27-31

次の文章を読んで、下記の設問に答えよ。

人は、一般的に、自分にとって最良と思われる商品を購入する。しかし、購入後に「本当にこの選択でよかったのか」、「迷ったもうひとつの商品のほうがよかったのではないか」と思い悩むことは、決して珍しいことではない。購入した商品は最良と思う一方で、他の商品のほうがよかったのではないかとも考える。人は、こうした2つの認識の矛盾から、<u>心理的な緊張</u>を高める。

設問1

文中の下線部の「心理的な緊張」状態を表す語句として、最も適切なものはどれか。

ア サイコグラフィックス

イ 認知的不協和

ウ バラエティシーキング

エ ブランドスイッチング

| 設問2 |

文中の下線部の「心理的な緊張」状態に関する記述として、最も適切なものはどれか。

ア この状態が生じると、好ましい情報を求めて、当該企業のホームページや広告を見る傾向がある。

イ この状態が生じると、当該購買行動が非常に重要な出来事であったかのように過大に感じる。

ウ この状態は関与が低くブランド間知覚差異が小さいと生じやすい。

エ この状態は信頼財よりも探索財や経験財において生じやすい。

解説

教科書 Ch2 Sec2、Ch4 Sec1

設問1

「認知的不協和」とは、フェスティンガーによって提唱された認知的な動機づけについての理論である。人間は自己の内部で矛盾が生じた際には心理的な緊張を高めることになるが、このような状態を認知的不協和という。

 正解 イ

設問2

ア ○

認知的不協和を解消するための行動である。

イ ✗

人は自らの信念や行動とは矛盾する新たな考えを突きつけられると、当該購買行動を重要な出来事（失敗）であったと過大に感じるわけではなく、むしろ妥当であったと考え、重要性を否定することになる。

ウ ✗

認知的不協和による不快感の強さは、思い入れが強かったりする信念ほど、それが否定されたときには強烈な不快感を抱くことになる。よって、関与が高い場合に生じやすくなる。また、自らが購入したブランドの短所を発見したり、購入しなかったブランドの長所を発見したりした際に生じるため、ブランド間知覚差異が大きくなった場合に生じやすくなる。

エ ✗

「信頼財」とは、購入・使用後も評価が困難な財である。また、「探索財」とは、購入する前に顧客が製品について調べ、評価が可能な財であり、「経験財」とは、購入後や使用中に評価が可能な財である。信頼財の場合には、購入・使用後でさえ、その購買行動が良かったのか否かの判断が困難であるため、他のブランドの長所を認識した場合に認知的不協和が生じやすい。

 正解 ア

Part3
Ch 4

消費者購買行動②

講師より

設問1 は、他の選択肢の用語も重要なのでしっかりと学習しましょう。

・**サイコグラフィックス**：ターゲットマーケティングで市場を細分化するときの基準のうちのひとつ。ライフスタイル、行動、信念（宗教）、価値観、個性、購買動機、商品使用程度といった消費者の心理的な側面によって、市場を細分化する。

・**ブランドスイッチング**：消費者がそれまで購入していたブランドから、他のブランドに購入するブランドを替えること。

設問2 は、**認知的不協和**に関する問題です。この状態が生じると、たとえば、自らが購入した商品の広告を見てあらためて長所を探したり、購入しなかった商品の欠点を探したりします。よって、（自らが購入した商品についての）好ましい情報を求めて、当該企業のホームページや広告を見るといった行動が見られます。

111

問題 **50**

チェック欄▶ 1 / 2 / 3 /

重要度 Ⓐ **消費者購買行動③**

R元-34

消費者の情報処理や購買意思決定に影響をもたらす関与に関する記述として、最も適切なものはどれか。

ア 関与とは製品カテゴリーに限定した消費者の関心度、重要度の程度のことである。

イ 関与の水準は、消費者によって異なるが、当該消費者においては変動せず、安定的である。

ウ 高関与な消費者に対して、商品の金銭的・社会的リスクや専門性を知覚させることで、企業は自社が行うマーケティング・コミュニケーション活動への反応を高めることができる。

エ 低関与である場合、消費者は購買したり、利用したりする前に、製品に対する慎重な評価を行う。

解説

教科書 Ch4 Sec1

ア ✕

関与とは、製品やサービスなどの対象と消費者の中心的な価値との結びつきである。また、関与対象として想定するのは、製品、ブランド、購買といったものがある。製品カテゴリーに限定した概念ではない。

イ ✕

関与の水準が消費者によって異なることは正しい。しかしながら、選択肢アの解説でも述べたように、関与はさまざまな観点で用いられる。そのため、たとえば、特定の消費者であっても、関与が高い製品カテゴリーもあれば、低い製品カテゴリーもある。よって、当該（特定の）消費者において変動しないということはない。

ウ 〇

高関与な消費者に対して、商品の金銭的・社会的リスクや専門性を知覚させれば、その消費者は積極的な情報探索をするなど、より一層関与の高い購買行動を採ろうとする。このような状況になれば、企業が行うマーケティング・コミュニケーション活動に対して、消費者は高い反応を示すことになる。

エ ✕

低関与である場合には、消費者は購買したり、利用したりする前に、製品に対する評価にあまり時間や労力を費やさなくなる（慎重な評価は行わない）。

正解　ウ

講師より

関与について直接問われた問題です。関与は毎年複数の問題にかかわる重要ワードです。本問もそうですが、関与について理解していないと解けません。しっかりとワードのイメージをつかみましょう。

問題 **51**

チェック欄▶ 1 / 2 / 3 /

重要度 **B** ブランド①

H27-26設問1設問2

次の文章を読んで、下記の設問に答えよ。

　Aさんはアウトドア・グッズを品揃えする専門店を営んでいる。単独店舗による経営で、従業者はAさんを含む3名である。開業時からスポーツ自転車を取り扱ってきたが、ここ数年の自転車ブームを受けて、「この小売店オリジナルの自転車や関連雑貨を用意してほしい」という顧客の声が目立っている。Aさんは、「PB商品の品揃えは、大きな小売業者でなければ難しいのではないか」と思い込んでいたが、様々な事例を参考にすべく、関連するテーマの本や雑誌を読んだり、各地の小売業者に話を聞きに行ったりしながら、自店のPB商品導入を検討している。

設問1

　文中の下線部①に示す「PB」に関する記述として、最も適切なものはどれか。

ア PB商品は、その登場から現代に至るまで、一貫して劣等財として消費者の間で普及している。

イ PB商品を販売することができるのは、小売業者に限られた特権である。

ウ PBは、パーソナル・ブランドの略称であり、ヨーロッパでは、オウン・ブランドと呼ばれることもある。

エ 品揃えにおけるPB商品の構成比が高まると、消費者の不満を招くことがある。

設問2

　文中の下線部②に関連して、小売業者のPB商品の一部導入に関する記述として、最も適切なものはどれか。

ア　PB商品の導入によって、NB商品の一部が小売業者の店頭から姿を消すため、小売業者の独立性が低下する。

イ　PB商品の導入によって、消化仕入れの取引条件を活用することが可能となり、在庫保有に起因する危険負担を軽減することができる。

ウ　PB商品の導入によって、商圏内の競争関係にある店舗との間で、自らの店舗が独占的状況を作り出しやすくなる。

エ　PB商品の導入によって、自らが価格設定を行う必要がなくなるので、仕入れに関する多くの業務を削減することができる。

解説

教科書 Ch5 Sec2

設問1

ア ✗

　従来のPBが付された商品は、安価なものが多く、劣等財（下級財）としてのイメージが強かった。しかしながら、現代では、高付加価値なPB商品が数多く登場しており、そのイメージは変容してきている。

イ ✗

　PB商品を販売するのは流通業者（小売業者や卸売業者）であるため、小売業者だけでなく卸売業者も販売する。

ウ ✗

　PBはパーソナル・ブランドではなく、プライベートブランドである。PBがヨーロッパにおいてオウン・ブランドとよばれることがあるのは正しい。

エ 〇

　品揃えにおいてPB商品の構成比が高まるということは、相対的にNB商品（ナショナルブランド）の構成比が低下するということである。多くの商品カテゴリーにおいては、NB商品のほうが知名度が高いため、その割合が低下すれば消費者の不満を招くことは考えられる。

 正解　エ

設問2

ア ✗

　店頭のスペースには限りがあるため、PB商品の導入によって、NB商品の一部が小売業者の店頭から姿を消すことは考えられる。しかしながら、PB商品はその小売業者独自のブランドであるため、むしろ独立性は高まることになる。

イ ✗

　消化仕入れとは、メーカーや卸売業者が商品の所有権を保有しつつ、小

売業者が販売するものである。よって、小売業者側に在庫リスク（在庫保有に起因する危険負担）が生じることになる。

ウ 〇

正しい記述である。

エ ✕

PB商品は小売業者の独自商品であるため、価格設定は小売業者自らが行うことになる。

講師より

　　設問1　は、ブランド使用者による分類の問題です。ブランドはさまざまな観点によって、分類が変わります。一番基本となるのが、使用者による分類です。**ナショナルブランド（NB）**と**プライベートブランド（PB）の特徴**は、しっかり押さえましょう。

　PBの問題は、1次試験だけでなく、**2次試験の事例Ⅱ（マーケティング・流通）**でも出題されています。PB商品の開発は、卸売業や小売業にとって、競合店との差別化を行えるひとつの方法となります。PB以外のブランド戦略で、2次試験でよく出されるのが地域ブランドです。地域と企業が連携してその土地の魅力を発信すると、観光客が増えたり、名産品が購入されたりして、その地域と共に発展することに繋がります。

問題 52

チェック欄▶ 1／ 2／ 3／

重要度 Ⓐ **ブランド②**　　　　　　　　　　　　　H25-29

　次の文中の空欄A～Dに入る語句の組み合わせとして最も適切なものを、下記の解答群から選べ。

　P氏はある酒屋の4代目として店を継ぐことになった。3代目からも聞いていたとおり、この店がある商店街は一昔前と比べると活気がなくなっている。

　P氏は自分の店の活性化策として　A　ブランド商品を品揃えの中核に据え、贈答用の小物や日常的に使用できる気の利いた雑貨もそのラインアップに加えた。美術大学で産業デザインを学び、コンテスト入賞経験を持つP氏は仕入れた商品に装飾を施すなど、　B　加工による独自の付加価値づくりを重視し、地域の消費者のギフト需要を吸収するようになっていた。

　P氏はさらに先代の時代から懇意にしていた取引相手である中小の地方酒造メーカー数社の同世代経営者と連携を深めていく。P氏は商店街の懸賞企画の一環で地域消費者の家庭での食生活や外食の嗜好についての大規模なアンケート調査を実施した。その結果、この地域市場には飲食料品の消費について明確な消費者クラスターが存在することが分かった。

　これを踏まえ、P氏は各酒造メーカーと原材料段階までさかのぼった共同商品開発に着手し、4種類の日本酒を　A　ブランド商品として導入した。その際、作り手の顔が見えるように、それぞれの酒造メーカーの企業名も併記する形のブランド名称を採用した。このようなブランド表記はダブル　C　と呼ばれる。

　P氏はこれら特異な商品を自店の　D　ブランドとして、商店街活性化のために活用しようと考えた。そして、地域の飲食店への卸売もスタートした。

118

〔解答群〕

ア A：地域 　　　　B：流通 　C：マーク 　　　D：ラグジュアリー

イ A：ナショナル 　B：意匠 　C：マーク 　　　D：小売店舗

ウ A：プライベート 　B：意匠 　C：マーク 　　　D：ストア

エ A：プライベート 　B：自家 　C：コンテンツ 　D：小売事業

オ A：プライベート 　B：流通 　C：チョップ 　　D：ストア

解説

教科書 Ch5 Sec2

空欄A

　P氏の店舗の活性化には、自社のブランド（プライベートブランド）に対するロイヤルティの向上が必要と考えられる。また、文章後半においても空欄Aがあり、その後の文章が「それぞれの酒造メーカーの企業名も併記する」という文脈であることからも、プライベートブランドであることが想定される。

空欄B

　物流、流通上での製品に対する加工を「流通加工」とよぶ。保存のための加工や形態変換の加工などのさまざまな加工によって付加価値が高まることになる。

空欄C

　1つの商品に、2つの違った企業のブランドが併記されていることを「ダブルチョップ」とよぶ。

空欄D

　プライベートブランド（流通業者ブランド）は、「ストアブランド」ともよばれる。

　オ

講師より

　ブランドの用語を問う問題です。ブランドの分野では多くの用語が登場します。教科書内の用語だけでなく、過去問で出てきた用語も、ひとつずつ意味を理解して覚えていきましょう。
　空欄Cの**ダブルチョップ**は、**ダブルブランド**と混同しやすいので注意して覚えましょう。

MEMO

Part3 Ch 5 ブランド②

問題 53

重要度 A　ブランド③

次の文章を読んで、下記の設問に答えよ。

多くの消費者の支持を得ることができたブランドをどのように管理し、成長させていくかは、企業収益を左右する重要な課題である。ブランド開発戦略として説明されているように、例えば、同じブランド名を用いて、同じカテゴリーに形、色、サイズ、フレーバーなどを変えた製品を導入する　A　や異なるカテゴリーの新製品を導入する　B　がとられる。

同一ブランドでのさらなる市場浸透策が難しいと判断される場合には、同じカテゴリーに新ブランドを展開する　C　や、他社との共同開発という形をとり、自社のブランド名と他社の人気ブランド名の２つを同一製品で用いる　D　が検討される。

文中の空欄A〜Dに入る語句の組み合わせとして、最も適切なものはどれか。

ア　A：ブランド拡張　　　　B：マルチ・ブランド
　　C：ライセンス・ブランド　D：ライン拡張

イ　A：マルチ・ブランド　　B：ブランド拡張
　　C：ライン拡張　　　　　D：コ・ブランディング

ウ　A：マルチ・ブランド　　B：ライン拡張
　　C：コ・ブランディング　D：ブランド拡張

エ　A：ライン拡張　　　　　B：コ・ブランディング
　　C：マルチ・ブランド　　D：ブランド拡張

オ　A：ライン拡張　　　　　B：ブランド拡張
　　C：マルチ・ブランド　　D：コ・ブランディング

解説

教科書 Ch5 Sec2

空欄A
「同じブランド名」を用いて「同じカテゴリー」に製品を導入するのは、「ライン拡張」である。

空欄B
「同じブランド名」を用いて「異なるカテゴリー」に新製品を導入するのは、「ブランド拡張」である。

空欄C
「同じカテゴリー」に「新ブランド」を展開するのは、「マルチブランド」である。

空欄D
他社との共同開発によって「自社のブランド名」と「他社の人気ブランド名」の2つを同一製品で用いるのは、「コ・ブランディング」という。

正解 オ

講師より

4つのブランド戦略に関する問題です。企業が新たな製品を市場に投入する際に、既存製品で使用しているブランド名を用いるのか否か（新しいブランド名を用いるのか）、また、その製品が既存製品と同一のカテゴリーなのか否かによってブランド戦略は4つに分類されます。

空欄AとBに出てきた**ライン拡張**と**ブランド拡張**は、混同しやすいので注意して覚えてください。

問題 **54**

チェック欄▶ 1／ 2／ 3／

重要度 **B** 価格戦略①

H27-28

価格政策に関する記述として、最も適切なものはどれか。

ア EDLPを実現するためには、メーカーとの交渉を通じて一定期間の買取り数量を決め、納入価格を引き下げ、価格を固定し、自動発注化や物流合理化などを促進する必要がある。

イ キャプティブ（虜）・プライシングは、同時に使用される必要のある2つの商品のマージンを各々高く設定する価格政策である。

ウ ターゲット・コスティングによる価格決定は、ある製品に要する変動費と固定費の水準をもとにして、そこにマージンを付加する方法である。

エ 日本の小売業では、チラシを用いた特売を活用したロスリーダー方式が採用される場合が多い。その主な狙いは消費者による単品大量購買を喚起することである。

124

解説

教科書 Ch6 Sec1

ア ○
正しい記述である。

イ ×
キャプティブ（虜）・プライシングとは、２つの商品のマージンを各々高く設定するわけではない。

ウ ×
ターゲット・コスティングとは、目標価格を出発点とし、そこから必要とする目標利益を算出することで、目標（ターゲット）とするコストを設定していくものである。よって、価格主導で組み立てていくものであるため、変動費と固定費といったコストをもとにして組み立てていくものではない。

エ ×
ロスリーダー方式とは、単品大量購買を喚起することではない。

正解　ア

　価格戦略の問題です。価格戦略では多くの価格政策がありますが、覚えるだけで解ける問題も多いです。そのため、早めに覚えるようにしましょう。私たちの身の回りの店舗でも行われている価格政策ですので、**その場面をイメージしながら**学習すると覚えやすくなります。

問題 55

価格戦略②

次の文章を読んで、下記の設問に答えよ。

原油や原材料価格の低下、あるいは革新的技術の普及は、製造ならびに製品提供にかかる変動費を減少させるため、販売価格の引き下げが検討されるが、価格を下げることが需要の拡大につながらないケースもある。企業は、①需要の価格弾力性や交差弾力性を確認したり、②競合他社の動向や顧客の需要を分析、考慮したりして、価格を決定する。

文中の下線部②に関する記述として、最も適切なものはどれか。

ア ウイスキー、ネクタイ、スーツなどの製品では、低価格の普及品から高価格の高級品までのバリエーションを提供することがある。このように、複数の価格帯で製品展開することを「プライス・ライニング戦略」と呼ぶ。

イ 短期間で製品開発コストを回収することを目指して設定された高い価格を「スキミング価格」と呼ぶ。このような価格設定は、模倣されやすい新製品に最適である。

ウ 発売当日にCDやDVDを入手することに強いこだわりを持ち、価格に敏感ではない熱狂的なファンがいる。新製品導入にあたり、こうした層に対して一時的に設定される高価格を「サブスクリプション価格」と呼ぶ。

エ 若者にスノーレジャーを普及させるために、多くのスキー場は、往復交通費にウェアやスノーボードのレンタル料やリフト券を組み合わせた「キャプティブ価格」を設定し、アピールしている。

解説

教科書 Ch6 Sec1

Part3
Ch 6
価格戦略②

ア ⭕

プライス・ライニング戦略とは、製品の価格帯を、高級価格帯、中間価格帯、一般価格帯といった形で複数に分類する価格設定である。企業側は、高い価格帯の設定によって一般品の安さをアピールでき、逆に安い価格帯も設定することで、高級価格帯の商品の高級感を打ち出せる。一方、消費者側は、いくつかの価格帯にランクが分かれていると、選択しやすくなる。

イ ✖

スキミング価格とは、新製品導入時に高い価格を設定し、高価格でも購入する革新的な消費者から利益を獲得する価格設定方法である。製品の導入段階から高い収益性を確保する手法であるため、短期間で製品開発コストを回収することを目指して設定されるものであることは正しい。しかしながら、その新製品が模倣されやすいのであれば、競争企業が類似した製品を低価格で市場に投入することが可能であり、顧客が奪われることになる。よって、模倣されやすい新製品の場合には効果的な設定方法ではない。

ウ ✖

発売当日にCDやDVDを入手することに強いこだわりをもち、価格に敏感ではない熱狂的なファンが一定割合で存在する。よって、このような層を対象に、一時的に高価格が設定されること自体は見られることである。しかしながら、サブスクリプション価格とは、販売する財の数、あるいはサービスの量や回数といったことではなく、それらを一定期間利用したり享受したりする権限を提供し、その資格を有する期間に対して対価を得る契約である。よって、選択肢に書かれているような価格設定とは異なる。

エ ✖

キャプティブ価格とは、製品本体と、その本体を使用するために必要な消耗品で構成される製品において、本体を比較的低価格に設定し、消耗品を比較的高価格に設定することで、トータルで利益を獲得していく価格設定戦略である。選択肢に書かれている例は、本体と消耗品の組み合わせで

127

はないため、キャプティブ価格ではない（通常のパック商品である）。

 ア

　価格戦略についての問題です。本問では、昨今話題のサブスクリプション価格が出題されました。教科書に載っていない論点やワードも多く出題されますが、日頃からアンテナを高くもって新しい知識を入れるようにしましょう。

MEMO

問題 **56**

チェック欄▶ 1 / 2 / 3 /

重要度 **A** チャネル戦略

H28-26設問1

　マーケティング・チャネルの構造に関する記述として、最も適切なものは
どれか。

ア　オーケストラの演奏者が用いるような高価な楽器を揃える店舗の商圏
　は狭小であるため、広くて長いチャネルを構築することが有効性を発揮
　する。

イ　卸売業者や小売業者にチャネル費用の一部を転嫁することができるた
　め、広くて長いチャネルは、カバレッジ確保の上で有効であることが多
　い。

ウ　希少性の高い高級ブランドの衣料品や雑貨などでは、ブランドイメー
　ジのコントロール度を高く保つことを目的のひとつとして、選択的チャ
　ネルが採用されることが多い。

エ　チャネルの広狭水準は、メーカーが販路として設定する地理的な市場
　の大きさによって規定される。

解説

教科書 Ch7 Sec1

ア ✗

このような専門性の高い商品は、どんな業態の小売店でも置けばよいという性質のものではないため、チャネルの幅は狭くなる。さらに、全国各地の多くの小売店に置くわけではないため、流通の段階数を多くする（長くする）必要性も低くなる。

イ ○

正しい記述である。

ウ ✗

ブランドイメージのコントロール度を高く保つことを目的にするのであれば、流通業者にはメーカーの意図を明確にくみ取ったうえで販売してもらうことが必要になるため、専属的（排他的）チャネルを採用するのが望ましい。

エ ✗

チャネルの広狭水準を規定するのは、地理的な市場の大きさではなく、その商品の特性によるところが大きい。

　イ

チャネル戦略の問題です。まずは、チャネルの幅による分類である、**開放的チャネル政策**、**選択的チャネル政策**、**専属的チャネル政策**の特徴を頭の中にイメージできるようにしてください。

131

問題 57

チェック欄▶ 1 / 2 / 3 /

重要度 **B** プロモーション①　　　　　H27-33改題

プロモーションに関する記述として、最も適切なものはどれか。

ア パブリシティについては、原則として、ニュース性の高い情報であれば、企業がコントロールすることができる。

イ パブリックリレーションズでは、製品、人、地域、アイデア、活動、組織、さらには国家さえも対象としてコミュニケーションを実施する。

ウ プロモーションミックスとは、広告、セールスプロモーション、パブリックリレーションズ、インベスターズリレーションズの4つの活動を、マーケティング目標に応じて適切に組み合わせることをいう。

132

解 説

教科書 Ch8 Sec1

ア ✕

　パブリシティとは、企業がマス媒体に対して新製品情報などのニュース素材を提供する活動であるが、実際にその素材を取り扱うか否かを決めるのは、マス媒体側である。よって、企業側がコントロールすることはできない。

イ ◯

　パブリックリレーションズとは、企業がかかわるさまざまな集団（パブリック）との間に良好な関係を形成し、維持していくことである。具体的なパブリックとしては、製品、消費者、従業員、取引先、株主、金融機関、オピニオンリーダー、政府（国家）、マスコミ、地域住民など、事業活動に関連するあらゆる主体が対象になる。

ウ ✕

　プロモーションミックスとは、広告、セールスプロモーション、パブリックリレーションズ（あるいはパブリシティ）、人的販売の4つの活動を、マーケティング目標に応じて適切に組み合わせることをいう。

講師より

　プロモーションミックスに関する問題です。プロモーションミックスの広告、セールスプロモーション、パブリシティ、人的販売の4つにおいては整理しておきましょう。特に**パブリシティ**はイメージがしづらいところですので、広告との違いを意識しながら勉強をしましょう。

問題 58

チェック欄▶ 1 / 2 / 3 /

重要度 **B** プロモーション②

H30-35設問1改題

次の文章を読んで、下記の設問に答えよ。

プロモーションの役割は、広告、販売促進、人的販売、パブリックリレーションズ（PR）の4つの手段を用いて、製品やサービスに関する情報を伝達し、魅力をアピールし、販売を促進することである。

文中の下線部に関する記述として、最も適切なものはどれか。

ア 2016年度の日本の広告費に関する注目点は、製作費を含むインターネット広告費が、はじめて、テレビメディア広告費を上回ったことである。

イ 従業員と家族を対象にした運動会や部署旅行および従業員の家族を対象にした職場見学会を実施する企業が出てきている。これらの活動はPRの一環と捉えることができる。

ウ 人的販売は、テレビ広告と比較して、到達する消費者1人当たりの情報伝達コストが小さい。

エ パブリシティは、企業や製品に関する情報の公表を通じて、新聞や雑誌などのメディアに取り上げてもらうための広告活動の1つである。

134

解説

教科書 Ch8 Sec1

ア ✗

　株式会社電通により、毎年日本の広告費に関するデータが公表されている。それによると、2016年度の日本の総広告費は6兆2,880億円であり、インターネット広告は1兆3,100億円、4大マス媒体については、テレビメディア1兆9,657億円、新聞5,431億円、雑誌2,223億円、ラジオ1,285億円となっており、テレビメディア広告費はいまだインターネット広告費を上回る状況にある。

イ ○

　PR（パブリックリレーションズ）は、企業などの組織がさまざまな公衆（パブリック）と良好な関係づくりをすることである。

ウ ✗

　人的販売では、販売担当者が一度に情報伝達することができるのは、原則1人の消費者である。それに対してテレビ広告は、広告コスト総額は高い媒体であるものの、1度に全国の多くの消費者に情報伝達することができる。よって、人的販売のほうが、到達する消費者1人あたりの情報伝達コストは大きくなる。

エ ✗

　パブリシティは基本的には無料のプロモーション手段であり、有料なものである広告活動ではない。

 　イ

講師より

　プロモーションミックスの問題です。前問と同様に、広告とパブリシティの違いを優先的に理解しながら、セールスプロモーションと人的販売も学習しましょう。

問題 59

重要度 **A** 関係性マーケティング

H30-36改題

次の文章を読んで、下記の設問に答えよ。

　顧客リレーションシップのマネジメントにおいて、企業は、収益性の高い優良顧客を識別し、優れた顧客価値を提供することで関係性の構築、維持、強化に努め、ブランド・ロイヤルティなどの成果を獲得することを目指している。

文中の下線部に関する記述として、最も適切なものはどれか。

ア　初めて購入した顧客がリピート顧客、さらには得意客やサポーターになるように、関係性にはレベルがある。自分のすばらしい経験を、顧客が他者に広めているかどうかは、関係性レベルの高さを判断するための手段となる。

イ　パレートの法則をビジネス界に当てはめると、売上の50％が上位50％の優良顧客によって生み出される。

ウ　優良顧客の識別には、対象製品の購買においてクロスセルやアップセルがあったか否かは重視されない。

エ　優良顧客の識別のために用いられるRFM分析とは、どの程度値引きなしで購買しているか（Regular）、どの程度頻繁に購買しているか（Frequency）、どの程度の金額を支払っているのか（Monetary）を分析することである。

解説

教科書 Ch9 Sec1

ア ○

企業にとって顧客は、新規顧客、1度だけ購入した顧客、リピートした顧客、継続的に購入する顧客（得意客）、ロイヤルティが高く、口コミによって他者に伝達してくれる顧客など、さまざまなレベルがあり、これらは関係性のレベルの高さを判断するための手段となる。

イ ×

パレートの法則では、売上の80％が上位20％の優良顧客によって生み出されるとされている。

ウ ×

クロスセル（ある商品を購入した顧客に、その商品に関連した別種の商品を推奨して販売する行為）やアップセル（ある商品を購入した顧客に、同種のさらに高額の商品を推奨して販売する行為）があったか否かは、優良顧客の識別にあたって重視される。

エ ×

どの程度値引きなしで購買しているか（Regular）は、RFM分析において分析する観点ではない。

正解　ア

講師より

経営資源が大企業に劣ってしまう中小企業にとっては、小さい規模でもできる関係性マーケティングは重要です。普段皆さんが利用している飲食店や小売店、サービス業でも、関係性マーケティングを行っているところは多いはずです。理解を深めるために少し意識してみましょう。

問題 60 デジタルマーケティングと消費者反応モデル

次の文章を読んで、下記の設問に答えよ。

　ある金曜日の夕方、機械部品メーカーの2代目経営者のYさんは取引先とのミーティングを終えると足早に家電専門店チェーンの大型店舗に立ち寄った。この店舗は駅に隣接したショッピング・センター（SC）のテナントとして出店している。Yさんは、取引先が国際展開をしていることがきっかけで自社の創業以来はじめて海外市場へのアプローチに着手した。海外のエージェントとのリアルタイムの会議を円滑に行うために、翻訳機能付きの電子手帳の購入を検討している。

　いくつかの商品を比較している最中に、Yさんのスマートフォンにeメールが送られてきた。この家電専門店チェーンのウェブ店舗からのものだった。メールをあけてみると、数日前にYさんがスマートフォンを使ってこの小売業者のウェブ店舗で検索し、「お気に入り（bookmark）」に登録していた電子手帳の詳細情報が記載されている。また、このSC内店舗での売場の位置と実際にこの商品を購入し、使用している消費者によるレビューが紹介されている。メールを見ながら売場に移動し、この電子手帳を手に取ってみるとYさんが今必要としている機能が満載の商品であることが分かった。

　Yさんはおもむろにこの商品の型番をスマートフォンに入力し、検索をかけてみた。すると、別の家電専門店のウェブ店舗では全く同じ商品が5,000円安い価格で販売されていることが分かった。Yさんは、早速この電子手帳をスマートフォンサイト経由で注文し、クレジットカードで決済した。また、このネットショッピングでYさんは購入額の10％のポイントを獲得した。日曜日の朝、Yさんは電子手帳を受け取り、あれこれ操作を試し、海外エージェントとのミーティングで想定されるフレーズを学習した。

文中に示すＹさんの行動に関する記述として、最も適切なものはどれか。

ア　Ｙさんは SC 内の家電専門店チェーンの店舗に立ち寄った際にこのチェーンのウェブ店舗から e メールを受け取ったことで、AIDMA でいえば M（Memory）にあたる内容を活性化することができた。

イ　Ｙさんは金曜日の夕方に SC 内の家電専門店チェーンの店舗に立ち寄る前に、このチェーンのウェブ店舗で翻訳機能付きの電子手帳を網羅的に検索していたので、買い物出向前に明確なブランドの選好マップが形成されていたといってよい。

ウ　Ｙさんは店頭で受け取った e メールを読むとすぐさま商品関連情報を検索し、電子手帳の購買にいたる意思決定を行った。この一連の流れの中でＹさんはコミュニケーションに対する消費者の反応（購買）プロセスモデルのひとつである AISAS に含まれるすべてのステップを踏んでいたといえる。

エ　今回のＹさんの電子手帳の購買プロセスの一部にも見られたような、「実際の店舗で商品の実物展示を体験してから、より低い商品価格と消費者費用で同じ商品を購入することのできるウェブ店舗を探してそこで購買を行う」タイプの行為は一般にブラウジング（browsing）といわれている。

139

解説

教科書 Ch9 Sec2、Ch8 Sec1

ア ○
　設問の事例の行動はAIDMAモデルに沿った行動と考えることができる。

イ ✕
　Yさんは、店舗でいくつかの商品を比較していることから、買い物出向前にある程度の製品情報をもっていたとしても、明確なブランドの選好マップが形成されるまでには至っていないと考えられる。

ウ ✕
　設問の事例の場合、AISASモデルのAISAまでは該当する記述はあるが、最後のS（Share）に関しては記述がない。

エ ✕
　ブラウジングとは、単に「インターネットに接続して情報を探し出すこと」を表す用語である。選択肢の記述はショールーミングとよばれる。

 　ア

講師より

デジタルマーケティングにおける消費者の反応モデルの問題です。消費者反応モデルの**AIDMAモデル**、**AISASモデル**は重要な箇所なので、確認しておきましょう。

MEMO

Part3 Ch 9 デジタルマーケティングと消費者反応モデル

問題 **61**

重要度 **A** デジタルマーケティングと価格戦略

H26-28設問1

次の文章を読んで、下記の設問に答えよ。

　Y氏は、国内外の生産者への特別発注で仕入れたカジュアル衣料品と雑貨を品揃えする小売店15店舗を、地方都市の商店街やショッピングセンター（SC）の中で、チェーンストア・オペレーションによって経営している。近年、自店舗で取り扱う商品カテゴリーにおけるe-コマース比率が上昇していることを受け、Y氏はオンライン・ショッピングモールへの出店を行っている。実店舗の商圏ではなかなか売り切ることのできなかった商品も遠隔地の消費者が購買してくれるケースが目立ち、今やインターネット店舗事業の販売額が実店舗の販売額を上回るようになっており、顧客の購買履歴を活用した商品提案も好評である。

　今後の課題は、各シーズンの在庫を適切な時期に望ましい価格で販売し、常に新鮮な品揃えを提供することである。そのための手段としてY氏は各種の価格・プロモーション施策を試み、その効果測定を通じた今後の展開の検討を行っている。

　もうひとつの課題は、買い物の目的・状況によって特定の実店舗で購買したり、インターネット店舗で購買したりする顧客の増加が顕著になってきていることである。この点についても今後、有効な対策を講じたいとY氏は考えている。

文中の下線部①に示す「価格・プロモーション施策」に関する記述として、最も適切なものはどれか。

ア　Y氏の小売チェーンでは毎年夏、ヨーロッパのメーカーとの製販連携の取り組みを通して仕入れた高品質のポロシャツの販売強化を行っている。例年、3,500円から4,500円の範囲で価格設定をしていたが、需要数量に大きな差はなかった。今年、これを5,200円に設定すると需要数量は激減した。このような効果を、端数価格効果という。

イ　Y氏の店舗の品揃えの多くは「こだわりの特注品」であるため、Y氏は過度の値引き販売は極力避けるようにしているが、過去3シーズンにおいては、商品ごとに大幅な値引き価格を表示したセールをしている。これらのセールによる消費者の内的参照価格の低下は起こりにくい。

ウ　Y氏は以前、消費者吸引を意図して世界各国から仕入れた雑貨を100円均一で販売するキャンペーンを継続的に実施していた。日本ではほとんどみられない商品ばかりだったため、買い物客の多くは価格を品質判断の手段として用い、「これらは安かろう、悪かろうだろう」という結論に至る場合が目立った。これは、価格の品質バロメーター機能である。

エ　Y氏は顧客ひとりあたりの購買単価を上げるための施策として、キャンペーン期間中に一定数量（点数）以上の買い物を行った顧客に対して、次回以降に使用可能なバンドル販売型買い物クーポンを配布した。この種のバンドル販売の欠点は、消費者の内的参照価格が下がることである。

解説

教科書 Ch9 Sec2、Ch6 Sec1

ア ✕

端数価格効果は、むしろ需要数量を増加させる価格設定の手法であり、本肢のような内容を示すものではない。

イ ✕

商品の大幅な値引き価格を表示したセールを3シーズンにわたって行えば、消費者の中の内的参照価格はその値引きされた価格へ低下していくことになる。

ウ 〇

価格の品質バロメーター機能の特徴である。

エ ✕

価格バンドリングの場合には個別の製品やサービスの価格がわからないため、それ以前から消費者の中にある内的参照価格が下がるといった影響は生じにくい。よって、価格バンドリングの欠点として、消費者の内的参照価格が下がるということはない。

 ウ

　デジタルマーケティングと、マーケティングの4Pの1つである価格戦略（Price）の問題です。**デジタルマーケティングはそのまま出題されるよりも他の論点と合わせて出されることが特徴**です。過去問を解きながら、問題の出題のされ方もきちんと学習しましょう。

MEMO

Part3 Ch 9 デジタルマーケティングと価格戦略

問題 62

チェック欄 ▶ 1 / 2 / 3 /

重要度 Ⓐ **デジタルマーケティングと消費者購買行動**

R元-30設問2

次の文章を読んで、下記の設問に答えよ。

マスメディアとさまざまなプロモーショナル・メディアを組み合わせたコミュニケーションを前提としてきた伝統的なマーケティングから、近年急速にデジタル・マーケティングへのシフトが進んでいる。このシフトは、消費者同士の情報交換①がソーシャルメディアなどを介して盛んに行われるように②なっていることに対応した動きでもある。

文中の下線部②に関する記述として、最も適切なものはどれか。

ア クチコミには、経験しないと判断できない「経験属性」に関する情報が豊富に含まれている。

イ クチコミの利便性を向上するために、クチコミを集約したランキングや星評価などが導入されたことにより、かえってクチコミの利便性が低下している。

ウ 消費者同士がオンライン上で交換したクチコミ情報が蓄積される場所は、蓄積される情報や場の運営に関して消費者が主導権を持っているという意味で「オウンドメディア」と呼ばれる。

エ マーケターが、企業と無関係な消費者であるかのように振る舞って情報を受発信することは、当該企業にとっての長期的利益につながる。

解説

教科書 Ch9 Sec2

ア ○

消費者が製品の品質を評価する際の属性は、探索属性、経験属性、信用（信頼）属性の３つに分類される。クチコミは、その製品を使用した（経験した）消費者からの情報であるため、経験属性に関する情報が豊富に含まれることになる。

イ ✕

昨今は、インターネット上にクチコミを集約したランキングや星評価などが導入されたことにより、ブランド間の比較もしやすくなっており、クチコミの利便性が向上している。

ウ ✕

オウンドメディアとは、所有するメディアのことであり、その商品を販売する企業自身が保有するメディアである。消費者同士がオンライン上で交換したクチコミ情報が蓄積される場所は、アーンドメディアとよばれ、SNSサイトや掲示板などが該当する。

エ ✕

マーケターが企業と無関係な消費者であるかのように振る舞って情報を受発信するというのは、ステルスマーケティング（消費者に宣伝と気づかれないように宣伝行為をすること）であり、消費者を欺く行為である。このような活動が発覚すると、大きな信用失墜となる。よって、当該企業にとっての長期的利益につながる活動ではない。

正解　ア

講師より

皆さんも日常で、グルメサイトやECサイトのレビューを見て、購入の判断を決めることがあると思います。昨今の口コミは、インターネットの発展により、さらに影響を及ぼせる範囲も広くなり、効果も大きくなりました。そのため、口コミとデジタルマーケティングは切っても切り離せません。いろいろな例が身近にありますので、ちょっと意識するだけでも勉強になりますよ。

2021年度版　みんなが欲しかった！中小企業診断士の問題集（上）

第2分冊

財務・会計

CONTENTS

Chapter1　財務・会計の学習を始めるにあたって

Chapter2　財務諸表概論

Chapter3　経営分析

問題 1	経営分析①	4
問題 2	経営分析②	6
問題 3	経営分析③	10
問題 4	経営分析④	12
問題 5	経営分析⑤	16
問題 6	経営分析⑥	20

Chapter4　管理会計

問題 7	CVP分析①	24
問題 8	CVP分析②	28
問題 9	CVP分析③	32
問題10	CVP分析④	34
問題11	利益差異分析	36

Chapter5　意思決定会計（投資の経済性計算）

問題12	意思決定会計①	38
問題13	意思決定会計②	40
問題14	意思決定会計③	42
問題15	意思決定会計④	44

Chapter6　ファイナンスⅠ（企業財務論）

問題16	配当割引モデル①	48
問題17	配当割引モデル②	50
問題18	株価指標①	52
問題19	株価指標②	54
問題20	株価指標③	58
問題21	FCF	62
問題22	加重平均資本コスト①	64
問題23	加重平均資本コスト②	66
問題24	加重平均資本コスト③	68
問題25	加重平均資本コスト④	70

1

問題26	資金調達構造	74
問題27	MM理論①	76
問題28	MM理論②	80
問題29	MM理論③	82
問題30	MM理論④	86

Chapter7　ファイナンスⅡ（証券投資論）

問題31	証券のリスク①	90
問題32	証券のリスク②	92
問題33	証券のリスク③	94
問題34	証券のリスク④	98
問題35	相関係数①	100
問題36	相関係数②	102
問題37	安全資産を含む効率的フロンティア①	104
問題38	安全資産を含む効率的フロンティア②	108
問題39	安全資産を含む効率的フロンティア③	110
問題40	安全資産を含む効率的フロンティア④	112
問題41	CAPM①	118
問題42	CAPM②	120
問題43	CAPM③	124
問題44	CAPM④	128
問題45	CAPM⑤	130
問題46	オプション取引①	132
問題47	オプション取引②	136
問題48	リスクヘッジ手段	138

Chapter8　貸借対照表および損益計算書の作成プロセス

問題49	売上割引	140
問題50	売上原価の算定	142
問題51	経過勘定	144

Chapter9　キャッシュフロー計算書の作成プロセス

問題52	キャッシュフロー計算書①	146
問題53	キャッシュフロー計算書②	148
問題54	キャッシュフロー計算書③	150
問題55	キャッシュフロー計算書④	152
問題56	キャッシュフロー計算書⑤	156

Chapter10　原価計算

問題57 原価の分類	158
問題58 個別原価計算	160
問題59 総合原価計算	162
問題60 標準原価計算	164

問題 1

 経営分析①　　　　R2-11

　以下の資料に基づき計算された財務比率の値として、最も適切なものを下記の解答群から選べ。

【資料】

貸借対照表　　　　（単位：千円）

資産の部		負債・純資産の部	
現金預金	25,000	買掛金	40,000
売掛金	22,000	長期借入金	70,000
商品	13,000	資本金	50,000
建物	80,000	資本剰余金	10,000
備品	60,000	利益剰余金	30,000
資産合計	200,000	負債・純資産合計	200,000

損益計算書　（単位：千円）

売上高	250,000
売上原価	180,000
売上総利益	70,000
販売費および一般管理費	40,000
営業利益	30,000
支払利息	4,000
税引前当期純利益	26,000
法人税等	8,000
当期純利益	18,000

〔解答群〕
　ア　固定長期適合率は155.6％である。
　イ　自己資本比率は25％である。
　ウ　自己資本利益率（ROE）は30％である。
　エ　当座比率は117.5％である。

解説

教科書 Ch3 Sec2、4

解答要求の経営指標について、①**式の分子と分母**を想起し、②与えられた**財務諸表数値をあてはめる**ことが求められる。

与えられた財務比率の計算方法は次のとおりである。

経営指標	計算式
固定長期適合率	固定資産÷(自己資本+固定負債)×100(％)
自己資本比率	自己資本÷総資本(総資産)×100(％)
自己資本利益率	当期純利益÷自己資本×100(％)
当座比率	当座資産÷流動負債×100(％)

上記より、各財務比率を計算すると次のとおりとなる。

経営指標	計算式
固定長期適合率	(80,000+60,000)÷(90,000※+70,000)×100=87.5％
自己資本比率	90,000※÷200,000×100=45％
自己資本利益率	18,000÷90,000※×100=20％
当座比率	(25,000+22,000)÷40,000×100=**117.5％**

※自己資本：50,000(資本金)+10,000(資本剰余金)+30,000(利益剰余金)=90,000

　エ

　本問は、指標の名称から計算要素である分子と分母が判断しづらい安全性分析が中心の問題です。基本的な問題ではありますが、このような問題こそ繰り返し練習しましょう。

問題 2

経営分析②

当社の貸借対照表および損益計算書は以下のとおりであった。下記の設問に答えよ。

貸借対照表　（単位：千円）

資産	20X1年	20X2年	負債・純資産	20X1年	20X2年
現金預金	11,000	12,000	買掛金	40,000	60,000
売掛金	34,000	38,000	長期借入金	40,000	50,000
商品	35,000	42,000	資本金	50,000	50,000
建物・備品	80,000	108,000	利益剰余金	30,000	40,000
	160,000	200,000		160,000	200,000

損益計算書　（単位：千円）

	20X1年	20X2年
売上高	128,000	210,000
売上原価	84,000	159,000
売上総利益	44,000	51,000
販売費および一般管理費	28,000	30,000
営業利益	16,000	21,000
（以下略）		

Ch 3

経営分析②

設問1

20X2年の固定比率の値として、最も適切なものはどれか。

ア 54%

イ 77%

ウ 120%

エ 216%

設問2

20X1年から20X2年の総資本営業利益率の変化とその要因に関する記述として、最も適切なものはどれか。

ア 総資本営業利益率は上昇したが、その要因は売上高営業利益率の上昇である。

イ 総資本営業利益率は上昇したが、その要因は総資本回転率の上昇である。

ウ 総資本営業利益率は低下したが、その要因は売上高営業利益率の低下である。

エ 総資本営業利益率は低下したが、その要因は総資本回転率の低下である。

7

解説

教科書 Ch3 Sec2〜4

設問1

固定比率が問われている。固定比率は「固定資産÷自己資本×100」と計算される。20X2年度の貸借対照表より、固定比率を計算すると次のとおりである。

● 固定資産
　建物・備品が固定資産に該当するため、108,000千円
● 自己資本
　資本金（50,000千円）および利益剰余金（40,000千円）が該当するため、90,000千円
● 固定比率
　108,000÷90,000×100 = **120%**

正解　**ウ**

設問2

総資本営業利益率の変化とその要因が問われている。各経営指標の計算方法は次のとおりである。

経営指標	計算式
総資本営業利益率	営業利益÷総資本×100（%）
売上高営業利益率	営業利益÷売上高×100（%）
総資本回転率	売上高÷総資本（回）

経営指標を計算すると次のとおりである。

経営指標	20X1年	20X2年	変化
総資本営業利益率	16,000÷160,000×100 = 10%	21,000÷200,000×100 = 10.5%	上昇
売上高営業利益率	16,000÷128,000×100 = 12.5%	21,000÷210,000×100 = 10%	低下
総資本回転率	128,000÷160,000 = 0.8回	210,000÷200,000 = 1.05回	上昇

上記の計算より、**総資本営業利益率は上昇したが、その要因は総資本回転**

率の上昇であるといえる。

正解　イ

　本問は基本的な経営分析の問題ですが、このような問題ほど、繰り返し練習しましょう。特に、①**式**（**分母と分子**）と②**優劣の判断**（高い方が良いか、低い方が良いか）を意識して復習しましょう。

問題 3

重要度 A 経営分析③　H29-11

次の資料に基づき計算された財務比率の値として、最も適切なものを下記の解答群から選べ。

【資料】

貸借対照表　（単位：千円）

資産の部		負債・純資産の部	
現金預金	40,000	買掛金	40,000
売掛金	30,000	長期借入金	60,000
商品	50,000	資本金	80,000
建物・備品	80,000	利益剰余金	20,000
資産合計	200,000	負債・純資産合計	200,000

損益計算書　（単位：千円）

売上高	240,000
売上原価	120,000
給与	72,000
減価償却費	26,000
営業利益	22,000
支払利息	4,000
税引前当期純利益	18,000
法人税等	9,000
当期純利益	9,000

〔解答群〕

ア　インタレスト・カバレッジ・レシオは5.5倍である。
イ　固定長期適合率は80％である。
ウ　自己資本利益率は11.3％である。
エ　総資本営業利益率は27.5％である。

解説

教科書 Ch3 Sec2、4

各経営指標の計算式は次のとおりである。

経営指標	計算式
インタレスト・カバレッジ・レシオ	事業利益÷金融費用（倍）
固定長期適合率	固定資産÷（固定負債＋自己資本）×100（％）
自己資本利益率	当期純利益÷自己資本×100（％）
総資本営業利益率	営業利益÷総資本×100（％）

経営指標を計算すると次のとおりである。

経営指標	計算式
インタレスト・カバレッジ・レシオ	22,000÷4,000＝5.5（倍）
固定長期適合率	80,000÷(60,000＋80,000＋20,000)×100＝50（％）
自己資本利益率	9,000÷(80,000＋20,000)×100＝9（％）
総資本営業利益率	22,000÷200,000×100＝11（％）

 正解　ア

 講師より

経営分析は最重要領域のひとつであるため、しっかりと練習しましょう。
特に式（分母と分子）はうろ覚えでなく、反射的に計算できるように訓練することが必要です。

問題 4

 経営分析④ H27-11

次の貸借対照表と損益計算書について、下記の設問に答えよ。

貸借対照表（平成X5年度）　　（単位：千円）

資産の部			負債および純資産の部	
Ⅰ 流動資産	80,000	Ⅰ 流動負債		100,000
現金・預金	4,000	支払手形・買掛金		30,000
受取手形・売掛金	32,000	短期借入金		30,000
棚卸資産	18,000	その他		40,000
その他	26,000	Ⅱ 固定負債		68,000
Ⅱ 固定資産	220,000	Ⅲ 純資産		132,000
資産合計	300,000	負債・純資産合計		300,000

損益計算書（平成X5年度）（単位：千円）

Ⅰ	売上高	440,000
Ⅱ	売上原価	320,000
	売上総利益	120,000
Ⅲ	販売費・一般管理費	100,000
	営業利益	20,000
Ⅳ	営業外収益	
	受取家賃	9,500
Ⅴ	営業外費用	
	支払利息	1,500
	その他	5,000
	税引前当期純利益	23,000
	法人税等	11,500
	当期純利益	11,500

設問1

総資産回転率として最も適切なものはどれか。

ア 0.68回

イ 0.87回

ウ 1.25回

エ 1.47回

設問2

インタレスト・カバレッジ・レシオとして最も適切なものはどれか。

ア 13.3%

イ 20.2%

ウ 13.3倍

エ 20.2倍

解 説

教科書 Ch3 Sec3、4

設問1

総資産回転率は、総資産（総資本）をどの程度効率的に使って売上高を獲得しているかを表す指標である。

$$総資産回転率 = \frac{売上高}{総資産}$$

$$= \frac{440,000}{300,000}$$

$$= 1.466\cdots ≒ \mathbf{1.47}（回）$$

 正解 **エ**

設問2

インタレスト・カバレッジ・レシオは、事業利益（＝営業利益＋受取利息・配当金）が支払利息などの金融費用の何倍であるかを表す指標である。ただし、本問の場合、損益計算書に計上されている営業外収益は受取家賃であり、財務活動で稼いだ収益ではないため、含まれない点に注意する。

$$インタレスト・カバレッジ・レシオ = \frac{事業利益}{金融費用}$$

$$= \frac{20,000}{1,500}$$

$$= 13.333\cdots ≒ \mathbf{13.3}（倍）$$

 正解 **ウ**

「受取家賃」を事業利益に含めるかで判断に迷う可能性がありますが、事業利益に含めた場合、解答群に当該数値がないため、含めない判断をすることが可能な問題です。
このように、**選択肢から解答のヒントを得られることがよくあります**ので、意識しておきましょう。

14

MEMO

問題 5

経営分析⑤

H26-9

以下の資料に基づき、X1年度とX2年度の経営状態の変化を表す記述として、最も適切なものの組み合わせを下記の解答群から選べ。

【資料】

	X1年度	X2年度
売上高純利益率	5 %	4 %
自己資本比率	50%	40%
総資本回転率	2.0	2.2

a　X1年度と比較してX2年度は自己資本純利益率が下落した。

b　X1年度と比較してX2年度は自己資本純利益率が上昇した。

c　X1年度と比較してX2年度は総資本純利益率は下落した。

d　X1年度と比較してX2年度は総資本純利益率は上昇した。

〔解答群〕
　ア　aとc　　イ　aとd　　ウ　bとc　　エ　bとd

解　説

教科書 Ch3 Sec2

本問は、与えられた資料の計算式を組み合わせることで、解を導くことができる。

まず、資料の計算式を展開すると、次のようになる。

$$売上高純利益率 = \frac{純利益}{売上高} \times 100$$

$$自己資本比率 = \frac{自己資本}{総資本} \times 100$$

$$総資本回転率 = \frac{売上高}{総資本}$$

①　自己資本純利益率の計算

自己資本純利益率を計算するには、自己資本と純利益の2つの要素が必要である。自己資本は自己資本比率に、純利益は売上高純利益率にあることがわかる。

$$
\begin{aligned}
自己資本純利益率 &= \frac{純利益}{自己資本} \times 100 \\
&= \frac{純利益}{売上高} \times \frac{売上高}{総資本} \times \frac{総資本}{自己資本} \\
&= 売上高純利益率 \times 総資本回転率 \div 自己資本比率
\end{aligned}
$$

よって、

X1年度の自己資本純利益率 ＝ 5％ ×2.0÷50％ ＝0.2（20％）

X2年度の自己資本純利益率 ＝ 4％ ×2.2÷40％ ＝0.22（22％）

であり、自己資本純利益率は上昇している。

②　総資本純利益率の計算

総資本純利益率を計算するには、総資本と純利益の2つの要素が必要である。総資本は自己資本比率あるいは総資本回転率に、純利益は売上高純利益率にあることがわかる。

$$総資本純利益率 = \frac{純利益}{総資本} \times 100$$

$$= \frac{純利益}{売上高} \times \frac{売上高}{総資本}$$

$$= 売上高純利益率 \times 総資本回転率$$

よって、
X1年度の総資本純利益率＝5％×2.0＝10％
X2年度の総資本純利益率＝4％×2.2＝8.8％
であり、総資本純利益率は下落している。
したがって、**b**と**c**の組み合わせが正しい。

正解 ウ

講師より

　本問は、解答要求である自己資本純利益率や総資本純利益率について、計算式の分子や分母から直接的に計算するのではなく、問題文に与えられた売上高純利益率、自己資本比率、総資本回転率を用いて間接的に計算するパズル的な問題です。まず各指標の分子と分母を書き出し、解答要求に対応する必要があるため、**式を正確に押さえておく**ことが大前提となります。また、試行錯誤しているうちに時間を多く使いがちになります。本番では、5分以上かけない、あとまわしにするなどの工夫をして試験時間に対応しましょう。

MEMO

Ch 3
経営分析⑤

問題 6

重要度 A 経営分析⑥   H25-5

次に示す財務諸表に基づいて、以下の設問に答えよ（単位：千円）。

〈貸借対照表〉

	X1年度末	X2年度末		X1年度末	X2年度末
流動資産	35,000	29,000	流動負債	16,000	15,000
固定資産	95,000	91,000	固定負債	28,000	20,000
			純資産	86,000	85,000
資産合計	130,000	120,000	負債・純資産合計	130,000	120,000

〈損益計算書〉

	X1年度	X2年度
売上高	180,000	170,000
営業費用	150,000	152,000
営業利益	30,000	18,000
支払利息	1,000	800
経常利益	29,000	17,200
固定資産売却損	1,000	200
税引前当期純利益	28,000	17,000
法人税等	10,000	4,000
当期純利益	18,000	13,000

設問1

収益性の動向に関する説明として最も適切なものはどれか。なお、比率の計算における総資本は年度末の金額を利用する。

ア 総資本営業利益率：悪化　売上高営業利益率：悪化　総資本回転率：改善

イ 総資本営業利益率：悪化　売上高営業利益率：改善　総資本回転率：改善

ウ 総資本営業利益率：改善　売上高営業利益率：悪化　総資本回転率：改善

エ 総資本営業利益率：改善　売上高営業利益率：改善　総資本回転率：悪化

設問2

安全性の動向に関する説明として最も適切なものはどれか。

ア 流動比率：悪化　　固定長期適合率：悪化　　負債比率：改善

イ 流動比率：悪化　　固定長期適合率：改善　　負債比率：改善

ウ 流動比率：改善　　固定長期適合率：悪化　　負債比率：改善

エ 流動比率：改善　　固定長期適合率：改善　　負債比率：悪化

解 説

教科書 Ch3 Sec2〜4

設問1

経営指標の計算式は次のとおりである。

経営指標	計算式
総資本営業利益率	営業利益÷総資本×100（%）
売上高営業利益率	営業利益÷売上高×100（%）
総資本回転率	売上高÷総資本（回）

経営指標を計算すると次のとおりである。

	X1年度	X2年度	判断
総資本営業利益率	30,000÷130,000×100≒23.08%	18,000÷120,000×100＝15%	悪化
売上高営業利益率	30,000÷180,000×100≒16.67%	18,000÷170,000×100≒10.59%	悪化
総資本回転率	180,000÷130,000≒1.38回	170,000÷120,000≒1.42回	改善

（小数点第3位四捨五入）

総資本営業利益率、売上高営業利益率、総資本回転率はいずれも**高い**ほうがよい。

 正解　**ア**

設問2

経営指標の計算式は次のとおりである。

経営指標	計算式
流動比率	流動資産÷流動負債×100（%）
固定長期適合率	固定資産÷（固定負債＋自己資本）×100（%）
負債比率	負債÷自己資本×100（%）

経営指標を計算すると次のとおりである。

	X1年度	X2年度	判断
流動比率	35,000 ÷ 16,000 × 100 ≒ 218.75%	29,000 ÷ 15,000 × 100 ≒ 193.33%	悪化
固定長期適合率	95,000 ÷ (28,000 + 86,000) × 100 ≒ 83.33%	91,000 ÷ (20,000 + 85,000) × 100 ≒ 86.67%	悪化
負債比率	((16,000 + 28,000) ÷ 86,000) × 100 ≒ 51.16%	((15,000 + 20,000) ÷ 85,000) × 100 ≒ 41.18%	改善

(小数点第3位四捨五入)

流動比率は**高い**ほうがよく、固定長期適合率、負債比率は**低い**ほうがよい。

正解　ア

※　解説の便宜上、小数点第2位まで計算しているが、小数点まで精緻に計算しなくても大小関係が判断できればよい。

講師より

経営分析の優劣の判断については、特に**低いほうがよい指標に注意**しておきましょう（本問では、固定長期適合率、負債比率が低いほうがよい指標です）。
また、解答要求は優劣の判断であるため、必ずしも計算しなくてよい指標もあります（たとえば、総資本営業利益率は、分子の減少が大きい割に、分母がそれほど減少していないため、悪化していると判断します）。
本試験では、財務会計は時間が足りなくなる科目の筆頭であるため、このような時間節約は有効です。

問題 7

チェック欄▶ 1／ 2／ 3／

重要度 A **CVP分析①** R2-21

G社の前期と当期の損益計算書は以下のように要約される。下記の設問に答えよ。

損益計算書　　　　　　（単位：万円）

	前期		当期	
売 上 高		2,500		2,400
変 動 費	1,250		960	
固 定 費	1,000	2,250	1,200	2,160
営業利益		250		240

設問1

当期の損益分岐点売上高として、最も適切なものはどれか。

ア 1,600万円

イ 1,800万円

ウ 2,000万円

エ 3,000万円

設問2

G社の収益性に関する記述として、最も適切なものはどれか。

ア 損益分岐点比率が前期よりも悪化したのは、売上の減少による。

イ 損益分岐点比率が前期よりも悪化したのは、変動費率の上昇による。

ウ 損益分岐点比率が前期よりも改善されたのは、固定費の増加による。

エ 損益分岐点比率が前期よりも改善されたのは、変動費率の上昇による。

解説

教科書 Ch4 Sec1

損益分岐点分析に関する問題である。前期と当期のデータが与えられており、これらを用いて損益分岐点売上高と損益分岐点比率を計算することになる。

設問1

当期の損益分岐点売上高が問われている。損益分岐点売上高をSとする。

変動費率：960（変動費）÷2,400（売上高）＝0.4（40％）

固定費：1,200

損益分岐点売上高：S－0.4S－1,200＝0　∴S＝**2,000万円**

正解　**ウ**

設問2

【解答手順のイメージ】

解答要求：損益分岐点比率の比較

↓

前期損益分岐点比率：損益分岐点売上高÷実際売上高（2,500）
当期損益分岐点比率：損益分岐点売上高÷実際売上高（2,400）

↓

CVP分析によりそれぞれ計算

① 前期の損益分岐点比率

損益分岐点売上高をSとする。

変動費率：1,250（変動費）÷2,500（売上高）＝0.5（50％）

固定費：1,000

損益分岐点売上高：S－0.5S－1,000＝0　∴S＝2,000万円

となる。

これを「損益分岐点比率＝損益分岐点売上高÷売上高×100」に代入すると、

損益分岐点比率：2,000÷2,500×100＝80（％）　となる。

② 当期の損益分岐点比率

設問1 より、損益分岐点売上高は2,000万円であるから、
　　損益分岐点比率：2,000÷2,400×100＝83.33…≒83（％）　となる。

　損益分岐点比率が高いか低いかにより、企業の収益獲得能力面での安全度が判断できる。損益分岐点は低ければ低いほど、企業はより少ない売上高で利益を得ることができる。つまり、損益分岐点比率が低いということは、その企業が売上高の減少というリスクに強いということである。

　したがって、損益分岐点比率は前期80％から当期83％に上昇しているため、損益分岐点比率は**悪化**している。また、悪化した原因として、**売上の減少**があげられる。

　なお、変動費率は50％から40％に低下している。したがって、イの選択肢は外れる。

 ア

講師より

　CVP分析は、すべての問題が、「**売上高－変動費－固定費＝営業利益**」という損益構造をベースに出題されます。これを意識しながらデータの整理をするようにしましょう。
　また **設問2** は、①前期と当期それぞれの損益分岐点売上高を計算、②それぞれの損益分岐点比率の計算、③比率を比較して解答することとなります。計算量が多く、ミスが生じやすいリスクの高い問題です。
　損益分岐点比率は頻出の指標であるため、本問を通してしっかり練習しましょう。

MEMO

Ch 4
CVP分析①

問題 8

チェック欄▶ 1 / 2 / 3 /

重要度 Ⓐ **CVP分析②**   H30-11

当社の当期の損益計算書は、以下のとおりであった。下記の設問に答えよ。

損益計算書

売上高	240,000	千円（販売価格200円×販売数量1,200千個）
変動費	96,000	（1個当たり変動費80円×販売数量1,200千個）
貢献利益	144,000	千円
固定費	104,000	
営業利益	40,000	千円

設問1

当社では、次期の目標営業利益を55,000千円に設定した。他の条件を一定とすると、目標営業利益を達成するために必要な売上高として、最も適切なものはどれか。

ア 255,000千円

イ 265,000千円

ウ 280,000千円

エ 330,000千円

28

設問2

次期の利益計画において、固定費を2,000千円削減するとともに、販売価格を190円に引き下げる案が検討されている。また、この案が実施されると、販売数量は1,400千個に増加することが予想される。次期の予想営業利益として、最も適切なものはどれか。なお、他の条件は一定であるものとする。

ア 52,000千円

イ 57,600千円

ウ 68,000千円

エ 72,800千円

解 説

教科書 Ch4 Sec1

設問1

●変動費率（a）

当期の損益計算書の変動費と売上高より、変動費率を計算する（**次期においても条件が一定のため、当期と次期の変動費率は同じである**）。

変動費率（a）： $a = 96,000 \div 240,000$
$= 0.4（40\%）$

●目標営業利益を達成するために必要な売上高

「$S = aS + FC + P$」を用いて計算する。

目標売上高（S）：　$S = 0.4S + 104,000 + 55,000$
$0.6S = 159,000$
$S = \mathbf{265,000}$（千円）

 正解　イ

設問2

●売上高

変化後の販売価格および販売数量より、予想売上高を計算する。

売上高（S）：$190 \times 1,400 = 266,000$

●変動費

変化後の販売数量より、予想変動費を計算する。

変動費（VC）：$80 \times 1,400 = 112,000$

●固定費

固定費の削減より、予想固定費を計算する。

固定費（FC）：$104,000 - 2,000 = 102,000$

●予想営業利益

「$S - VC - FC = P$」より、予想営業利益を計算する。

予想営業利益（P）：$P = 266,000 - 112,000 - 102,000$
$= \mathbf{52,000}$（千円）

 正解　ア

Ch 4

CVP分析②

講師より

　CVP分析は、「**売上高－変動費－固定費＝営業利益**」という損益構造をベースに解答するようにしましょう。

　なお、 設問2 は、１単位当たりの変動費が一定であるのに対して、販売価格が変化するため、 設問1 で計算した変動費率は使えないことに注意しましょう（変動費率は設問1で求めた40%から変化する）。

31

問題 **9**	チェック欄▶ 1 / 2 / 3 /

重要度 Ⓐ **ＣＶＰ分析③**　　　　　　　　　　　　H26-7

　以下に示す今年度の実績資料に基づいて、目標営業利益600,000円を達成するときの総資本営業利益率を計算した場合、最も適切なものを下記の解答群から選べ。なお、総資本は売上高増加額の10％分の増加が見込まれる。

【資料】

売上高	5,000,000円
営業費用の内訳	
変動費	2,500,000円
固定費	2,400,000円
営業利益	100,000円
総資本	2,400,000円

〔解答群〕

ア 10.0%　　**イ** 12.0%　　**ウ** 24.0%　　**エ** 25.0%

解 説

教科書 Ch4 Sec1

【解答手順のイメージ】

解答要求：総資本営業利益率＝営業利益(600,000)÷総資本

↓

総資本＝今年度総資本（2,400,000）
　　　＋売上高増加額（目標売上高－今年度売上高（5,000,000））

↓

CVP分析により計算

① **目標営業利益600,000円を達成する売上高**

資料より、変動費率を計算する。

変動費率＝2,500,000÷5,000,000×100＝50％（0.5）

したがって、求める売上高をSとすると、

S－0.5S－固定費2,400,000＝目標営業利益600,000

0.5S＝3,000,000

∴　S＝6,000,000（円）

② **総資本**

総資本は売上高増加額の10％分の増加が見込まれることにより、

売上高増加額（6,000,000－5,000,000）×10％＝100,000

総資本2,400,000＋100,000＝2,500,000（円）

③ **総資本営業利益率**

総資本営業利益率＝目標営業利益600,000÷総資本2,500,000×100

＝**24.0**（％）

 ウ

　本問も、「**売上高－変動費－固定費＝営業利益**」という損益構造をベースに解答するようにしましょう。CVP分析の応用的な問題はどこから手をつけてよいかわからなくなりがちですが、上記損益構造に問題文のデータを当てはめていくという解答手順を覚えておけば、迷路に入り込みにくくなります。

問題 10

チェック欄▶ 1／ 2／ 3／

重要度 Ⓐ **ＣＶＰ分析④**   H25-8

　A社の当期の売上高は20,000千円、費用は以下のとおりであった。なお、一般管理費はすべて固定費である。安全余裕率として最も適切なものを下記の解答群から選べ。

変動製造費用	5,000千円
固定製造費用	9,000千円
変動販売費	3,000千円
固定販売費	800千円
一般管理費	1,000千円

〔解答群〕

　ア　10.0％

　イ　10.9％

　ウ　25.0％

　エ　28.0％

解説

教科書 Ch4 Sec1

【解答手順のイメージ】

解答要求：安全余裕率の計算
↓
安全余裕率＝（実際売上高(20,000)－損益分岐点売上高）÷実際売上高(20,000)
↓
CVP分析により計算

売上高　20,000千円

変動費　8,000千円（変動製造費用5,000＋変動販売費3,000）

固定費　10,800千円（固定製造費用9,000＋固定販売費800＋一般管理費1,000）

変動費率 a ＝変動費8,000÷売上高20,000＝0.4（40％）

より、損益分岐点売上高Sは、

S－0.4S－10,800＝0

0.6S＝10,800

∴　S＝10,800÷0.6＝10,800×10÷6

　　　＝18,000

したがって、

安全余裕率＝（20,000－18,000）÷20,000×100

　　　　　＝**10.0**（％）

正解　ア

安全余裕率の計算問題です。このような問題ほど、ミスして失点しないよう、くり返し練習しましょう。本試験で高得点をとれるのは、難しい問題を解ける人ではなく、本問のような平易な問題を落とさない人です。

問題 11

重要度 A　利益差異分析

販売予算が以下のとおり編成されていたとする。いま、第2四半期（Q2）の実際販売量が1,100個、販売価格が99,000円であったとする。数量差異と価格差異の組み合わせとして、最も適切なものを下記の解答群から選べ。

販売予算	Q1	Q2	Q3	Q4	合計
販売量（個）	1,000	1,200	1,400	1,400	5,000
売上高（万円）	10,000	12,000	14,000	14,000	50,000

〔解答群〕

ア　数量差異　900万円（不利差異）と価格差異210万円（不利差異）

イ　数量差異1,000万円（不利差異）と価格差異110万円（不利差異）

ウ　数量差異1,100万円（不利差異）と価格差異　10万円（不利差異）

エ　数量差異1,200万円（不利差異）と価格差異　90万円（有利差異）

解説

教科書 Ch4 Sec2

売上高差異分析に関する問題である。売上高差異は、数量差異と価格差異に分けてとらえる。本問は、実際と予算とそれぞれの販売量および販売価格が与えられているため、計算式あるいは図を用いて計算すればよい。

なお、売上高差異は、実際値から計画値を差し引いているため、プラスの場合には有利差異、マイナスの場合には不利差異となる。

数量差異＝（実際販売数量－計画販売数量）×計画販売価格　より、
　　　　＝（1,100個－1,200個）×100,000＝－1,000（万円）　となる。

なお、計画販売価格は、販売予算売上高12,000万円÷1,200個＝10万円で計算する。

価格差異＝（実際販売価格－計画販売価格）×実際販売数量　より、
　　　　＝（99,000－100,000）×1,100個＝－110（万円）　となる。

また、売上高差異分析の計算は、次の図を用いて計算できる。

```
実際販売価格
  99,000円  ┌─────────────────────────┐
            │ 価格差異                    │
            │ （99,000－100,000）×1,100個＝－110万円│
計画販売価格 ├──────────────┬──────────┤
 100,000円  │              │ 数量差異          │
            │              │（1,100個－1,200個）×100,000 │
            │              │ ＝－1,000万円      │
            └──────────────┴──────────┘
                      計画販売数量    実際販売数量
                       1,200個        1,100個
```

正解　イ

価格差異と数量差異は、それぞれ**単価×数量**で計算されます。いかなる単価にいかなる数量を掛けて計算するかを意識しながら解答、復習するようにしましょう。
　また、有利差異か不利差異かも必ず問われますので、ミスしないよう注意しましょう。

問題 12

チェック欄▶ 1 / 2 / 3 /

重要度 Ⓐ **意思決定会計①**

R2-23

　当期首に1,500万円をある設備（耐用年数３年、残存価額ゼロ、定額法）に投資すると、今後３年間にわたって、各期末に900万円の税引前キャッシュフローが得られる投資案がある。税率を30％とすると、この投資によって各期末の税引後キャッシュフローはいくらになるか。最も適切なものを選べ。

　ア　180万円

　イ　280万円

　ウ　630万円

　エ　780万円

解説

教科書 Ch5 Sec2

税引後キャッシュフローに関する問題である。設備投資をすれば、売上増加あるいは原価削減などの効果が得られる。それによって生ずるCIFおよびCOFを計上する。さらに、減価償却費の増加による法人税節税額（タックスシールド）を計上する。タックスシールドとは、設備投資に伴う減価償却費の増加が、会計上の利益を減少させ、それに対応する分だけの法人税の節約をもたらす効果のことである。よって、「税率×減価償却費」をCFの計算上加算するという処理を行う。

試験対策上は、下記の式を覚えて解答要求に対応することになる。

【経済的効果（税引後CF）の算式】
経済的効果＝（1－税率）×（CIF－COF）＋税率×減価償却費

上記計算式より、税引後CFを計算する。
CIF－COF（税引前CF）：900
減価償却費：（1,500－0）÷3＝500
税引後CF：900×（1－0.3）＋500×0.3＝**780万円**

 正解　エ

 講師より

「税引後キャッシュフロー」は、教科書では「正味キャッシュフロー」という表現でも記載しています。どちらでも対応できるようにしておきましょう。
　本問でいうと、投資で生じるリターンのキャッシュフローであることから、正味キャッシュフローと判断します。
　「正味キャッシュフロー」の計算は本問のように単体で問われたり、正味現在価値算定の要素として問われたり頻出論点であるため、しっかりと式を押さえておきましょう。

問題 **13**

チェック欄▶ 1 / 2 / 3

重要度 **A** 意思決定会計②

H29-15

　当社は、来年度の期首に新設備を購入しようと検討中である。新設備の購入価額は100百万円であり、購入によって毎年（ただし、5年間）の現金支出費用が30百万円節約されると期待される。減価償却方法は、耐用年数5年、残存価額がゼロの定額法を採用する予定でいる。税率を40％とするとき、この投資案の各期の税引後キャッシュフローとして、最も適切なものはどれか。

　　ア　12百万円

　　イ　18百万円

　　ウ　26百万円

　　エ　34百万円

解説

教科書 Ch5 Sec1

設備投資の経済性計算における税引後キャッシュフローの計算が問われている。

税引後キャッシュフロー＝税引後の支出削減額＋減価償却費×税率
$$= 30 \times (1 - 0.4) + 20 \times 0.4 = 26（百万円）$$

※減価償却費＝100÷5年＝20百万円

また、営業利益の増加額を把握しても計算することができる。その場合、減価償却費をそのまま足し戻す点に注意する。

税引後キャッシュフロー＝税引後営業利益の増加額＋減価償却費
$$= (30 - 20) \times (1 - 0.4) + 20 = 26（百万円）$$

 正解　ウ

「税引後キャッシュフロー（正味キャッシュフロー）」の問題です。基本的な問題ですが、このような問題こそ繰り返し練習しましょう。

問題 14

チェック欄▶ 1 / 2 / 3 /

重要度 **B** 意思決定会計③

H28-17

現在、3つのプロジェクト（プロジェクト①～プロジェクト③）の採否について検討している。各プロジェクトの初期投資額、第1期末から第3期末に生じるキャッシュフロー、および内部収益率（IRR）は以下の表のとおり予測されている。いずれのプロジェクトも、経済命数は3年である。初期投資は第1期首に行われる。なお、法人税は存在しないと仮定する。

	キャッシュフロー				IRR
	初期投資	第1期	第2期	第3期	
プロジェクト①	−500	120	200	280	8.5%
プロジェクト②	−500	200	200	200	（ ）%
プロジェクト③	−500	300	200	60	7.6%

（金額の単位は百万円）

内部収益率法を用いた場合のプロジェクトの順位づけとして、最も適切なものを下記の解答群から選べ。たとえば、プロジェクト①＞プロジェクト②は、プロジェクト①の優先順位が高いことを示す。なお、内部収益率の計算にあたっては、以下の表を用いること。

	6%	7%	8%	9%	10%	11%
複利現価係数	0.840	0.816	0.794	0.772	0.751	0.731
年金現価係数	2.673	2.624	2.577	2.531	2.487	2.444

経済命数が3年の場合の複利現価係数および年金現価係数

〔解答群〕

ア プロジェクト①＞プロジェクト②＞プロジェクト③

イ プロジェクト①＞プロジェクト③＞プロジェクト②

ウ プロジェクト②＞プロジェクト①＞プロジェクト③

エ プロジェクト②＞プロジェクト③＞プロジェクト①

オ プロジェクト③＞プロジェクト①＞プロジェクト②

解説

教科書 Ch5 Sec2

まず、空欄となっているプロジェクト②の内部収益率を計算し、その結果に基づき、プロジェクトの順位づけを行うことになる。

① 内部収益率の計算

内部収益率とは、投資の正味現在価値がゼロとなる割引率のことである。したがって、各年度のキャッシュフローが均等である（Rとする）ならば、

0＝R×年金現価係数－設備投資額　の計算式が導かれる。

これを変形すると、

$$年金現価係数 = \frac{設備投資額}{R}$$

となる。

ここで、年金現価係数を利用することがポイントである。

プロジェクト②の年金現価係数＝初期投資500÷200＝2.5

年金現価係数表より、年金現価係数が2.5となるのは、割引率が9％と10％の間である。

以上より、プロジェクト②の内部収益率は、9～10％となる。

② プロジェクトの順位づけ

内部収益率法のみでプロジェクトの順位づけを行うため、単純に内部収益率の高い順に、プロジェクトの優先順位が高くなる。

したがって、**プロジェクト②9～10％＞プロジェクト①8.5％＞プロジェクト③7.6％**　となる。

正解　ウ

講師より

内部収益率は、正確に計算することが難しい比率です。本問のように、ざっくりとした数値の当たりをつけ、選択肢の判断ができればOKです。
また、本問では問われていませんが、内部収益率法における投資の判断基準もあわせて復習しておきましょう。

問題 **15**

チェック欄▶

重要度 **B** 意思決定会計④

H27-16

次の文章を読んで、下記の設問に答えよ。

D社は、4つの投資案（①～④）の採否について検討している。同社では、投資案の採否を正味現在価値法（NPV法）に基づいて判断している。いずれの投資案も、経済命数は3年である。

4つの投資案の初期投資額および第1期末から第3期末に生じるキャッシュフローは、以下の表のとおり予測されている。初期投資は第1期首に行われる。なお、法人税は存在せず、割引率は8％とする。

（単位：百万円）

	キャッシュフロー				NPV
	初期投資	第1期	第2期	第3期	
投資案①	−120	50	60	70	33
投資案②	−120	70	60	50	A
投資案③	−160	80	80	80	B
投資案④	−120	40	40	40	C

44

設問1

投資案②のNPV（空欄A）および投資案③のNPV（空欄B）にあてはまる金額の組み合わせとして、最も適切なものを下記の解答群から選べ。なお、NPVの計算にあたっては、以下の表を用いること。

割引率8％の場合の複利現価係数および年金現価係数

	1年	2年	3年
複利現価係数	0.93	0.86	0.79
年金現価係数	0.93	1.78	2.58

〔解答群〕

ア A：22百万円　　B：30百万円

イ A：33百万円　　B：30百万円

ウ A：33百万円　　B：46百万円

エ A：36百万円　　B：30百万円

オ A：36百万円　　B：46百万円

設問2

4つの投資案は相互に独立しており、D社は複数の投資案を採択することが可能である。しかし、資金の制約があり、初期投資額の上限は380百万円である。このとき、採択すべき投資案の組み合わせとして最も適切なものはどれか。

なお、D社は他の投資案を有しておらず、380百万円のうち初期投資に使用されなかった残額から追加のキャッシュフローは生じない。

ア 投資案①、投資案②、および投資案③

イ 投資案①、投資案②、および投資案④

ウ 投資案②および投資案③

エ 投資案②および投資案④

オ 投資案③および投資案④

解説

教科書 Ch5 Sec2

設問1

2つの投資案のNPVの金額を計算する問題である。複利現価係数と年金現価係数が与えられているため、両者の使い分けに注意する。

・投資案②

各期末に生じるキャッシュフローの金額が同額でないため、複利現価係数を利用する。

NPV = 70 × 0.93 + 60 × 0.86 + 50 × 0.79 − 120
　　 = 156.2 − 120 = 36.2 ≒ **36**（百万円）

・投資案③

各期末に生じるキャッシュフローの金額が同額のため、年金現価係数を利用する。

NPV = 80 × 2.58（3年、年金現価係数） − 160 = 206.4 − 160
　　 = 46.4 ≒ **46**（百万円）

正解　オ

設問2

独立投資による設備投資の採択に関する問題である。ただし、資金の制約がある点に注意を要する。

【解答手順のイメージ】

解答要求：投資制約380百万円以内の<u>投資額</u>の決定

↓

<u>各投資案のNPVの計算</u>

【各投資案のNPVの算定】

設問1 にて投資案②と③のNPVが判明しているため（投資案①は問題で与えられている）、残りの投資案④のNPVを計算する必要がある。

・投資案④

各期末に生じるキャッシュフローの金額が同額のため、年金現価係数を

利用する。

$$NPV = 40 \times 2.58（3年、年金現価係数）- 120$$
$$= 103.2 - 120 = \triangle 16.8（百万円）$$

投資案④のNPVはマイナスのため、棄却される。

したがって、投資案①から③のNPVの金額が高い順に、資金の範囲内で採択していくことになる。

【優先順位の決定】

投資案①から③のNPVは、それぞれ投資案①33百万円、投資案②36百万円、投資案③46百万円であるため、割り当てる優先順位は、投資案③→投資案②→投資案①となる。

【投資案の選択】
・投資案③のみ：初期投資額160百万円
・投資案③＋投資案②の初期投資額160＋120＝280百万円
・投資案③＋投資案②＋投資案①の初期投資額160＋120＋120＝400百万円
　→投資制約380百万円をオーバー

したがって、採択されるのは**投資案②および投資案③**となる。

 正解　ウ

講師より

　1次試験は、キャッシュフローは問題文に与えて、あとは**割引計算**をするという問題が多いため、割引計算に慣れるようにしましょう。
　設問2は投資意思決定の応用問題です。解答手順は、①優先順位の決定、②資金制約内で投資の選択となります。
　なお、解説のとおり、投資案④はNPVがマイナスであるため、その時点で投資案④が含まれる**イ、エ、オ**は不正解となります。正答率を高めていくには、このような視点も有効となります。

問題 16

チェック欄▶ 1 / 2 / 3 /

重要度 **B** 配当割引モデル① H29-18

当社の前期末の1株当たり配当金は120円であり、今後毎年2％の定率成長が期待されている。資本コストを6％とすると、この株式の理論価格として、最も適切なものはどれか。

ア 2,400円

イ 3,000円

ウ 3,060円

エ 3,180円

解説

教科書 Ch6 Sec2

本問は、定率成長モデルの計算が問われている。次の計算式に代入して求める。

$$\text{理論株価} = \frac{1\text{年後の配当金}}{\text{期待収益率} - \text{成長率}}$$

定率成長モデルの場合、分子が1年後の配当金であることから、時間軸に気をつけることがポイントである。与えられたデータは、前期末の配当金であることに注意する。したがって、

当期末の配当金＝前期末の配当金120×1.02＝122.4円となる。

$$\text{理論株価} = \frac{122.4\text{円}}{0.06 - 0.02} = \mathbf{3{,}060}\ （円）$$

正解　**ウ**

配当割引モデルは、結論の式をしっかり押さえたうえで解答するようにしましょう。
　また、本問は、問題文に与えられた配当金が前期末の配当金であるため、計算に用いる**分子の配当金を1年後の配当金に修正する**応用問題です。分子を120のまま計算すると、**イ**（3,000円）となり、不正解となってしまいます。配当割引モデルの問題を解答するときは、配当金が**いつの配当金か**を必ずチェックするようにしましょう。

問題 **17**

チェック欄▶

重要度 **Ⓐ** **配当割引モデル②**　　　　　　　　H28-16

　１年後の配当は105千円、その後毎年３％の成長が永続することを見込んでいる。割引率（株主資本コスト）が年５％である場合、配当割引モデルに基づく企業価値の推定値として最も適切なものはどれか。

　ア　1,575千円

　イ　2,100千円

　ウ　3,500千円

　エ　5,250千円

解説

教科書 Ch6 Sec2

配当割引モデルを利用した企業価値計算の問題である。問題文に、配当は毎年3％の成長が永続すると指示があるため、定率成長モデルを利用する。

株式価値＝1年後の配当金÷（株主資本コスト－配当金の成長率）
　　　　＝105千円÷（5％－3％）＝**5,250**（千円）となる。

また、問題文に負債価値に関するデータがないため、株式価値が企業価値の推定値と考えられる。

正解　エ

講師より

配当割引モデルの基本問題です。基本の式を押さえていれば解答に至りますが、このような問題ほどミスして失点しないよう、くり返し練習しましょう。

問題 18

チェック欄▶ 1 / 2 / 3 /

重要度 **B** 株価指標①

R元-19

自己資本利益率（ROE）は、次のように分解される。

$$ROE = \frac{1 株当たり利益}{株\quad 価} \times \frac{株\quad 価}{1 株当たり自己資本簿価}$$

この式に関する記述として、最も適切なものはどれか。

ア $\dfrac{1 株当たり利益}{株\quad 価}$ は、加重平均資本コスト（WACC）と解釈される。

イ $\dfrac{株\quad 価}{1 株当たり自己資本簿価}$ が小さくなっても、ROEが低くなるとは限らない。

ウ $\dfrac{株\quad 価}{1 株当たり自己資本簿価}$ は、株価収益率（PER）である。

エ ROEが $\dfrac{1 株当たり利益}{株\quad 価}$ を上回る場合には、株価は1株当たり自己資本簿価より小さくなる。

解説

教科書 Ch6 Sec2

ア ✕

$\dfrac{1株当たり利益}{株価}$ は、**株価収益率（PER）の逆数で、株式益回り**のことである。なお、加重平均資本コスト（WACC）とは、複数の資金調達源泉がある場合、調達源泉別のコストの総額が資金調達の総額に占める割合のことである。

イ ◯

$\dfrac{株価}{1株当たり自己資本簿価}$ が小さくなっても、$\dfrac{1株当たり利益}{株価}$ が大きくなればROEが高くなる場合がある。

ウ ✕

$\dfrac{株価}{1株当たり自己資本簿価}$ は、株価自己資本（株価純資産）倍率（PBR）である。

エ ✕

ROEが $\dfrac{1株当たり利益}{株価}$ を上回る場合には、$\dfrac{株価}{1株当たり自己資本簿価}$ は1よりも大きくなるため、**株価は1株当たり自己資本簿価より大きくなる**。

講師より

株価指標の式を押さえましょう。特に、PERとPBRが重要です（株価指標ではないですが、WACCとROEも重要です）。

問題 **19**

チェック欄▶ 1 / 2 / 3 /

重要度 **B** 株価指標②

H26-20

企業価値評価に関する次の文章を読んで、下記の設問に答えよ。

企業価値評価では、一般的に<u>PBRやPERなどの諸比率を用いた</u>　　　に
　　　　　　　　　　　　　　　　①
代表されるマーケット・アプローチと呼ばれる手法のほか、企業の期待キャ
ッシュフローの割引現在価値によって評価額を推計する<u>DCFアプローチ</u>、
　　　　　　　　　　　　　　　　　　　　　　　　　　②
企業の保有する資産や負債の時価などから企業価値を評価するコスト・アプ
ローチといった手法も用いられている。

設問1

文中の空欄に入る語句として、最も適切なものはどれか。

ア 収益還元法

イ 純資産価額法

ウ マルチプル法（乗数法）

エ リアルオプション法

設問2

文中の下線部①に関する記述として、最も適切なものはどれか。

ア PBRとは、株価を1株当たり売上総利益で除して求められる。

イ PBRとは、株価を1株当たり売上高で除して求められる。

ウ PBRとは、株価を1株当たり純資産で除して求められる。

エ PBRとは、株価を1株当たり当期純利益で除して求められる。

設問3

文中の下線部②について、以下の問いに答えよ。

A社の財務データは以下のとおりである。なお、A社の営業利益は、利息・税引前キャッシュフローに等しく、将来も永続的に期待されている。A社は負債を継続的に利用しており、その利息は毎年一定である。また、A社の法人税率は40％であり、税引後利益はすべて配当される。負債の利子率が5％、株式の要求収益率が9％であるとき、負債価値と株主資本価値とを合わせたA社の企業価値をDCF法によって計算した場合、最も適切な金額を下記の解答群から選べ。

【A社のデータ】　（単位：万円）

営業利益	1,100
支払利息	500
税引前利益	600
法人税（税率：40％）	240
税引後利益	360

〔解答群〕

ア 4,000万円　　**イ** 6,000万円　　**ウ** 14,000万円　　**エ** 14,333万円

解 説   教科書 Ch6 Sec2

設問1

　株式価値の計算方法として、過去の蓄積を基礎とするコストアプローチ、将来の収益性を基礎とするインカムアプローチ、実際の売買市場（マーケット）で成立している類似企業の株価を基礎とするマーケットアプローチの3種類がある。

アプローチ	評価方法
コストアプローチ	純資産額法（修正簿価法等）
インカムアプローチ	収益還元法 DCF法
マーケットアプローチ	株式市価法 **マルチプル法**

　本問では、PBRやPERなどの諸比率を用いた評価方法が問われている。同業種の上場企業を参照し、その指標（PBR、PERなど）を参考に企業評価額を類推する方法は、**マルチプル法**とよばれている。

設問2

　PBRとは、株価純資産倍率のことで、株価を1株あたり純資産額で割ることによって計算される。

　PBR＝株価÷1株あたり純資産額（簿価）

設問3

　DCF法による企業価値の計算方法は、一般的に2とおりある。
(1)　企業全体のフリーキャッシュフローを加重平均資本コスト（WACC）で割り引く方法
(2)　債権者が獲得するキャッシュフローを負債コストで割り引いた負債価値と株主が獲得するキャッシュフローを株主資本コストで割り引いた株式価値を合計する方法

本問では、題意より(2)の方法で計算することがわかる（資本構成が不明でありWACCを計算することができないため、(1)の方法ではない）。

貸借対照表

	負債価値	支払利息500÷5％
	株式価値	税引後利益÷9％

① **負債価値**

債権者が獲得するキャッシュフローは、支払利息（負債利子）である。よって、

負債価値＝支払利息500÷負債の利子率5％(0.05)＝10,000（万円）

となる。

② **株式価値**

税引後利益はすべて配当されることから、株主が獲得するキャッシュフローは、税引後利益である。よって、

株式価値＝税引後利益360÷株式の要求収益率9％(0.09)＝4,000（万円）

となる。なお、株式価値は、配当割引モデル（ゼロ成長モデル）の計算式で導出すると考えてよい。

③ **企業価値**

企業価値＝負債価値10,000＋株式価値4,000＝**14,000**（万円）

講師より

　企業価値が解答要求の問題は、解説にあるとおり、2とおりの方法をイメージしながら問題文を読み、いずれかの方法に当てはめて解答するようにしましょう。
　また、いずれの価値計算においても、**キャッシュフローを資本コストで割る**ことによって求めるイメージを持っておきましょう。

(1) 企業価値：フローキャッシュフロー÷WACC
(2) 負債価値：支払利息÷利子率
　　株式価値：配当÷株式の要求収益率

問題 **20**

チェック欄 ▶ 1 / 2 / 3 /

重要度 **A** 株価指標③

H25-20

次のデータに基づき、以下の設問に答えよ。

PBR	ROE	自己資本比率	配当性向	配当利回り
1.2	10%	60%	36%	3 %

設問 1

自己資本配当率（DOE）として、最も適切なものはどれか。

ア 3.6%

イ 7.2%

ウ 21.6%

エ 43.2%

設問 2

PERとして、最も適切なものはどれか。

ア 2倍

イ 3.3倍

ウ 12倍

エ 40倍

解説

教科書 Ch6 Sec2

与えられたデータの計算式は次のとおりである。
PBR（株価純資産倍率）＝株価÷1株当たり自己資本の額
　　　　　　　　　　＝株式時価総額÷自己資本
ROE＝当期純利益÷自己資本（×100）
自己資本比率＝自己資本÷総資本（×100）
配当性向＝配当金総額÷当期純利益（×100）
配当利回り＝1株当たり配当金÷株価（×100）
　　　　　＝配当金÷株式時価総額（×100）

設問1

　自己資本配当率＝配当金総額÷自己資本
を求めるため、与えられたデータの中から、「配当金」「自己資本」というキーワードに着目してデータを組み合わせる。
　よって、
　配当性向（配当金総額÷当期純利益）×ROE（当期純利益÷自己資本）
　＝自己資本配当率
となる。
　したがって、
　自己資本配当率＝配当性向0.36×ROE0.1
　　　　　　　　＝0.036　⇒　**3.6**（％）
となる。

正解　**ア**

設問2

　PER（株価収益率）＝株価÷1株当たり当期純利益の額
　　　　　　　　　＝株式時価総額÷当期純利益
を求めるため、与えられたデータの中から、「株式時価総額」「当期純利益」というキーワードに着目してデータを組み合わせる。
　よって、

PBR（株式時価総額÷自己資本）÷ROE（当期純利益÷自己資本）
　　＝株式時価総額÷当期純利益
　　＝PER
となる。
　したがって、
　PER＝1.2÷0.1
　　　＝**12**（倍）
となる。
　あるいは、
　配当性向（配当金総額÷当期純利益）÷配当利回り（配当金÷株式時価総額）
　　＝PER
となる。
　したがって、
　PER＝36％÷3％
　　　＝**12**（倍）
となる。

正解　

　株価指標に関する問題です（数式のパズルの問題です）。自己資本配当率（DOE：Dividend On Equity ratio）およびPER（株価収益率）が問われています。与えられたデータを組み合わせることにより解答します。ひとつひとつの計算式の計算要素を洗い出し、組み合わせを検討することがポイントです。
　株価指標に関する問題はパズル的に問われることが多く、まず各指標の分子と分母を書き出し、解答要求に対応して数式を組み合わせる必要があるため、**式を正確に押さえておく**ことが大前提となります。また、試行錯誤しているうちに時間を多く使いがちになります。本番では、5分以上かけない、最後に解く等の工夫をして試験時間に対応しましょう。

MEMO

問題 21

FCF

以下のデータに基づいて、A社のフリー・キャッシュフローを計算した場合、最も適切なものを下記の解答群から選べ。

【A社のデータ】

営業利益	200百万円
減価償却費	20百万円
売上債権の増加額	10百万円
棚卸資産の増加額	15百万円
仕入債務の減少額	5百万円
当期の設備投資額	40百万円
法人税率	40%

〔解答群〕

ア　70百万円　　イ　80百万円　　ウ　120百万円　　エ　130百万円

解説

教科書 Ch6 Sec3

FCFの計算式は、次のとおりである。

FCF＝税引後営業利益＋減価償却費－運転資金の増加額－投資額

各計算要素を整理すると、次のようになる。

① 税引後営業利益
営業利益200×（1－法人税率40％）＝120

② 減価償却費20

③ 運転資金の増加額
運転資金＝売上債権＋棚卸資産－仕入債務
運転資金増加額＝当期運転資金－前期運転資金

より、

－運転資金の増加額＝売上債権の増加額（－10）＋棚卸資産の増加額（－15）
　　　　　　　　　－仕入債務の減少額5
　　　　　　　　＝－30

※売上債権と棚卸資産の調整は、キャッシュの計算上、増加（減少）すればマイナス（プラス）になる。一方、仕入債務の調整は、キャッシュの計算上、増加（減少）すればプラス（マイナス）になる。

④ 投資額40

したがって、

FCF＝120＋20－30－40＝**70**（百万円）

となる。

 正解　ア

 講師より

　フリーキャッシュフローは、本問のように単体で問われたり、企業価値の問題の一部として問われたりと頻出論点であるため、式をしっかり押さえましょう。

　本問は運転資金を含め、フリーキャッシュフロー計算の基本がすべて入った良問なので、繰り返し練習しましょう。

　また、運転資金の増減については、問題52～56のキャッシュフロー計算書と同様、**資産（売上債権と棚卸資産）が増えたらCFにマイナス影響、負債（仕入債務）が増えたらCFにプラス影響**（減少はその逆）と押さえましょう。

問題 22

重要度 Ⓐ 加重平均資本コスト①

チェック欄▶ 1 / 2 / 3 /

H29-24

　負債と純資産の構成が2：1の企業がある。この企業の税引前負債資本コストが3％（税率は40％）、株主資本コストが12％であるときの加重平均資本コストとして、最も適切なものはどれか。

ア 5.2％

イ 5.8％

ウ 6.0％

エ 9.0％

解説

教科書 Ch6 Sec3

数値は与えられているため、計算式に代入して求めればよい。

加重平均資本コストは、債権者の負債コストと株主の期待収益率を加重平均することによって計算することができる。

負債と純資産の構成割合を図示すると、次のようになる。

負債は節税効果を考慮する必要がある。

税引後の負債コスト＝3％×(1－0.4)＝1.8％となる。

したがって、

加重平均資本コスト＝$1.8\% \times \dfrac{2}{3} + 12\% \times \dfrac{1}{3}$ = **5.2**（％）となる。

正解　ア

講師より

加重平均資本コストは頻出論点であるため、しっかり練習しましょう。
計算のポイントは、下記3点になります。

(1) 資本コストを使っている資金の割合でウェイト付けする。
(2) ウェイト付けするときの資金額は時価を用いる。
(3) 負債のコスト率は税引き後とする。

問題 23

チェック欄▶ 1 / 2 / 3 /

重要度 **B** 加重平均資本コスト②　　　H28-14

　加重平均資本コスト（WACC）の計算手順に関する次の記述について、下記の設問に答えよ。

　加重平均資本コストは、株主資本（自己資本）コストと他人資本コストを、その　A　に応じて加重平均することで求められる。加重平均に用いるのは、理論的にはそれぞれの　B　である。

　また、他人資本コストには　C　を考慮する必要がある。具体的には、他人資本コストに　D　を乗じることで、　C　を考慮した他人資本コストを求める。

設問1

　記述中の空欄AおよびBにあてはまる語句の組み合わせとして最も適切なものはどれか。

　ア　A：運用形態　　B：時価

　イ　A：運用形態　　B：簿価

　ウ　A：資本構成　　B：時価

　エ　A：資本構成　　B：簿価

　オ　A：調達源泉　　B：簿価

設問2

　記述中の空欄CおよびDにあてはまる語句の組み合わせとして最も適切なものはどれか。

　ア　C：節税効果　　　　　D：1－限界税率

　イ　C：節税効果　　　　　D：限界税率

　ウ　C：レバレッジ効果　　D：1－限界税率

　エ　C：レバレッジ効果　　D：1＋限界税率

　オ　C：レバレッジ効果　　D：限界税率

解説

教科書 Ch6 Sec3

設問1

加重平均資本コストの計算式は、次のとおりである。

WACC＝負債割合×負債コスト×（1－税率）＋自己資本割合
　　　×自己資本コスト

計算手順は、まず、資本構成（負債と自己資本）を明らかにする必要がある。また、自己資本の価値および他人資本の価値はそれぞれ時価を用いることがポイントである。

したがって、**空欄Aには、「資本構成」**が、**空欄Bには「時価」**が入る。

設問2

加重平均資本コストの計算において、負債の節税効果を加味することも重要なポイントである。負債による資金調達は、利息の支払いによる節税効果を伴う。このため「1－限界税率」を乗じることで調整を行う。

一方、配当の支払いは損益計算書に含まれないため、株主資本コストに「1－限界税率」を乗じることはない。

したがって、**空欄Cには「節税効果」**が、**空欄Dには「1－限界税率」**が入る。

　本問はWACCの基本問題です。WACCの計算式を文章で表したものなので、計算式を覚えていれば解ける問題です。理論問題であっても、計算を意識して解答するようにしましょう。

問題 24

重要度 A 加重平均資本コスト③   H27-14

以下のB社の資料に基づいて加重平均資本コストを計算した値として、最も適切なものを下記の解答群から選べ。なお、B社は常に十分な利益を上げている。

株主資本（自己資本）	10％
他人資本コスト	5％
限界税率	40％
負債の簿価	600百万円
負債の時価	600百万円
株主資本の簿価	1,000百万円
株主資本の時価	1,400百万円

〔解答群〕
ア　7％　　イ　7.375％　　ウ　7.6％　　エ　7.9％

解説

教科書 Ch6 Sec3

負債と株主資本の資本構成を図示すると、次のようになる。

総資産 2,000	負債時価 600	税引前コスト　5％
	株主資本時価 1,400	株主資本コスト　10％

負債は節税効果を考慮する必要がある。

税引後の負債コスト＝税引前コスト5％×（1 − 0.4）＝3％となる。

また、負債と株主資本の割合は、負債＝600÷2,000＝0.3　株主資本＝1,400÷2,000＝0.7となる。したがって、

加重平均資本コスト＝3％×0.3＋10％×0.7＝**7.9**（％）となる。

　正解　エ

 講師より

本問は計算そのものは基本的ですが、加重平均する資金の割合について、**簿価ではなく時価を用いる**ことがポイントになります。本問のような基本問題は、繰り返し解くようにしましょう。

問題 **25**

チェック欄▶

重要度 **A** 加重平均資本コスト④

H25-14

　以下のデータからA社の加重平均資本コストを計算した場合、最も適切な
ものを下記の解答群から選べ。

　有利子負債額：4億円
　株式時価総額：8億円
　負債利子率：4％
　法人税率：40％
　A社のベータ（β）値：1.5
　安全利子率：3％
　市場ポートフォリオの期待収益率：8％

〔解答群〕
　ア 5.8%　　**イ** 6.7%　　**ウ** 7.8%　　**エ** 8.3%

解説

教科書 Ch6 Sec3

【解答手順のイメージ】
解答要求：負債利子率と自己資本コスト率を使用している資金の時価で加重平均

↓

CAPMにより計算

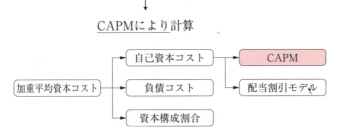

まず、CAPMより、自己資本コストを計算する。

① **自己資本コスト**

自己資本コスト＝安全利子率＋ベータ値×（市場ポートフォリオの期待収益率－安全利子率）
　　　　　　＝3％＋1.5×（8％－3％）
　　　　　　＝10.5％

② **加重平均資本コスト**

負債と自己資本の資本構成は、次のとおりである。

負債コスト（負債利子率）は節税効果を考慮する必要があり、
　　税引後の負債コスト＝税引前の負債コスト4％×（1－0.4）
　　　　　　　　　　　＝2.4％
となる。

したがって、
加重平均資本コスト＝税引後の負債コスト×負債の割合＋自己資本コスト×自己資本の割合

$$= 2.4\% \times \frac{4}{12} + 10.5\% \times \frac{8}{12} = \mathbf{7.8}（\%）$$

となる。

 ウ

　本問のポイントは、自己資本コストが所与ではなく、CAPMを用いて計算する点にあります。CAPMは個別証券の期待収益率を求める理論モデルですが、証券の期待収益率は、企業側から見ると自己資本コストになります。この関係性を使って自己資本コストを求めさせることはパターン問題です。本問を通して慣れるようにしましょう。

MEMO

Ch 6 加重平均資本コスト④

問題 26

重要度 Ⓐ 資金調達構造

H29-14

チェック欄▶ 1／ 2／ 3／

次の文中の空欄A〜Dに当てはまる語句の組み合わせとして、最も適切なものを下記の解答群から選べ。

企業の資金調達方法には、大きく分けて A と B がある。代表的な A としては C があり、 B としては D があげられる。

〔解答群〕

ア　A：外部金融　　B：内部金融　　C：株式発行　　　D：利益留保

イ　A：間接金融　　B：直接金融　　C：企業間信用　　D：社債発行

ウ　A：直接金融　　B：間接金融　　C：社債発行　　　D：利益留保

エ　A：内部金融　　B：外部金融　　C：社債発行　　　D：減価償却

解説

教科書 Ch6 Sec4

企業の資金調達構造は、次のように分類できる。

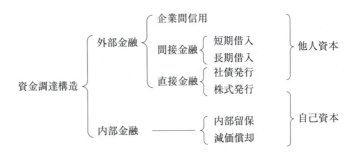

資金調達構造を考慮すると、空欄A〜Dは、次のようになる。

企業の資金調達方法には、大きく分けて「**A：外部金融**」と「**B：内部金融**」がある。代表的な「**A：外部金融**」としては「**C：株式発行**」があり、「**B：内部金融**」としては、「**D：利益留保**」があげられる。

 ア

資金調達構造は定期的に出題されています。特に、資金調達手段として見落としやすい「**企業間信用**」「**利益留保**」「**減価償却費**」を押さえておきましょう。

問題 27

チェック欄▶ 1 / 2 / 3 /

重要度 Ⓐ **MM理論①**

R元-22

　A社は、5,000万円の資金を必要とする新規事業を始めようとしている。この投資により毎期300万円の営業利益を確実に得ることができ、この営業利益はフリーキャッシュフローに等しいものとする。今、5,000万円の資金を調達するために、次の2つの相互排他的資金調達案が提案されている。

　MM理論が成り立つものとして、下記の設問に答えよ。

（第1案）5,000万円すべて株式発行により資金調達する。
（第2案）2,500万円は株式発行により、残額は借り入れにより資金調達する。

　　　　なお、利子率は5％である。

設問1

　第2案の自己資本利益率として、最も適切なものはどれか。ただし、法人税は存在しないものとする。

ア 6％
イ 7％
ウ 8％
エ 12％

設問2

　法人税が存在する場合、（第2案）の企業価値は（第1案）のそれと比べていくら差があるか、最も適切なものを選べ。ただし、法人税率は30％とする。

ア （第2案）と（第1案）の企業価値は同じ。
イ （第2案）の方が（第1案）より125万円低い。
ウ （第2案）の方が（第1案）より125万円高い。
エ （第2案）の方が（第1案）より750万円高い。

解説

教科書 Ch6 Sec4

負債利用による自己資本利益率への影響（財務レバレッジ）および企業価値への影響（MM理論）が問われている。

設問1

財務レバレッジ式を用いて、自己資本利益率（ROE）を計算する。なお、ここではROAを営業利益÷総資産とする。

$$ROE = (1 - 税率) \times \{ROA + (ROA - 負債利子率) \times 負債比率\}$$

- ROA：$300 \div 5{,}000 = 0.06$（6％）
- ROE：$0.06 + (0.06 - 0.05) \times \dfrac{2{,}500}{2{,}500} = \mathbf{0.07}$（**7％**）

 正解　イ

なお、本問では上記した財務レバレッジ式を用いなくても、以下のとおり計算することができる。

- 支払利息

    借入れ額に利子率を乗じることで計算する。

    支払利息：$2{,}500 \times 0.05 = 125$（万円）

- 当期純利益

    営業利益から支払利息を差し引くことで計算する。

    当期純利益：$300 - 125 = 175$（万円）

- 自己資本利益率

    当期純利益÷自己資本より計算する。

    自己資本利益率：$175 \div 2{,}500 = \mathbf{0.07}$（**7％**）

設問2

資本構成を変化させたときの企業価値の差が問われている。本問では、法人税が存在する。したがって、負債利用による節税効果のため、財務レバレッジ（負債比率）が高まるほど節税効果の現在価値分だけ企業価値は上昇す

ることになる。負債を利用した場合における企業価値の計算式は、次のとおりである。

　借入れのある企業価値＝借入れのない企業価値＋税率×負債額

　資本構成を変化させた場合の負債額は2,500万円であり、税率は30％である。

　したがって、（第２案）の企業価値のほうが（第１案）より2,500×0.3＝750万円高くなる。

 正解　エ

設問1
　MM理論や財務レバレッジの知識がなくても計算可能です。ただ、支払利息の引き忘れに注意しましょう。

設問2
　MM理論の**結論を意識して解答**しましょう。
　➡　負債がある会社の企業価値は、負債がない会社の企業価値に比べて負債×税率だけ大きい。

MEMO

Ch 6 MM理論①

問題 28 MM理論②

借入金のあるなし以外は同一条件の2つの企業がある。このとき、税金が存在する場合のモジリアーニとミラーの理論（MM理論）に関する記述として、最も適切なものはどれか。

ア　節税効果による資本コストの上昇により、借入金のある企業の企業価値の方が高くなる。

イ　節税効果による資本コストの上昇により、無借金企業の企業価値の方が高くなる。

ウ　節税効果による資本コストの低下により、借入金のある企業の企業価値の方が高くなる。

エ　節税効果による資本コストの低下により、無借金企業の企業価値の方が高くなる。

解説

教科書 Ch6 Sec4

税金が存在するケースで、負債比率が上昇した場合の、企業価値、加重平均資本コストの変化が問われている。

法人税が存在するとき、MM理論の修正命題より、負債利用による節税効果のため、財務レバレッジ（負債比率）が高まるほど節税効果の現在価値分だけ企業価値は上昇する。

つまり、負債比率が上昇すると、企業価値が上昇し、節税効果により加重平均資本コスト（WACC）が減少することになる。

正解　ウ

MM理論の問題は、**2つの結論を常に意識しながら解答**するようにしましょう。

・法人税が存在しない市場では、企業価値はその資本構成に依存しない。
・法人税が存在するとき、負債利用による節税効果のため、負債比率が高まるほど節税効果の現在価値分（負債×税率）だけ企業価値は上昇する。

問題 29

重要度 (A) **MM理論③**

H27-13

MM理論に基づく最適資本構成に関する以下の記述について、下記の設問に答えよ。

MM理論の主張によると、完全な資本市場の下では、企業の資本構成は企業価値に影響を与えない。しかし、現実の資本市場は完全な資本市場ではない。そこで、完全な資本市場の条件のうち、法人税が存在しないという仮定を緩め、法人税の存在を許容すると、負債の増加は A を通じて企業価値を B ことになる。この条件下では、負債比率が C の場合において企業価値が最大となる。

一方で、負債比率が高まると、 D も高まることから、債権者も株主も E リターンを求めるようになる。結果として、 A と D の F を考慮して最適資本構成を検討する必要がある。

設問1

記述中の空欄A～Cにあてはまる語句の組み合わせとして最も適切なものはどれか。

ア A：支払利息の増加による株主価値の低下　B：高める　C：　0％

イ A：支払利息の増加による株主価値の低下　B：低める　C：100％

ウ A：節税効果　　　　　　　　　　　　　　B：高める　C：100％

エ A：節税効果　　　　　　　　　　　　　　B：低める　C：　0％

設問2

記述中の空欄D～Fにあてはまる語句の組み合わせとして最も適切なものはどれか。

ア D：債務不履行(デフォルト)リスク　E：より高い　F：トレードオフ

イ D：債務不履行(デフォルト)リスク　E：より低い　F：相乗効果

ウ D：財務レバレッジ　　　　　　　　E：より高い　F：相乗効果

エ D：財務レバレッジ　　　　　　　　E：より低い　F：トレードオフ

解説

教科書 Ch6 Sec4

設問1

法人税が存在する場合、負債の増加がもたらす影響とその際の企業価値について問われている。

法人税が存在するとき、MM理論の修正命題より、負債利用による節税効果のため、財務レバレッジ（負債比率）が高まるほど節税効果の現在価値分だけ企業価値は上昇する。

これを考慮すると、空欄A〜Cは、次のようになる。

負債の増加は「**A：節税効果**」を通じて企業価値を「**B：高める**」ことになる。この条件下では、負債比率が「**C：100％**」の場合において、企業価値が最大となる。

設問2

最適資本構成に関する問題である。

設問1 で見たように、法人税を考慮すると、企業は負債比率が100％の場合に企業価値が最大となるという結論に至る。しかし、現実には負債利用にはさまざまな問題点がある。

一般に、資本構成に占める負債の比率が高くなるほど、営業利益が落ち込んだ場合には支払利息の大幅な負担による赤字転落や債務不履行、倒産可能性の増加が生じる危険性が高まる。そこで、負債の利用に歯止めをかけ、より現実的な結論を得ようとする考え方があり、そのひとつに**倒産コスト**を導入するものがある。

ここで、**トレードオフモデルとは、負債がもたらす節税効果によるプラスの効果と倒産コストによるマイナスの効果のトレードオフ関係で最適資本構成が決定されるというモデル**である。したがって、負債増加は節税効果によるプラスの効果と倒産コストによるマイナスの効果を同時にもたらすので、ある負債比率で最適な資本構成が存在すると考えられる。このトレードオフ関係をグラフ化すると次のようになる。

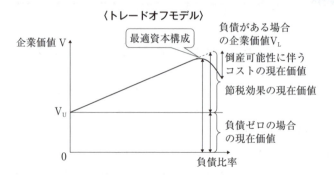

　以上の最適資本構成の論点を考慮すると、空欄D～Fは、次のようになる。

　負債比率が高まると、「**D：債務不履行（デフォルト）リスク**」も高まることから、債権者も株主も「**E：より高い**」リターンを求めるようになる。結果として、「**A：節税効果**」と「**D：債務不履行（デフォルト）リスク**」の「**F：トレードオフ**」を考慮して最適資本構成を検討する必要がある。

　なお、**ウ、エ**における財務レバレッジとは、負債比率が自己資本利益率の変動に大きな影響を与えることである。文脈から財務レバレッジは該当しないことがわかる。

> **講師より**
>
> 　本問はMM理論の応用問題です。
> 　MM理論の結論では、法人税がある場合、負債比率100％の会社の企業価値が最も大きいことになりますが、これには直感的な違和感が残ります。そこで登場したのがトレードオフモデルで、負債比率が高まると倒産コスト（簡単に言うと、倒産するときに生じるさまざまなコストのこと）が生じ、負債比率が高ければよいわけではないという理論になります。

MEMO

Ch 6 MM理論③

問題 30 MM理論④ H26-15

現在A社は、全額自己資本で資金調達しており、その時価は10,000万円である。A社は毎期600万円の営業利益をあげており、この営業利益はフリー・キャッシュフローに等しい。MM理論が成り立つものとして、下記の設問に答えよ。

設問1

A社が利子率2％の借入を行うことによって2,000万円の自己株式を買入消却し、負債対自己資本比率を20：80に変化させたとき、A社の自己資本利益率は何％になるか。最も適切なものを選べ。ただし、法人税は存在しないものとする。

ア　7％
イ　8％
ウ　22％
エ　24％

設問2

（設問1）のようにA社が資本構成を変化させたとき、法人税が存在する場合、資本構成変化後のA社の企業価値はいくらになるか。最も適切なものを選べ。ただし、法人税率は40％とする。

ア　9,960万円
イ　10,000万円
ウ　10,040万円
エ　10,800万円

解 説

教科書 Ch6 Sec4

設問1

負債対自己資本比率を20：80に変化させた場合の自己資本利益率を求める。自己資本利益率を計算する場合には、自己資本と利益を計算する必要がある。資本構成は2,000万円の借入れを行って、同額の自己株式を買い入れた後消却する（自己株式から2,000万円を控除する）ため、次のようになる。

（変化前）貸借対照表	
時価 10,000	自己資本 10,000

→

（変化後）貸借対照表	
時価 10,000	負債 2,000
	自己資本 8,000

また、利益は、営業利益600万円から支払利息40万円（＝2,000×2％）を差し引くことで560万円となる（本問は、法人税は考慮する必要がない）。

よって、

自己資本利益率＝利益÷自己資本×100
　　　　　　＝560÷8,000×100
　　　　　　＝7（％）

となる。

正解　ア

設問2

資本構成を変化させたときの企業価値の金額が問われている。本問では、法人税が存在する。したがって、負債利用による節税効果のため、財務レバレッジ（負債比率）が高まるほど節税効果の現在価値分だけ企業価値は上昇することになる。

解答要求：借入がある会社の企業価値
　　　　　＝借入がない会社の企業価値(10,000万円)＋負債×税率

資本構成を変化させた場合の負債額は、2,000万円であるため、

企業価値＝10,000＋2,000×40％＝**10,800**（万円）
となる。

 正解　エ

講師より

　設問1　については、「自己株式の消却」という内容から、難しく考えてしまった方もいるかもしれませんが、MM理論の問題であるため、要は「負債のある場合」と「負債のない場合」の違いを問うていると考えるようにしましょう。
　設問2　は、負債がある場合とない場合の企業価値の差をベースに解答することになります。両者の差は、MM理論より、負債×税率となります。MM理論はとにかく**結論を意識して解答**しましょう。

MEMO

Ch 6 MM理論④

問題 31 証券のリスク①

分散投資によるポートフォリオのリスク減少の様子を示した以下の図と、図中の①と②に当てはまる用語の組み合わせのうち、最も適切なものを下記の解答群から選べ。

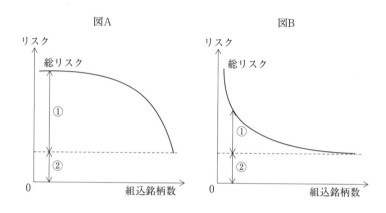

〔解答群〕

ア　図A①：システマティック・リスク
　　　②：非システマティック・リスク
イ　図A①：非システマティック・リスク
　　　②：システマティック・リスク
ウ　図B①：システマティック・リスク
　　　②：非システマティック・リスク
エ　図B①：非システマティック・リスク
　　　②：システマティック・リスク

解 説

教科書 Ch7 Sec4

証券のリスク（総リスク）は、次のように非システマティック・リスク（個別リスク）とシステマティック・リスク（市場リスク）の和として表すことができる。

証券のリスク（総リスク）＝非システマティック・リスク＋システマティック・リスク

証券の銘柄数を増やす（分散投資する）ことにより非システマティック・リスクは全体の中で埋没していく（除去することができる）が、システマティック・リスクは消去できない。したがって、銘柄数を増やし十分に分散化されたポートフォリオは、個別リスクが極小化ないし消去され、もっぱら市場リスクの影響を受けることになる。

　エ

リスクは、①分散投資によって低減できる非システマティック・リスクと、②低減できないシステマティック・リスクに分類されることを押さえておきましょう。
両者の性質の違いや用語はよく問われています。

問題 32

重要度 **B** 証券のリスク②

H30-18

　資産A、Bの収益率の期待値（リターン）と標準偏差（リスク）および相関係数が以下の表のように与えられているとき、資産A、Bを組み込んだポートフォリオの収益率が16%になるためには、資産Aへの投資比率を何%にしたらよいか。最も適切なものを下記の解答群から選べ。

	資産A	資産B
期待値	10%	20%
標準偏差	15%	25%
相関係数	−0.35	

〔解答群〕

　　ア　20%

　　イ　30%

　　ウ　40%

　　エ　50%

解説

教科書 Ch7 Sec1

ポートフォリオのリターンは、資産A、資産Bの期待値の加重平均を計算することで求めることができる。よって、資産Aへの投資比率は以下のとおり計算する（資産Aへの投資比率をxとする）。

$10 \times x + 20 \times (1 - x) = 16$

$10x + 20 - 20x = 16$

$-10x = -4$

$\therefore x = 0.4$ （**40%**）

  ウ

本問は収益率（リターン）について問われているため、標準偏差や相関係数などは使用しません。本試験では、ダミー資料が入っていることがよくあることを意識しておきましょう。

問題 33

チェック欄▶ 1 / 2 / 3 /

重要度 **B** 証券のリスク③

H27-17

次の文章を読んで、下記の設問に答えよ。

E社は、2つのプロジェクト（プロジェクトAおよびプロジェクトB）の採否について検討している。両プロジェクトの収益率は、今夏の気候にのみ依存することが分かっており、気候ごとの予想収益率は以下の表のとおりである。なお、この予想収益率は投資額にかかわらず一定である。また、E社は、今夏の気候について、猛暑になる確率が40％、例年並みである確率が40％、冷夏になる確率が20％と予想している。

	今夏の気候		
	猛暑	例年並み	冷夏
プロジェクトA	5％	2％	－ 4％
プロジェクトB	－ 4％	2％	8％

設問1

プロジェクトAに全額投資したと仮定する。当該プロジェクトから得られる予想収益率の期待値および標準偏差の組み合わせとして、最も適切なものはどれか。

ア 期待値：1％　　標準偏差：3.4％

イ 期待値：1％　　標準偏差：11.8％

ウ 期待値：2％　　標準偏差：3.3％

エ 期待値：2％　　標準偏差：10.8％

94

設問2

2つのプロジェクトに関する記述として最も適切なものはどれか。

ア 2つのプロジェクトに半額ずつ投資することで、どちらかのプロジェクトに全額投資した場合よりもリスクが低減される。

イ 2つのプロジェクトの予想収益率の相関係数は0以上1未満となる。

ウ プロジェクトAのリスクのほうがプロジェクトBのリスクよりも大きい。

エ プロジェクトBの期待収益率は負である。

解説

教科書 Ch7 Sec1

設問1

プロジェクトAの確率と予想収益率を整理すると、次のとおりとなる。

	確率	収益率
猛　暑	40%	5 %
例年並み	40%	2 %
冷　夏	20%	− 4 %

期待値＝（とる可能性のある値×確率）の和であるから、
期待値＝5 %×0.4＋2 %×0.4＋（− 4 %）×0.2＝2（%）となる。この時点で**ウ**と**エ**に絞られる。

次に、標準偏差を計算する。

	確率	収益率	期待値	偏差	偏差^2	偏差^2×確率	分散	標準偏差
猛　暑	40%	5 %	2 %	3 %	9	3.6	10.8	3.28… ≒ 3.3%
例年並み	40%	2 %		0 %	0	0		
冷　夏	20%	− 4 %		− 6 %	36	7.2		

分散＝10.8となり、この時点で、**エ**が間違いであることがわかる。

　ウ

設問2

プロジェクトBに関しても問われているため、プロジェクトBの期待値および標準偏差も計算する。

プロジェクトBの確率と予想収益率を整理すると、次のとおりとなる。

	確率	収益率
猛　暑	40%	− 4 %
例年並み	40%	2 %
冷　夏	20%	8 %

期待値＝− 4 %×0.4＋2 %×0.4＋8 %×0.2＝0.8（%）
標準偏差は、次のとおりとなる。

	確率	収益率	期待値	偏差	偏差²	偏差²×確率	分散	標準偏差
猛　暑	40%	−4%	0.8%	−4.8%	23.04	9.216	20.16	4.48… ≒4.5%
例年並み	40%	2%		1.2%	1.44	0.576		
冷　夏	20%	8%		7.2%	51.84	10.368		

ア ○

プロジェクトAとBの予想収益率を見ると、逆の動きであることがわかる。つまり、相関係数がマイナスになるはずである。よって、どちらか1つのプロジェクトに全額投資するより、2つのプロジェクトに半額ずつ投資したほうが、ポートフォリオのリスク分散効果が得られるため、リスクが低減される。

イ ✕

アのとおり、相関係数はマイナスになる。

ウ ✕

プロジェクトAの標準偏差は3.3％、プロジェクトBの標準偏差は4.5％であるため、プロジェクトBのリスクのほうが大きい（分散で比べても同じ結果となる）。

エ ✕

プロジェクトBの期待収益率は0.8％であり、負ではない。

正解　ア

講師より

本問は、リスクと、プロジェクトA,Bの連動度合（相関係数）が問われています。

相関係数は、①**相関係数の数値から、証券の連動度合を判断**（たとえば、相関係数−1なら全く逆の動きをする）、②**リスク分散効果の有無**（相関係数が1以外であればリスク分散効果がある）をしっかり復習しましょう。

なお、 設問1 のエの標準偏差10.8は分散の値です。分散と標準偏差を混同しない（標準偏差＝√分散）ように注意しましょう。

問題 **34**

チェック欄▶ 1 / 2 / 3 /

重要度 **A** 証券のリスク④

H27-19

　ポートフォリオ理論におけるリスクに関する記述として最も適切なものはどれか。

ア　安全資産とは、リスクがなく、期待収益率がゼロである資産のことである。

イ　収益率が完全な正の相関を有する２つの株式へ分散投資しても、リスク分散効果は得られない。

ウ　同一企業の社債と株式への投資を比較すると、リスクが高いのは社債への投資である。

エ　分散投資によって、リスクをゼロにすることができる。

解説

教科書 Ch7 Sec2、3

ア ✗

安全資産とは、リスクプレミアムがゼロの証券のことである。ただし、期待収益率はゼロではない。

イ ◯

2つの株式の収益率が完全に正の相関であるなら、2つの株式は株式市場の変化に対して同じ動きをすることになる。したがって、2つの株式へ分散投資しても、2つの株式は同じ動きをするため、リスク分散は図れない。

ウ ✗

社債に投資した場合の債権者の要求収益率は負債コストである。企業のあげた収益の一部を金利として受け取るが、その金額は契約で定められている。また、投資した元本は原則保証される。したがって、債権者はリスクをあまり負担しない。

一方、株式に投資した場合の株主の要求収益率は自己資本コスト（株主資本コスト）である。株主に帰属するリターンは、債権者に支払う金利や税金などを支払った後に残る純利益であり、これは事業環境や経営戦略によって変動する。また、株主は事業の成果が配分される順番が債権者より劣後している。株主は債権者より多くのリスクを負担している。そのため、負債コストより自己資本コストが高くなる。

よって、リスクが高いのは株式への投資である。

エ ✗

動き方の異なる証券（相関係数が1より小さい値をとる）をポートフォリオに加え、銘柄数を増やしていくことで、リスクの軽減を図ることができる。

正解　イ

講師より

本問はファイナンス理論の基本でよく問われている内容であるため、結論をしっかり押さえましょう。特に、**期待収益率とリスクプレミアムの関係、証券の連動度合い（相関係数）とリスク分散効果の関係、リスクと個別リスク、市場リスクの関係**はしっかり押さえましょう。

問題 35 重要度 A 相関係数①

次の文章は、X、Yの2資産から構成されるポートフォリオのリターンとリスクの変化について、説明したものである。空欄A～Dに入る語句の組み合わせとして、最も適切なものを下記の解答群から選べ。

以下の図は、X、Yの2資産から構成されるポートフォリオについて、投資比率をさまざまに変化させた場合のポートフォリオのリターンとリスクが描く軌跡を、2資産間の A が異なる4つの値について求めたものである。

X、Yの A が B のとき、ポートフォリオのリターンとリスクの軌跡は①に示されるように直線となる。 A が C なるにつれて、②、③のようにポートフォリオのリスクをより小さくすることが可能となる。
 A が D のとき、ポートフォリオのリスクをゼロにすることが可能となり、④のような軌跡を描く。

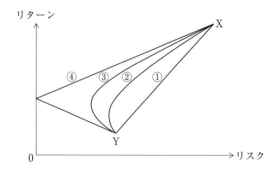

〔解答群〕
ア　A：相関係数　　B：－1　　C：大きく　　D：ゼロ
イ　A：相関係数　　B：＋1　　C：小さく　　D：－1
ウ　A：ベータ値　　B：ゼロ　　C：大きく　　D：＋1
エ　A：ベータ値　　B：＋1　　C：小さく　　D：－1

解説

教科書 Ch7 Sec3

リターンとリスクを描いたグラフより、異なる**相関係数**の状況を描いたグラフであることが読み取れる。リターンとリスクの関係は、**相関係数が＋1の場合に直線を描く**ことになる。この相関係数が＋1の場合には、証券は全く同じ方向に動くため、リスク分散効果は得られないが、**相関係数が小さくなるにつれて、リスクの低減をはかることができる**。そして、**相関係数－1の場合にリスク分散効果が最大になり、リスクをゼロにすることが可能となる**。

よって、Ａ：相関係数、Ｂ：＋1、Ｃ：小さく、Ｄ：－1となる。

相関係数の基本である、相関係数の数値とリスク分散効果の大小関係から判断しましょう。
- 相関係数が－1 ➡ **リスク分散効果が最大**（リスクが引き下げられるため、グラフの形状が左に折れ曲がる）。
- 相関係数が＋1 ➡ **リスク分散効果が最小かつゼロ**（リスクの低減がないため、グラフの形状が直線）。

問題 36

重要度 A　相関係数②

A、Bの2つの株式から構成されるポートフォリオにおいて、相関係数をさまざまに設定した場合のリターンとリスクを表した下図の①～④のうち、相関係数が－1であるケースとして、最も適切なものを下記の解答群から選べ。

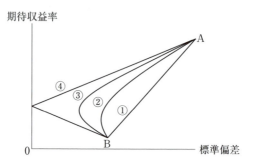

〔解答群〕

ア　①　　イ　②　　ウ　③　　エ　④

解説

教科書 Ch7 Sec3

相関係数とポートフォリオ効果に関する問題である。相関係数が－1のときの、2つの株式から構成されるポートフォリオのリターンとリスクの関係が問われている。

相関係数の符号とその数値の大きさにより、2つの証券の相関性は次のように分類される。

$\rho = 1$	全く同じ方向に動く
$0 < \rho < 1$	同じ方向に動く
$\rho = 0$	全く関係なく動く
$-1 < \rho < 0$	別の方向に動く
$\rho = -1$	全く反対の方向に動く

したがって、相関係数が－1の場合、2つの株式はまったく反対の動きをするので、2つの株式をうまく組み合わせれば、ポートフォリオのリスクを0にすることが可能となる。問題の図において、標準偏差が0にプロットされているのは④である。

  エ

　相関係数の問題は、相関係数の数値から、どのような連動性になっているかを意識しながら解答するようにしましょう。本問のように、「相関係数が－1の場合、2つの証券が全く逆の動きをする」を起点に、逆の動きをするからリスク分散効果が最大となり、グラフの形状が左側に折れ曲がる（＝リスクが小さくなる）と判断していくことになります。

問題 37

重要度 **A** 安全資産を含む効率的フロンティア① R元-15

ポートフォリオに関する記述として、最も適切なものはどれか。

ア 安全資産とはリスクのない資産であると定義される。

イ 安全資産と有効フロンティア上の任意の点で新しいポートフォリオを作ることにした。このとき、新たなポートフォリオのリスクとリターンの組み合わせは曲線となる。

ウ 安全資産と有効フロンティア上の任意の点で作られる最も望ましいリスク・リターンの組み合わせを証券市場線という。

エ 危険資産のみから構成されるポートフォリオの集合のうち、リスク・リターンの面から望ましい組み合わせのみを選んだ曲線を投資機会集合という。

解説

教科書 Ch7 Sec4

ア ◯

収益率にリスクを伴う資産は危険資産であり、リスクのない資産は安全資産である。

イ ✗

安全資産と（危険資産のみから構成される）有効フロンティア上の任意の点で新しいポートフォリオを作る場合には、安全資産と有効フロンティア上の任意の点を通る直線が新たなポートフォリオとなる。

安全資産を組み入れたポートフォリオ

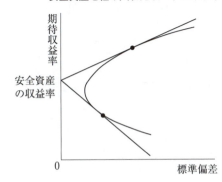

ウ ✗

安全資産と（危険資産からなる）有効フロンティア上の任意の点で作られた最も望ましいリスク・リターンの組み合わせを、**資本市場線**という。

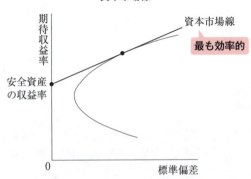

105

エ ✗
　危険資産のみから構成されるポートフォリオの集合のうち、リスク・リターンの面から望ましい組み合わせを選んだ曲線を、**有効フロンティア（あるいは効率的フロンティア）**という。なお、投資機会集合とは、選択可能な投資対象のことをいう。

投資機会集合（色網部分）**と有効フロンティア**（曲線 AB）

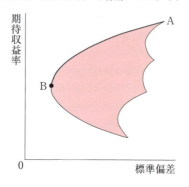

 正解　ア

　本問は、ファイナンス理論の基本用語が問われています。有効フロンティア、投資機会集合、資本市場線はよく問われる用語であるため、本問を通して違いを押さえておきましょう。

MEMO

Ch 7 安全資産を含む効率的フロンティア①

問題 38 重要度A 安全資産を含む効率的フロンティア② H30-17

以下の図は、すべての投資家が共通して直面する危険資産のみから構成される危険資産ポートフォリオの集合を示したものである。この図を用いた説明となる以下の文章の空欄①と②に入る語句の組み合わせとして、最も適切なものを下記の解答群から選べ。

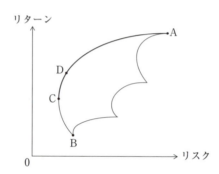

危険資産のみから構成されるポートフォリオの集合のうち、リスク・リターンの面から望ましい組み合わせのみを選んだ曲線ACを ① と呼ぶ。

安全資産と曲線AC上の任意の点Dで新しいポートフォリオを作ることにした。このとき、新たなポートフォリオのリスク・リターンの組み合わせは安全資産と点Dを結ぶ直線で示される。安全資産と曲線AC上の任意の点で作られる最も望ましいリスク・リターンの組み合わせを ② と呼ぶ。

〔解答群〕
- ア ①：投資機会集合　②：資本市場線
- イ ①：投資機会集合　②：証券市場線
- ウ ①：有効フロンティア　②：資本市場線
- エ ①：有効フロンティア　②：証券市場線

解説

教科書 Ch7 Sec4

投資家にとって選択可能な投資対象のことを投資機会集合という。この投資機会集合は無数の組み合わせが存在する。ポートフォリオ理論における投資家はリスク回避的投資家を前提としており、リスク回避的投資家は「①同一リスクの資産がある場合にはリターンの大きい資産を選択し、②同一リターンの資産がある場合には、リスクの小さい資産を選択する」という態度をとる。この態度によると、曲線AC部分が最もふさわしい組み合わせの集合となり、この曲線を**有効フロンティア（効率的フロンティア）**とよぶ。

ここに、安全資産を加えた場合、新たなポートフォリオの集合は安全資産と（危険資産のみの場合の）有効フロンティア（曲線AC）を結んだ直線となる。安全資産と危険資産ポートフォリオの最も有効な組み合わせ（安全資産と危険資産ポートフォリオを組み合わせた場合の新たな有効フロンティア）は、安全資産から伸ばした直線が危険資産のみからなる有効フロンティア（曲線AC）と接する状態、すなわち点Dを通る直線となり、この直線のことを**資本市場線**とよぶ。

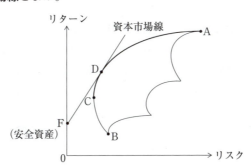

安全資産を含む効率的フロンティア（有効フロンティア）が**資本市場線**とよばれるという用語の論点がよく出題されますので、押さえておきましょう。

問題 39

チェック欄▶ 1 / 2 / 3 /

重要度 Ⓐ **安全資産を含む効率的フロンティア③** H29-23

　最適ポートフォリオの選択に関する次の文中の空欄A～Cに当てはまる用語の組み合わせとして、最も適切なものを下記の解答群から選べ。

　危険資産と安全資産が存在する市場では、どのような投資家であっても、選択されるポートフォリオは　A　上にある。これは、選択可能な危険資産ポートフォリオの組み合わせは無数に存在するが、選択される危険資産の組み合わせは、　A　と危険資産ポートフォリオの　B　が接する点に限られることを意味している。

　　C　に左右される部分は、この唯一選択される危険資産ポートフォリオと安全資産への投資比率の決定のみとなり、危険資産ポートフォリオ自体の選択は　C　とは別に決定される。

〔解答群〕

ア　A：資本市場線　　　B：有効フロンティア　　C：投資家の効用

イ　A：証券市場線　　　B：無差別曲線　　　　C：投資のリターン

ウ　A：無差別曲線　　　B：資本市場線　　　　C：投資の効率性

エ　A：有効フロンティア　B：証券市場線　　　　C：投資のリスク

解説

教科書 Ch7 Sec4

最適ポートフォリオの選択に関する問題である。安全資産を含む効率的フロンティアのリスクとリターンの図表がイメージできるかがポイントである。

投資家にとって、危険資産のみが選択対象であるときは、下図のATBが選択対象となり、この曲線ATBを効率的フロンティア（あるいは、**有効フロンティア**）という。次に、危険資産に安全資産を導入した場合は、安全資産を示す点rfから、危険資産を示す曲線に引いた接線rf－T－T´が、新しい効率的フロンティアになる。

ここで、すべての証券について需要と供給が等しい均衡状態においては、危険資産を示す曲線と、接線rf－T－T´の接点Tは市場ポートフォリオとよばれ、直線rf－T－T´は**資本市場線**とよばれる。

投資家は、直線rf－T－T´で投資家の選好（効用）に従って行動する（あまりリスクを取ることを好まない人はrfに近い点で投資し、リスクをとることをより好む人はT´に近い点で投資する）。ここで、直線rf－T－T´上の**危険資産の組み合わせはすべて同一**であり、危険資産のポートフォリオと安全資産の組み合わが異なることになるため、すべての投資家は危険資産のポートフォリオは同一（市場ポートフォリオ（T））になる。

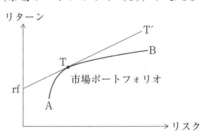

以上より、空欄A：**資本市場線**、空欄B：**有効フロンティア**、空欄C：**投資家の効用**となる。

正解　ア

講師より

有効フロンティアや、資本市場線という用語はよく出題されていますので、そこから正誤を判断すれば解答可能な問題です（両用語の理解があれば、空欄Cの判断は不要です）。頻出論点を押さえておけば、正誤の判断は可能な問題は多いので、基本に忠実に学習しましょう。

問題 40　安全資産を含む効率的フロンティア④　H28-18

以下のグラフは、ポートフォリオ理論の下での、すべてのリスク資産と無リスク資産の投資機会集合を示している。これに関して、下記の設問に答えよ。

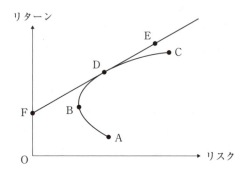

設問 1

無リスク資産が存在しない場合の記述として最も適切なものはどれか。

ア　B－C間を効率的フロンティアと呼ぶ。

イ　均衡状態においては、すべての投資家が同一のポートフォリオを所有する。

ウ　合理的な投資家はA－B間から、各人のリスク回避度に応じてポートフォリオを選択する。

エ　投資家のリスク回避度が高くなるほど、点Cに近いポートフォリオを選択する。

設問2

無リスク資産が存在する場合の記述として最も適切なものはどれか。

ア 均衡状態においては、すべての投資家が所有する危険資産と無リスク資産の比率は同じである。

イ 資金の借り入れが、無リスク資産利子率において無制限に可能である場合、投資家はD−E間を選択せず、F−D間から各自のリスク回避度に応じてポートフォリオを選択する。

ウ すべてのリスク回避的な投資家は無リスク資産のみに投資する。

エ 点Dを選択する投資家も存在する。

解説

教科書 Ch7 Sec4

問題のグラフは、投資家にとって選択可能な投資対象をグラフに表示したものである。

設問1

無リスク資産を考慮しない場合、リスク資産のポートフォリオにおけるリターンとリスクは、グラフ上曲線ＡＣである。しかし、ＡからＢのポートフォリオについては、同じリスクでリターンの高いポートフォリオがあるために、選択対象とならない。

したがって、リスク資産のポートフォリオとして選択が行われるのは曲線ＢＣの組み合わせの任意の点になる。このＢからＣまでの組み合わせを**効率的ポートフォリオ**といい、その集合である曲線ＢＣを**効率的フロンティア**という。

ア ○

上記のとおりである。

イ ✕

無リスク資産を考慮しない場合、投資家は効率的フロンティア上でリスク資産の組み合わせ比率を自由に決定し、保有する。需要と供給が等しい均衡状態において、投資家は、その選好によりリスク資産のポートフォリオの組み合わせ比率を自由に決め保有することになる。よって、同一のポートフォリオを所有するわけではない。

ウ ✕

上記のとおりである。

エ ✕

投資家の選択対象は曲線ＢＣの効率的フロンティアである。点Ｂはローリスクローリターンの投資集合を、点Ｃはハイリスクハイリターンの投資集合を表す。よって、リスク回避度が高くなるほど、点Ｂにポートフォリオを選択することになる（点Ｃに近いポートフォリオを選択しない）。

正解 ア

設問2

ア ✗

　需要と供給が等しい均衡状態において、グラフ上の点Dは、市場ポートフォリオとよばれ、リスク資産の最適な組み合わせを表す。すべての投資家は、点Dの組み合わせとなるリスク資産のポートフォリオと安全資産に投資することになる。ここでポイントは、すべての投資家はその選好により、リスク資産のポートフォリオと安全資産との組み合わせ比率（リスク資産と安全資産のバランス）を自由に決める。

　ただし、リスク資産の組み入れ比率に関しては、投資家の個人的選択はなく、点Dの市場ポートフォリオの比率で固定される。

イ ✗

　曲線DEを借入ポートフォリオという。曲線DE上は、投資比率が100％を超えるが、無リスク利子率で資金の借り入れをして、その借り入れた資金で新たにリスク資産に投資する場合を示したものである。したがって、無リスク利子率で資金の借り入れが可能である場合、投資家は曲線DE間を選択する。

ウ ✗

　無リスク資産とリスク資産が存在する場合、効率的フロンティアは安全資産を示す点Fから、リスク資産を示す双曲線に引いた接線F－D－Eになる。リスク回避的な投資家は、効率的フロンティアとそれぞれの選好に基づく無差別曲線の接点を最適ポートフォリオとして選択する。したがって、すべてのリスク回避的な投資家が、無リスク資産のみに投資するとは限らない。

エ 〇

　最適ポートフォリオの決定は、投資家の選好に依存しているから、投資家の選好により、安全資産を保有せず、すべての資産をリスク資産のみ（点D）に投資する場合がある。

どこが効率的フロンティアになるかは、パターン論点なので、まずはグラフで覚えてしまいましょう。①リスク資産のみの効率的フロンティアは投資機会集合の上辺となり、②無リスク資産を含めた場合の効率的フロンティアは、無リスク資産のリターン率からリスク資産の投資集合に接する直線となります。

MEMO

Ch 7 安全資産を含む効率的フロンティア④

問題 41

チェック欄 ▶ 1 / 2 / 3 /

重要度 Ⓐ CAPM①

H29-20

CAPMが成立する市場において、マーケット・ポートフォリオの期待収益率が6％、安全利子率が1％のとき、当該資産の期待収益率が10％となるベータ値として、最も適切なものはどれか。

ア 1.5

イ 1.8

ウ 2.0

エ 3.0

解説

教科書 Ch7 Sec4

CAPM理論における個別証券の期待収益率を求める計算式に関する問題である。問われているのはベータ値である。

ベータ値については、CAPMの計算式に数値を代入して求めればよい。

個別証券の期待収益率
　　＝安全利子率＋β×（市場ポートフォリオの期待収益率－安全利子率）
$10\% = 1\% + \beta \times (6\% - 1\%)$
　$\beta = $ **1.8**

 イ

講師より

CAPMの計算問題もパターン問題がほとんどです。結論の式をしっかりイメージしながら問題を解くようにしましょう。

問題 42 CAPM②

資本資産評価モデル（CAPM）に関する下記の設問に答えよ。

設問1
資本資産評価モデルを前提とした場合の記述として、最も適切なものはどれか。

ア　$\beta = -1$である資産を安全資産と呼ぶ。
イ　$\beta = 1$であるリスク資産の期待収益率は、市場ポートフォリオの期待収益率と同じである。
ウ　$\beta = 2$であるリスク資産の予想収益率の分散は、$\beta = 1$であるリスク資産の予想収益率の分散の2倍である。
エ　市場ポートフォリオのリターンが正のとき、$\beta = 0.5$であるリスク資産の価格が下落することはない。

設問2
資本資産評価モデルを前提とした場合、以下の資料に基づく株式の期待収益率として最も適切なものを、下記の解答群から選べ。

【資料】
市場ポートフォリオの期待収益率：8％
無リスク資産の期待収益率：3％
β：1.4
実効税率：40％

〔解答群〕
ア　4.4％　　イ　7％　　ウ　10％　　エ　11.2％

解説

教科書 Ch7 Sec4

設問1

ア ✗

安全資産はリスクプレミアムがゼロである証券であるため、ベータ（β）＝0である資産を安全資産とよぶ。

イ ○

CAPMの計算式に $β = 1$ を代入すれば、

個別証券（リスク資産）の期待収益率
＝リスクフリーレート＋$β$×（市場ポートフォリオの期待収益率
　－リスクフリーレート）
＝市場ポートフォリオの期待収益率

となる。つまり、$β = 1$ であるリスク資産の期待収益率は、市場ポートフォリオの期待収益率と同じになる。

ウ ✗

証券の $β$ が大きいほど標準偏差は大きくなるが、比例的に増減するわけではない。

エ ✗

$β = 0.5$ であるから、前述のとおり、個別証券のリターンは市場よりも小さく動き、価格が下落することもある。

設問2

問題の資料にデータが与えられているため、CAPMの計算式に代入して解けばよい。ただし、資料の実効税率は使うことはない（ダミーデータ）。

株式の期待収益率
＝無リスク資産の期待収益率＋$β$×（市場ポートフォリオの期待収益率
　－無リスク資産の期待収益率）
＝ 3 ＋ 1.4 ×（8 － 3）＝ **10**（％）

設問1 は、CAPMの計算式の構成要素であるβに関する応用問題です。
　応用問題であっても、CAPMの計算式をベースに考えるクセをつけましょう（本問であれば、アやイは式から絞り込むことができます）。

MEMO

問題 43

重要度 Ⓐ CAPM③

H27-18

資本資産評価モデル（CAPM）に関する記述として最も適切なものはどれか。

ア β が0以上1未満である証券の期待収益率は、無リスク資産の利子率よりも低い。

イ β がゼロである証券の期待収益率はゼロである。

ウ 均衡状態においては、すべての投資家が、危険資産として市場ポートフォリオを所有する。

エ 市場ポートフォリオの期待収益率は、市場リスクプレミアムと呼ばれる。

解説

教科書 Ch7 Sec4

CAPMの計算式は、
株式の期待収益率＝無リスク利子率＋β×（市場ポートフォリオの期待収益率－無リスク利子率）
である。

ア ✕

上記の計算式からわかるように、βが0以上1未満である証券の期待収益率は、無リスク利子率に「β×（市場ポートフォリオの期待収益率－無リスク利子率）」がプラスされるため、無リスク資産の利子率より高くなる。

イ ✕

上記の計算式からわかるように、βがゼロである証券の期待収益率は、無リスク利子率となり、ゼロではない。

ウ 〇

次の図は、安全資産を含んだ効率的フロンティアである。効率的フロンティアは、無リスク利子率（rf）と接点ポートフォリオTを結んだ直線rfTT´である。

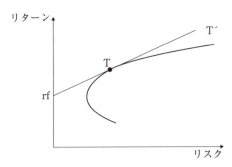

ここで、すべての証券について需要と供給が等しい均衡状態において、接点Tは市場ポートフォリオとよばれる。市場ポートフォリオとは、市場に存在するすべての危険資産をその時価総額の比率で含んだポートフォリオである。

したがって、すべての投資家は危険資産のポートフォリオとしては、市

場ポートフォリオ（T）を保有することになる。

エ ✕

市場リスクプレミアム＝市場ポートフォリオの期待収益率－無リスク利子率より、市場ポートフォリオの期待収益率は、市場リスクプレミアムに無リスク利子率をプラスしたものである。

　CAPMの問題は、理論問題であっても、結論の式から考えるようにしましょう。
　たとえば、**ア**、**イ**、**エ**はCAPMの式から考えれば、正誤の判断がつきやすくなるはずです。**ウ**は応用問題ですが、CAPM理論によれば、**すべての投資家はリスク資産の投資割合が等しくなる**という結論を、プラスアルファとして押さえておきましょう。

MEMO

問題 44

チェック欄▶ 1 / 2 / 3 /

重要度 Ⓐ CAPM④

H26-19

A社の配当は60円で毎期一定であると期待されている。このとき、以下の
データに基づいてA社の理論株価を算定した場合、最も適切なものを下記の
解答群から選べ。

【データ】
　安全利子率：2％
　市場ポートフォリオの期待収益率：4％
　A社のベータ値：1.5

〔解答群〕
　ア 1,000円　　**イ** 1,200円　　**ウ** 1,500円　　**エ** 3,000円

解説

教科書 Ch7 Sec4

配当割引モデルに関する問題である。理論株価を計算するには、配当金と株式の期待収益率（株主資本コスト）が必要である。株式の期待収益率は、与えられたデータからCAPMを利用して計算することになる。

【解答手順のイメージ】

解答要求：理論株価の計算
↓
理論株価：配当金÷株式の期待収益率
↓
CAPMにより計算

① 株式の期待収益率

CAPMの計算式より、

株式の期待収益率＝安全利子率＋β×（市場ポートフォリオの期待収益率－安全利子率）
　　　　　　　　＝2％＋1.5×（4％－2％）＝5％

② 理論株価

A社の配当は60円で毎期一定であることから、配当割引モデル（ゼロ成長モデル）により計算する。

よって、

理論株価＝配当金÷株式の期待収益率
　　　　＝60円÷5％(0.05)＝**1,200**（円）

となる。

講師より

本問は、配当割引モデルを基本としながら、計算要素である株式の期待収益率が所与ではなく、CAPMを用いて計算させるタイプの問題です。CAPMは個別証券の期待収益率を求める理論モデルであり、CAPMの計算結果を株式の期待収益率として理論株価を計算することはパターン問題であるため、本問を通して慣れるようにしましょう。

問題 45

重要度 Ⓐ CAPM⑤

H25-21

資本市場理論におけるベータ値に関する説明として、<u>最も不適切なものは</u>どれか。

ア 個々の証券の収益率の全変動におけるアンシステマティック・リスクを測定する値である。

イ 市場全体の変動に対して個々の証券の収益率がどの程度変動するかの感応度を表す値である。

ウ 市場ポートフォリオのベータ値は1である。

エ ベータ値は理論上マイナスの値もとりうる。

解説

教科書 Ch7 Sec4

CAPM理論（資本市場理論）におけるベータ値に関する問題である。ベータ値は、市場ポートフォリオの期待収益率1単位の変化に対する個々の証券（リスク証券）の期待収益率の変化を示すリスク概念である。

ベータ値が1であれば市場ポートフォリオの期待収益率1％の変化に対する個々の証券の期待収益率の変化は1％であり、リスクは市場と同水準となる。ベータ値が1よりも大きければ、個々の証券の期待収益率は市場ポートフォリオの期待収益率よりも大きく変化するのでハイリスクであり、ベータ値が1よりも小さければローリスクと考えることができる。

ア ✕

CAPM理論によれば、証券のリスクプレミアムは市場リスクから影響を受けることになる。市場リスクは、システマティック・リスクともよばれる。

イ ○

上記のとおりである。

ウ ○

上記のとおりである。

エ ○

ベータ値のリスクの大きさは、その銘柄の収益率の標準偏差の大きさだけではなく、市場ポートフォリオの収益率との相関の大きさにもよる。したがって、相関がマイナスなら、ベータ値もマイナスになる場合がある。

正解　ア

講師より

βの応用問題です。アンシステマティック・リスクという用語や、市場ポートフォリオのβは1であるという結論は、複数回問われていますので押さえておきましょう。

問題 46

重要度 **B** **オプション取引①**　R2-15

チェック欄▶ 1／ 2／ 3／

オプションに関する記述として、最も適切なものはどれか。

ア　「10,000円で買う権利」を500円で売ったとする。この原資産の価格が8,000円になって買い手が権利を放棄すれば、売り手は8,000円の利益となる。

イ　「オプションの買い」は、権利を行使しないことができるため、損失が生じる場合、その損失は最初に支払った購入代金（プレミアム）に限定される。

ウ　オプションにはプットとコールの2種類あるので、オプション売買のポジションもプットの売りとコールの買いの2種類ある。

エ　オプションの代表的なものに先物がある。

解説

教科書 Ch7 Sec5

オプション取引とは、「所定の期日（または期間）に、原資産（株式や通貨など）をあらかじめ定められた価格で買う（または売る）ことができる権利」を売買する取引をいう。通常、オプションを買う場合には、オプションの買い手が、オプションの売り手にオプションプレミアム（オプション料）を支払う必要がある。

ア ✗

満期日に原資産を権利行使価格10,000円で買うことのできる権利（オプションプレミアムは500円とする）の損益図は次のとおりである（実線はオプションの買い手、破線はオプションの売り手を表している）。

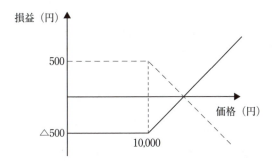

オプションの買い手側が権利行使をしなければ（権利を放棄すれば）、オプションの売り手側は**オプションプレミアム分の500円だけ利益を得る**ことができる。

イ ○

オプション取引では「権利」を売買しているので、権利を購入した側（買い手）にとって不利益になるような相場の変動があった場合には、買い手は権利を放棄すれば、最初に支払ったオプション料以上の損失を被らなくて済む。

ウ ✗

オプションの種類には、コールオプション（権利行使価格で一定数の原資産を買うことができる権利）とプットオプション（権利行使価格で一定数の原資産を売ることができる権利）がある。そして、この権利を買うポジションと売る

ポジションが存在する。したがって、**プットの買い、プットの売り、コールの買い、コールの売り**の4種類が存在する。

エ ✕

　先物は、将来のある時点で原資産を現時点で決めた価格により売買するという契約である。一方で、**オプションとは将来のある時点に、原資産をあらかじめ決めた価格で売買する権利を取引することであり、先物とは区別される**。なお、先物のオプションやスワップのオプションのように、デリバティブを複数組み合わせたものも存在する。

 イ

　本問は、オプションの特徴である権利について中心的に問われています。①権利は放棄すると売買に関する損益が生じないこと、②権利には購入代金（プレミアム）が必要なことを押さえましょう。

MEMO

問題 47

重要度 A オプション取引②

行使価格1,200円のプットオプションをプレミアム100円で購入した。満期時点におけるこのオプションの損益図として、最も適切なものはどれか。

ア
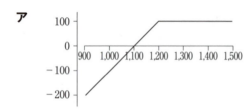

イ
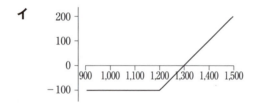

ウ
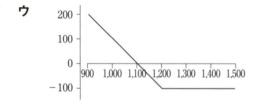

エ
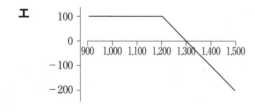

解説

教科書 Ch7 Sec5

プットオプションの買い手側の損益図に関する問題である。損益図を覚えておけば、すぐに対応できる問題である。

プットオプションの買いとは、「売る権利」を買う選択権の取引である。
プットオプションの買いの場合、**原資産価格が権利行使価格を下回るほど利益が発生し、原資産価格が権利行使価格を上回るとオプションプレミアム分の損失が発生**する。

なお、**ア**は「プットオプションの売り手側の損益図」、**イ**は「コールオプションの買い手側の損益図」、**エ**は「コールオプションの売り手側の損益図」である。

  ウ

オプションの損益図は頻出論点であるため、しっかり押さえておきましょう。
ポイントは、①**原資産価格の変動に対するオプション損益の影響**（本問はプットオプションであり、権利行使価格で売る金額が固定されるため、原資産価格（買う金額）が下落すると利益が上昇する）、②**原資産価格次第でオプション放棄**（損失の拡大が限定的）となります。

問題 48

チェック欄▶ 1／ 2／ 3／

重要度 Ⓑ リスクヘッジ手段

H25-22

　輸入業を営むA社は、3か月後にドル建てで商品の仕入代金を支払う予定である。A社が為替リスクをヘッジするときの取引として、最も適切なものはどれか。

ア　ドル売りの為替予約を行う。

イ　ドル買いの為替予約を行う。

ウ　ドル建ての借入を行い、為替の直物レートで円を買う。

エ　ドルの3か月物コール・オプションを売る。

解 説

教科書 Ch7 Sec5

　輸入業者の為替リスクのヘッジ手段に関する問題である。輸入業者の場合、商品を仕入れるため、債務が発生する。ドル建てで商品の仕入代金を支払うため、ドルを買う必要がある。したがって、**ドル買いの為替予約**（将来の一定時点において約定為替相場で外国通貨の購入または売却を行う契約）を行うことが該当する。

　なお、**ア**は輸出業者の為替リスクのヘッジ手段に関するものである。**ウ**と**エ**は、本問のリスクヘッジ手段とは関係ない。

　　イ

講師より

取引ごとの適切なリスクヘッジ手段の選択は1次試験でも2次試験でも頻出の論点であるため、しっかり押さえておきましょう。

輸入取引　➡　為替先物予約の**買予約**、**コール**オプションの買い
輸出取引　➡　為替先物予約の**売予約**、**プット**オプションの買い

問題 49

売上割引

売上控除とならない項目として最も適切なものはどれか。

ア　売上値引

イ　売上戻り

ウ　売上割引

エ　売上割戻

解説

教科書 Ch8 Sec2

返品、値引、割戻と現金割引の違いに関する問題である。

まず、**返品**とは、商品の品違い、品質不良、傷、汚れなどの理由で、商品自体を送り返すことをいい、売り上げた商品が送り返されることを売上戻りという。

値引とは、商品の量目不足、品質不良、傷、汚れなどの理由で、商品の代価を控除することをいい、販売した商品の代価を安くすることを売上値引という。

また、**売上割戻**とは、得意先との特約により一定の期間内に一定数量以上の商品を販売したとき、販売代金の一部を売掛金から減額するか現金などで払い戻すことをいう。いずれも会計処理は、「売上」勘定を減額する処理を行う。

一方、**現金割引**とは、代金の決済期日前に掛代金の決済が行われた場合に、実際の支払日から決済期日までの金利相当額を差し引くことをいう。現金割引は、利息に相当する性質をもつので、営業外損益として処理することになる。

売上割引は、売掛金の決済を支払期日より早く行った得意先に対して、掛代金を一部免除した場合に費用処理される勘定科目であり、損益計算書上、「**営業外費用**」に計上される。

したがって、売上控除とならない項目は、**売上割引**である。

正解　**ウ**

会計系の資格試験問題の頻出論点です。ポイントは、**割引だけ取り扱いが違う**（売上を減額せず、営業外処理する）点をしっかり押さえておきましょう。

問題 **50**

チェック欄▶ 1 / 2 / 3

重要度 **B** 売上原価の算定

H28-1

6月のA商品に関する仕入および売上は以下のとおりである。先入先出法を採用しているとき、6月の売上原価として最も適切なものを下記の解答群から選べ。

			数量	単価
6月1日	前月繰越		10個	200円
3日	仕　入		50個	190円
5日	売　上		30個	300円
11日	仕　入		10個	210円
20日	売　上		20個	300円
24日	仕入戻し		5個	210円
30日	次月繰越		15個	

〔解答群〕

ア 2,950円　　**イ** 8,650円　　**ウ** 9,600円　　**エ** 15,000円

解説

教科書 Ch8 Sec3

売上原価を計算する場合、まず、次月繰越額を計算し、前月繰越額と当月仕入額の合計額からこれを控除することで求める。

原価ボックスを作成すると、次のようになる。

商品（数量）

前月繰越		売上原価	
6/ 1	10個	6/ 5	30個
当月仕入		6/20	20個
6/ 3	50個	次月繰越	
6/11	10個		
6/24	△5個	6/30	15個

先入先出法であるから、次月繰越の15個は、6/11に仕入れた商品5個と、6/3に仕入れた商品10個で構成されることになる。6/24に仕入戻し5個があるため、6/11に仕入れた商品は10－5＝5個である点に注意する。

よって、次月繰越額は、

（6/11）仕入210円×5個＋（6/3）仕入190円×10個＝2,950（円）となる。

したがって、

売上原価＝前月繰越2,000＋当月仕入（9,500＋2,100－1,050）－2,950

　　　　＝**9,600**（円）となる。

 ウ

定期的に問われている論点であるため、本問をとおして練習しましょう。
ポイントは、払いだした（売り上げた）商品の単価がいくらになるかを意識しながら解くようにしましょう。

問題 **51**

チェック欄▶ 1 / 2 / 3 /

重要度 **Ⓑ** 経過勘定

H29-2

20X2年1月1日に300,000千円を期間6カ月、年利5％で取引先Z社に貸し付けた。20X2年6月30日に利息と元金を合わせて受け取る予定である。会計期間は20X2年3月31日までの1年間である。決算にあたり計上される未収利息の金額として、最も適切なものはどれか。

ア 3,750千円

イ 7,500千円

ウ 15,000千円

エ 30,000千円

解説

教科書 Ch8 Sec4

本問は、特段、難しい計算はないが、**貸付期間が6カ月、年利が5%である点に注意**して利息計算を行う。また、本問は、利息と元金を受け取る前に決算をはさんでいるため、タイムテーブルを描いて考えるとよい。

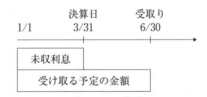

20X2年1/1に貸し付けを行っており、契約により6/30に受け取りがなされるが、1/1から3/31までの3カ月間は当期に属する収益であるから、これを未収利息として計上する必要がある。

したがって、未収利息 = $300{,}000 \times 0.05 \times \dfrac{3}{12ヵ月}$ = **3,750**（千円）

となる。

正解 **ア**

金利計算を誤らないように慎重に計算しましょう（期間、利率の対応を正確に）。
　本問の未収利息のように、期間発生費用は決算日が区切りとなることが多いので、決算日がいつかを意識して資料を読むようにしましょう。

問題 **52**

チェック欄▶ 1 / 2 / 3 /

重要度 **B** キャッシュフロー計算書①　　R2-13

　キャッシュ・フロー計算書に関する記述として、最も適切なものはどれか。

ア　「営業活動によるキャッシュ・フロー」の区分では、主要な取引ごとにキャッシュ・フローを総額表示しなければならない。

イ　受取利息及び受取配当金は、「営業活動によるキャッシュ・フロー」の区分に表示しなければならない。

ウ　キャッシュ・フロー計算書の現金及び現金同等物期末残高と、貸借対照表の現金及び預金の期末残高は一致するとは限らない。

エ　法人税等の支払額は、「財務活動によるキャッシュ・フロー」の区分に表示される。

解説

教科書 Ch9 Sec2、3

キャッシュ・フロー計算書には、直接法によるキャッシュ・フロー計算書と間接法によるキャッシュ・フロー計算書とがある。

ア ✕

営業活動によるキャッシュ・フローの表示方法には、営業活動に係る主要な取引ごとにキャッシュ・フローを総額表示する方法（直接法）と、税引前当期純利益に調整項目を加減して、営業活動によるキャッシュ・フローを純額表示する方法（間接法）の2つがあり、継続適用を条件として**選択適用が認められている**。したがって、直接法のみが認められるとする選択肢は誤りである。

イ ✕

受取利息及び受取配当金については、営業活動によるキャッシュ・フローの区分に表示する方法と、**投資活動によるキャッシュ・フローの区分に表示する方法がある**。

ウ ◯

キャッシュ・フロー計算書の現金及び現金同等物の範囲には、貸借対照表の現金及び預金のほかに、コマーシャルペーパーや公社債投資信託などが含まれている（貸借対照表の現金預金と範囲が異なる）ため、残高が一致するとは限らない。

エ ✕

法人税等は、それぞれの活動から生じる課税所得をもとに算定されるものであるため、理論的には、それぞれの活動区分に分けて記載すべきこととなる。しかし、それぞれの活動ごとに課税所得を分割することは、一般的には困難であると考えられるため、**営業活動によるキャッシュ・フローの区分に一括して記載する方法が採用されている**。

正解 ウ

講師より

キャッシュフロー計算書の表示の学習については、細かいところまで覚えようとせず、本問を通して、ポイントとなるところを中心に押さえましょう。

問題 53

チェック欄 ▶ 1 / 2 / 3 /

重要度 Ⓑ キャッシュフロー計算書②　　　H30-12

キャッシュ・フロー計算書に関する記述として、最も適切なものはどれか。

ア 財務活動によるキャッシュ・フローの区分には、資金調達に関する収入や支出、有価証券の取得や売却、および貸し付けに関する収入や支出が表示される。

イ 仕入債務の増加額は、営業活動によるキャッシュ・フローの区分（間接法）に　おいて、△（マイナス）を付けて表示される。

ウ 法人税等の支払額は、財務活動によるキャッシュ・フローの区分で表示される。

エ 利息および配当金の受取額については、営業活動によるキャッシュ・フローの区分で表示する方法と投資活動によるキャッシュ・フローの区分で表示する方法が認められている。

148

解説

教科書 Ch9 Sec2、3

キャッシュフロー計算書は、一会計期間におけるキャッシュフローの状況を活動区分別に表示するものであり、貸借対照表および損益計算書と同様に、企業活動全体を対象とする重要な情報を提供するものである。

ア ✗

財務活動によるキャッシュフローの区分には、資金調達に関する収入や支出によるキャッシュフローが表示される。有価証券の取得や売却、および貸し付けに関する収入や支出は、投資活動によるキャッシュフローの区分に表示される。

イ ✗

仕入債務は、簿記上、貸方項目（調達源泉）であり、貸方の増加はキャッシュにプラスに作用する。

ウ ✗

法人税等は、それぞれの活動から生じる課税所得をもとに算定されるものであるため、理論的には、それぞれの活動区分に分けて記載すべきこととなる。しかし、それぞれの活動ごとに課税所得を分割することは、一般的には困難であると考えられるため、営業活動によるキャッシュフローの区分に一括して記載する方法が採用されている。

エ 〇

利息および配当金の受取額については、営業活動によるキャッシュフローの区分に表示する方法と、投資活動によるキャッシュフローの区分に表示する方法がある。

正解　エ

講師より

キャッシュフロー計算書の表示は、基本として押さえておきましょう。また、貸借対照表の増加がキャッシュに与える影響は頻出論点であるため、しっかり押さえましょう（借方項目の増加はキャッシュにマイナス、貸方項目の増加はキャッシュにプラス）。

問題 54

重要度 Ⓐ **キャッシュフロー計算書③**　　　　　H29-13

チェック欄▶ 1 / 2 / 3 /

キャッシュ・フロー計算書における営業活動によるキャッシュ・フローの区分（間接法）で増加要因として表示されるものはどれか。最も適切なものを選べ。

ア　売上債権の増加

イ　貸倒引当金の増加

ウ　短期借入金の増加

エ　有形固定資産の売却

解説

教科書 Ch9 Sec3

ア ✗

売上債権は簿記上、借方項目（運用形態）であり、借方の増加はキャッシュにマイナスに作用する（減少要因である）。

イ ○

貸倒引当金は簿記上、貸方項目（調達源泉）であり、貸方の増加はキャッシュにプラスに作用する。

ウ ✗

短期借入金の増加は、財務活動によるキャッシュフローの区分である。

エ ✗

有形固定資産の売却は、投資活動によるキャッシュフローの区分である。

正解　イ

ポイントは、**各項目の増減がキャッシュフローに与える影響の正負**になります。
項目ごとに押さえるのではなく、資産が増えたらCFにマイナス影響、負債が増えたらCFにプラス影響（減少はその逆）と押さえましょう。

問題 55

重要度 A　キャッシュフロー計算書④　H28-9

次の貸借対照表と損益計算書について、下記の設問に答えよ。

貸借対照表　　　　　　　　（単位：千円）

資産の部	20X1年	20X2年	負債・純資産の部	20X1年	20X2年
現金預金	30,000	20,000	買掛金	30,000	50,000
売掛金	20,000	55,000	未払費用	9,000	17,000
貸倒引当金	△1,000	△3,000	長期借入金	—	100,000
商品	40,000	50,000	資本金	100,000	100,000
建物・備品	100,000	225,000	利益剰余金	20,000	40,000
減価償却累計額	△30,000	△40,000			
	159,000	307,000		159,000	307,000

20X2年　損益計算書　（単位：千円）

売上原価	60,000	売上		125,000
給与	28,000			
減価償却費	10,000			
貸倒引当金繰入	2,000			
支払利息	5,000			
当期純利益	**20,000**			
	125,000			125,000

設問1

キャッシュ・フロー計算書上の表示として最も適切なものはどれか。

ア 売上債権の増加額 △ 35,000千円

イ 減価償却費 △ 10,000千円

ウ 固定資産の増加額 125,000千円

エ 仕入債務の増加額 △ 20,000千円

設問2

財政状態に関する記述として最も適切なものはどれか。

ア 固定比率は改善している。

イ 自己資本比率は改善している。

ウ 正味運転資本は減少している。

エ 流動比率は悪化している。

解説

教科書 Ch3 Sec4、Ch9 Sec3

設問1

キャッシュフロー計算書上の表示（間接法）が問われている。20X1年を前期、20X2年を当期とする。

ア ○

売掛金の当期末55,000 − 前期末20,000 ＝ 35,000より、売上債権は35,000増加している。売上債権の増加は、キャッシュにマイナスの影響を及ぼすため、表示上「売上債権の増加額△35,000」となる。

イ ✕

減価償却費は、非資金費用のため、キャッシュフローの計算においてプラスの調整になる。

ウ ✕

固定資産は増加しているため、取得による支出として「固定資産の増加額△125,000」となる。

エ ✕

仕入債務の当期末50,000 − 前期末30,000 ＝ 20,000より、仕入債務は20,000増加している。仕入債務の増加は、キャッシュにプラスの影響を及ぼすため、表示上「仕入債務の増加額20,000（マイナスではない）」となる。

 正解 ア

設問2

各経営指標は次のとおりとなる。

	20X1年	20X2年	判定	計算式
固定比率	58.3%	132.1%	悪化	固定資産÷自己資本×100（％）
自己資本比率	75.5%	45.6%	悪化	自己資本÷総資本×100（％）
正味運転資本	50,000	55,000	増加	流動資産－流動負債
流動比率	228.2%	182.1%	悪化	流動資産÷流動負債×100（％）

（小数点以下第2位を四捨五入）

正解　エ

講師より

設問1 は、基本的に、各項目の増減がキャッシュフローにプラスの影響を与えるか、マイナスの影響を与えるかを押さえていれば解答できます。

また、キャッシュフロー計算書の表示は下記のように押さえましょう（例：売上債権が減少した場合）。

表 示 科 目：項目の増減を表す名称となる（売上債権の減少額）
金額の正負：キャッシュフローに与える影響を表す（＋100）

問題 56

チェック欄▶ 1 / 2 / 3 /

重要度 Ⓐ **キャッシュフロー計算書⑤**　　　H27-9

キャッシュフローの減少額として最も適切なものはどれか。

ア 減価償却費

イ 仕入債務の増加

ウ 棚卸資産の増加

エ 長期借入金の増加

解説

教科書 Ch9 Sec3

キャッシュフローの減少となる要因が問われている。

ア ✕

減価償却費は、非資金費用であるため、キャッシュフローを求める際はプラスをする必要がある。

イ ✕

貸借対照表の借方項目（運用状態）が増えれば、キャッシュはマイナスに作用し、貸方項目（調達源泉）が増えれば、キャッシュはプラスに作用する。したがって、仕入債務の増加は、貸方項目（調達源泉）の増加であるため、キャッシュはプラスに作用する。

ウ ○

イの解説のとおりである。

エ ✕

長期借入金の増加は、財務活動によるキャッシュフローとしてプラスに作用する。

  ウ

各項目の増減がキャッシュフローに与える影響の正負がポイントとなります。項目ごとに押さえるのではなく、資産が増えたらキャッシュフローにマイナス影響、負債が増えたらキャッシュフローにプラス影響（減少は逆）から解答するようにしましょう。

問題 **57**

チェック欄▶ 1 / 2 / 3 /

重要度 **Ⓑ** 原価の分類

H27-6

原価計算に関する記述として最も適切なものはどれか。

ア 原価計算における総原価とは、製造原価を意味する。

イ 原価計算は、財務諸表を作成する目的のためだけに行う。

ウ 原価計算は、製造業にのみ必要とされる計算手続きである。

エ 材料費・労務費・経費の分類は、財務会計における費用の発生を基礎とする分類である。

解説

教科書 Ch10 Sec1

ア ✗

総原価とは、製造原価、販売費および一般管理費のすべてを合計したものである。

イ ✗

原価計算基準における原価計算の主目的は5つある。5つの主目的については以下のとおりである（原価計算基準1）。

① 企業の出資者、債権者、経営者等のために、過去の一定期間における損益ならびに期末における財政状態を財務諸表に表示するために必要な真実の原価を集計すること。
② 価格計算に必要な原価資料を提供すること。
③ 経営管理者の各階層に対して、原価管理に必要な原価資料を提供すること。
④ 予算の編成ならびに予算統制のために必要な原価資料を提供すること。
⑤ 経営の基本計画を設定するにあたりこれに必要な原価情報を提供すること。

ウ ✗

製造業以外にもサービス業などでもサービス原価報告書を作成するための計算手続きとして利用される場合がある。

エ 〇

財務会計における費用の発生を基礎とする分類とは、材料費、労務費および経費に分類される。この分類は、原価の最も基本的な分類である（形態別分類という）。

正解　エ

講師より

ア、**エ**で問われているような原価の分類は頻出論点になりますので、しっかり復習しましょう。

問題 58

 個別原価計算　　　　　　　　　　　　　　　　　　　H27-7

次の資料は、工場の20X1年8月分のデータである。このとき、製造指図書♯123の製造原価として最も適切なものを下記の解答群から選べ。なお、すべて当月に製造を開始した。

【資料】
(1)製造直接費

製造指図書	材料消費量	材料単価	直接作業時間	賃率
♯121	650kg	@110円／kg	90時間	1,000円／時
♯122	750kg	@110円／kg	100時間	1,000円／時
♯123	1,000kg	@110円／kg	110時間	1,000円／時

(2)製造間接費
　実際発生額：90,000円

(3)製造間接費は直接作業時間を配賦基準として各製品に配賦する。

〔解答群〕
　ア　212,500円　　イ　220,300円　　ウ　253,000円　　エ　262,500円

解説

教科書 Ch10 Sec2

本問は、製造指図書♯123の製造原価のみが問われているため、♯123のみ計算すればよい。

直接材料費＝1,000kg×110円/kg＝110,000円
直接労務費＝110時間×1,000円/時＝110,000円

製造間接費は、直接作業時間が配賦基準のため、
90,000÷(90時間＋100時間＋110時間)＝300円/時
　　　　　　300円/時×110時間＝33,000
したがって、110,000＋110,000＋33,000＝**253,000**（円）となる。
なお、原価計算表を完成させると、以下のようになる。

原価計算表　　　　　　　　（単位：円）

	♯121	♯122	♯123	合　計
直接材料費	71,500	82,500	110,000	264,000
直接労務費	90,000	100,000	110,000	300,000
製造間接費	27,000	30,000	33,000	90,000
合計	188,500	212,500	253,000	654,000

 　ウ

個別原価計算は、**間接費の配賦計算**（一定の基準に基づいて原価の割り振りをすること）がポイントになります。配賦基準については問題文中で必ず指示が与えられる（本問は直接作業時間）ので、見逃さずチェックするようにしましょう。

問題 59

総合原価計算

単純総合原価計算を採用しているＡ工場の以下の資料に基づき、平均法により計算された月末仕掛品原価として、最も適切なものを下記の解答群から選べ。なお、材料は工程の始点ですべて投入されている。

【資料】
(1) 当月の生産量
　　月初仕掛品　　200個（加工進捗度50％）
　　当月投入　　　800個
　　合　計　　　1,000個
　　月末仕掛品　　400個（加工進捗度50％）
　　当月完成品　　600個
(2) 当月の原価
　　月初仕掛品直接材料費　　200千円
　　月初仕掛品加工費　　　　100千円
　　当月投入直接材料費　　1,000千円
　　当月投入加工費　　　　　700千円

〔解答群〕
ア　500千円　　イ　680千円　　ウ　700千円　　エ　800千円

教科書 Ch10 Sec2

解説

　本問は平均法での計算であり、基本的な問題である。直接材料費と加工費について、数量および原価データを図示すると次のようになる（平均法であるため、月初仕掛品および当月投入の個数を個別に計算する必要はない。つまり、当月完成品および月末仕掛品の個数の合計で計算すればよい）。

直接材料費

月初仕掛品＋当月投入	当月完成品
数量：600＋400 　　　＝1,000個 原価：200＋1,000 　　　＝1,200千円	数量：600個 原価：
	月末仕掛品
	数量：400個 原価：

(1,200千円÷1,000個)×600個
＝720千円

(1,200千円÷1,000個)×400個
＝480千円

加　工　費

月初仕掛品＋当月投入	当月完成品
数量：600＋200 　　　＝800個 原価：100＋700 　　　＝800千円	数量：600個 原価：
	月末仕掛品
	数量：200個※ 原価：

(800千円÷800個)×600個
＝600千円

(800千円÷800個)×200個
＝200千円

※400個×加工進捗度50％

　したがって、月末仕掛品原価＝480＋200＝**680**（千円）となる。

 正解　イ

 講師より

　総合原価計算は数量比で完成品と仕掛品に原価を按分しますが、ポイントは、**直接材料費と加工費で用いる数量が異なる**（直接材料費は実在量比、加工費は完成品換算量比）ため、両者を分けて計算することになります。

問題 60

チェック欄▶ 1 / 2 / 3 /

重要度 Ⓐ 標準原価計算

H25-10

標準原価計算を実施しているA社の当月に関する以下のデータに基づき、材料数量差異として最も適切なものを、下記の解答群から選べ。なお、材料は工程の始点で投入される。

直接材料費の原価標準データ
　　300円/kg×3kg＝900円
当月の生産関連データ
　　当月材料消費量　3,100kg　　材料消費価格　310円/kg
　　月初仕掛品　　　200単位
　　当月完成品　　　900単位
　　月末仕掛品　　　300単位

〔解答群〕
　　ア　不利差異　　30,000円
　　イ　不利差異　　31,000円
　　ウ　不利差異　　61,000円
　　エ　不利差異　120,000円

164

解 説

教科書 Ch10 Sec2

計算手順は、売上高差異や費用差異と同一である。

当月の生産関連データを用いて、材料の標準消費量を計算することがポイントである。

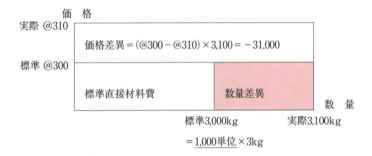

したがって、

材料数量差異 = 標準価格 × (標準消費量 − 実際消費量)

     = @300 × (3,000kg − 3,100kg)

     = **−30,000**（円）

となる（マイナスであるため、不利差異となる）。

　ア

標準原価計算における差異分析の計算のポイントは、標準消費量の計算（**当月投入数量×1個あたりの標準消費量**）になります。完成品数量×1個あたりの標準消費量にしないように注意しましょう。また、本問のような差異分析に関する問題では、上記のような図を描いて解くと効果的です。

MEMO

MEMO

MEMO

2021年度版　みんなが欲しかった！中小企業診断士の問題集（上）

第３分冊

運営管理

CONTENTS

Part1　生産管理

Chapter1　生産管理概論

問題 1	管理目標（PQCDSME）	4
問題 2	PQCDSME（不適合率、強度率、労働生産性、可用率）	6
問題 3	管理指標	8
問題 4	度数率	10
問題 5	5S	12
問題 6	生産形態①	14
問題 7	生産形態②	16

Chapter2　生産のプランニング

問題 8	SLP	18
問題 9	工場レイアウト（P-Q分析）	20
問題10	フロムツウチャート	22
問題11	ライン生産方式①	24
問題12	ライン生産方式②	26
問題13	ライン編成効率	28
問題14	生産ラインの生産性向上	30
問題15	生産座席予約方式	32
問題16	工程管理方式	34
問題17	VE①	36
問題18	VE②	38
問題19	ディスパッチングルール	40
問題20	ジョンソン法①	44
問題21	ジョンソン法②	46
問題22	PERT	48
問題23	指数平滑法	50
問題24	ストラクチャ型部品構成表	52
問題25	資材の発注	54
問題26	経済的発注量	56
問題27	発注方式	60
問題28	定期発注方式／定量発注方式	64
問題29	在庫のABC管理	66
問題30	内外製区分	68

1

Chapter3　生産のオペレーション

問題31	IE	70
問題32	基本図記号	72
問題33	運搬分析	76
問題34	動作経済の原則	78
問題35	連合作業分析	80
問題36	ワークサンプリング	82
問題37	標準時間	84
問題38	QC7つ道具	86
問題39	管理図	90
問題40	設備保全	92

Chapter4　製造業における情報システム

問題41	製造プロセスのデジタル化	96

Part2　店舗・販売管理

Chapter1　店舗・商業集積

問題42	まちづくり三法	98
問題43	大規模小売店舗立地法	100

Chapter2　店舗施設

問題44	陳列手法と特徴	102
問題45	フェイス管理	104
問題46	色彩	108

Chapter3　商品仕入・販売（マーチャンダイジング）

問題47	在庫高予算	110
問題48	販売価格決定（値入率）	112
問題49	GMROI	114
問題50	ISM	116
問題51	ISP	118

Chapter4　物流・輸配送管理

問題52	ピッキング方式	120
問題53	物流センター	122
問題54	ユニットロード	124
問題55	輸送手段	128
問題56	3PL	130

Chapter5　販売流通情報システム

問題57	商品の販売データ分析	132
問題58	FSP	136
問題59	マーケットバスケット分析	140
問題60	JANコード	142
問題61	ICタグ	144

問題 1

チェック欄▶ 1／ 2／ 3／

重要度 **A** 管理目標（PQCDSME） H25-1

生産における管理目標（PQCDSME）に関する記述として、最も不適切なものはどれか。

ア 管理目標Pに着目して、生産量と投入作業者数との関係を調査し、作業者1人当たりの生産量を向上させるための対策を考えた。

イ 管理目標Cに着目して、製品原価と原材料費との関係を調査し、製品原価に占める原材料費の低減方策を考えた。

ウ 管理目標Sに着目して、実績工数と標準工数との関係を調査し、その乖離が大きい作業に対して作業の改善や標準工数の見直しを行った。

エ 管理目標Mに着目して、技術的な資格と取得作業者数との関係を調査し、重点的に取る資格の取得率の向上に向けて研修方策を提案した。

解説

教科書 Ch1 Sec1

ア ○

生産性（P）を表す内容として適切である。なお、下記の式のように生産性は表される。

$$\text{生産性(P)} = \frac{\text{生産量（output）}}{\text{投入作業者数（input）}}$$

イ ○

コスト（C）の内容を把握し、原材料費の低減を図る方法として適切である。

ウ ✗

本肢の内容は**納期（D）**の説明であるため、不適切である。

エ ○

本肢の内容は、集団の管理目標を達成するために最も重要と思われる資格を重点的に取得させようとする活動であり、モラール（M）にあてはまる。

正解 ウ

Part1 Ch 1 管理目標（PQCDSME）

PQCDSMEは、生産管理の目標や評価の尺度に使用される重要な指標で、頻出論点ですので確実におさえましょう。なお、Pは生産性、Qは品質、Cはコスト、Dは納期・数量、Sは安全性、Mは意欲、Eは環境性を意味します。

問題 2

チェック欄▶ 1 / 2 / 3 /

重要度 Ⓐ **PQCDSME（不適合率、強度率、労働生産性、可用率）** H30-1

　生産における管理目標（PQCDSME）に関する記述として、最も適切なものはどれか。

ア　職場環境に関する評価を行うために、検査によって不適合と判断された製品の数を検査対象の製品の総数で除して求められる不適合率を用いた。

イ　職場の安全性を評価するために、延べ労働損失日数を延べ実労働時間数で除し1,000を乗じて求められる強度率を用いた。

ウ　生産の効率性を評価するために、労働量を生産量で除して求められる労働生産性を用いた。

エ　納期に関する評価を行うために、動作可能時間を動作可能時間と動作不能時間の合計で除して求められる可用率を用いた。

解説

教科書 Ch1 Sec1

ア ✗

Eは**環境性**（EnvironmentまたはEcology）を指し、選択肢にある「職場環境」とは無関係である。また後半の**「不適合率」はQ、すなわち品質**（Quality）の管理指標のひとつである。

イ ◯

「強度率」はS、すなわち安全性（Safety）の管理指標のひとつである。

ウ ✗

「労働生産性」はP、すなわち生産性（Productivity）の管理指標のひとつである。正しくは、**生産量を労働量で除して求める**。

エ ✗

「可用率」は、文字どおり設備の可用性（使いたいときに問題なく使える能力と考えよう）を評価する管理指標である。**D、すなわち納期**（Delivery）**を評価するものではない**。

 正解 イ

 講師より

管理指標や生産合理化・改善に関する用語が、第1問など冒頭で出題されることが多いです。出鼻をくじかれないためにも、PQCDSME、3S、5S、ECRSなどのアルファベットの一つひとつが何を表しているのか内容を確実に理解し覚えましょう。

問題 3

チェック欄▶ 1 / 2 / 3 /

重要度 Ⓐ 管理指標

R元-1

管理指標に関する記述として、最も適切なものはどれか。

ア 稼働率とは、人または機械における就業時間もしくは拘束時間を、有効稼働時間で除したものである。

イ 生産リードタイムは、顧客が注文してからその製品を手にするまでの時間である。

ウ 直行率とは、初工程から最終工程まで、手直しや手戻りなどがなく順調に通過した品物の生産数量を、工程に投入した品物の数量で除したものである。

エ 歩留まりとは、投入された主原材料の量を、産出された品物の量で除したものである。

8

解 説

教科書 Ch1 Sec1

ア ✕

　稼働率とは、**有効稼働時間を人または機械の利用可能時間で除した値**であり、選択肢の内容は分子と分母が逆になっているため不適切である。

イ ✕

　生産リードタイムとは、**生産の着手時期から完了時期に至るまでの期間のことで、工場内でその製品の原材料の状態から最終的に製品として出荷可能な状態になるまでのトータルの時間のこと**である。選択肢の「顧客が注文してからその製品を手にするまでの時間」とは、注文リードタイムを指しているため不適切である。

ウ ○

　選択肢のとおりである。

エ ✕

　歩留まりは、**投入された主原材料の量と、その主原材料から実際に算出された品物の量との比率**であり、選択肢の内容は分子と分母が逆になっているため不適切である。なお、歩留まりは不良品を手直しして最終的に良品となった品物も産出された品物に加えるのに対し、選択肢ウの直行率は、手直し等がなく産出された品物のみを対象とする点で異なる。

  正解　ウ

　管理指標は例年出題され、過去問と非常によく似た問われ方となることもしばしばあります。過去問対策の期待効果が特に大きい論点ですよ！

問題 **4**

チェック欄▶ 1 / 2 / 3 /

重要度 **Ⓐ** **度数率**

H26-1

　安全性の評価値のひとつとして用いられる災害発生の頻度を表す度数率の式として、最も適切なものはどれか。

ア　（死傷災害件数×1,000,000）／延べ労働時間数

イ　（死傷災害件数×1,000,000）／延べ労働日数

ウ　（労働損失日数×1,000）／延べ労働時間数

エ　（労働損失日数×1,000）／延べ労働日数

解説

「度数率」は、労働災害の発生頻度に関する指標で、**100万のべ労働時間あたりの死傷災害件数**により表す。したがって、以下の式と同一である選択肢アが正解である。

度数率＝(死傷災害件数×1,000,000)／延べ労働時間数

なお、同じく労働災害の発生頻度に関する指標として「年千人率」があり、1年間における労働者1,000人あたりの労働災害による死傷者数の割合により表す。

年千人率＝(1年間の死傷者数×1,000)／1年間の平均労働者数

また、災害の重さの程度に関する指標として「強度率」があり、1,000のべ労働時間あたりの労働損失日数の割合により表す。本問では選択肢ウの式が該当する。

強度率＝(労働損失日数×1,000)／延べ労働時間数

正解　ア

災害の頻度を表す「度数率」と「年千人率」、災害の重さを表す「強度率」について、名称と内容を紐づけて、算出式とともに理解し覚えましょう。特に「度数率」と「強度率」を混同している受験生が多いので要注意です！**「度数で頻度、強度で重さ」**と覚えてください。

問題 5

チェック欄▶ 1 / 2 / 3 /

重要度 Ⓐ 5S

R元-17

　以下のa〜eの記述は、職場管理における5Sの各内容を示している。5S を実施する手順として、最も適切なものを下記の解答群から選べ。

a 問題を問題であると認めることができ、それを自主的に解決できるように指導する。

b 必要なものが決められた場所に置かれ、使える状態にする。

c 必要なものと不必要なものを区分する。

d 隅々まで掃除を行い、職場のきれいさを保つことにより、問題点を顕在化させる。

e 職場の汚れを取り除き、発生した問題がすぐ分かるようにする。

〔解答群〕

ア a → b → c → d → e

イ b → e → d → c → a

ウ c → b → d → e → a

エ d → b → c → a → e

解説

教科書 Ch1 Sec1

　5Sとは、「職場の管理の前提となる整理、整頓、清掃、清潔、しつけ（躾）について、日本語ローマ字表記で頭文字をとったもの（JIS Z 8141-5603）」である。職場の安全性や生産性を維持・向上するために欠かせない考え方として、生産の現場で広く活用されている概念である。それぞれ以下のように定義されており、①から⑤の順に実行する。

① 整理：捨てること。必要なものと不必要なものを区別し、不必要なものを片づける。
② 整頓：一目でわかるようにすること。必要なものを必要なときにすぐ使用できるように、決められた場所に準備しておく。
③ 清掃：きれいにすること。必要なものに付いた異物を除去する。
④ 清潔：整理・整頓・清掃が繰り返され、汚れのない状態を維持していること。
⑤ しつけ（躾）：決めたことを必ず守ること。

　上記の定義より、最初の手順がcに該当することが判断できる。

　5Sは何といっても、最重要な**「整理」と「整頓」の内容と順番を理解**することを優先しましょう！自分の机の上を想像するとわかりやすいです。勉強（＝受験生にとっての"作業"）を始める前に、まずマンガなど要らないものを片づけ、テキストや筆記用具など要るものだけをきれいに並べますね。

問題 6

生産形態① H28-2

生産形態に関する記述として、最も不適切なものはどれか。

ア　少品種多量生産では、加工・組立の工数を少なくする製品設計が有用である。

イ　少品種多量生産では、工程の自動化が容易で、品種の変化に対するフレキシビリティが高い。

ウ　多品種少量生産では、進捗管理が難しく、生産統制を適切に行わないと納期遵守率が低下する。

エ　多品種少量生産では、汎用設備の活用や多能工化が有用である。

解説

教科書 Ch1 Sec1

ア ◯

同じ製品を繰り返し大量に生産する少品種多量生産では、生産の効率化がより強く望まれる。本肢の内容である、製品設計による加工・組立工数の削減により生産工程を簡素化することは、効率化につながり有用である。

イ ✕

工程の自動化が容易である点は正しい。しかし、工程を自動化することで、専用設備を用いるため、**品種の変化に伴う臨機応変な対応は困難**であり、フレキシビリティ（柔軟性）が高いとはいえない。

ウ ◯

多品種少量生産では、工程や生産リードタイムが異なるさまざまな製品を同時並行的に生産するため、少品種多量生産と比較して進捗管理が難しい。進捗管理を含め、生産統制を適切に行わないと納期遅延が発生し、納期遵守率が低下する。

エ ◯

多品種少量生産では、工程が異なるさまざまな製品を生産するために、さまざまな加工を行うことができる汎用設備を装備することや、さまざまな工程を担当できるように多能工化を図ることは有用である。

 　正解　イ

生産形態に関する理解は、2次試験をふまえても非常に重要です。生産の時期、生産数量と品種、仕事の流し方といった分類の観点にもとづき、それぞれの生産形態の名称と内容、メリット・デメリット、さらに相互の関係性をしっかり理解しましょう。

問題 7

チェック欄▶ 1 / 2 / 3 /

重要度 Ⓐ 生産形態②

H30-2

　加工方法が多様で、需要が安定していない寿命の短い製品の多品種少量生産に関する記述として、最も適切なものはどれか。

ア　加工品の流れが一定ではないので、機能別レイアウトを導入した。

イ　需要の動向にあわせて頻繁に生産計画を変更することが必要なので、MRPを導入した。

ウ　需要変動に対応するためには、生産量の変動で対応するより完成品在庫で対応することが効果的である。

エ　スループットタイムを短くし、コストダウンを図るために専用ラインを導入することが効果的である。

16

解説

教科書 Ch1 Sec1

ア ○

問題文にある「加工方法が多様」とのヒントから、選択肢にある「加工品の流れが一定ではない」と関連づけられる。このような場合、類似の機能をもつ設備を近くに集めて配置する機能別レイアウトを導入する。

イ ✗

MRP（Material Requirement Planning：資材所要量計画）は、構成部品の必要量を決めるために行う。需要が安定していない寿命の短い製品を生産する場合よりも、**同じ製品を長期間にわたり安定的に反復して生産する場合に有効である。**

ウ ✗

需要が安定していない寿命の短い製品の完成品在庫は、売れ残ってしまい**死蔵在庫となるリスクが高い**。選択肢の記述とは反対に、生産量の変動で対応するほうが効果的といえる。

エ ✗

専用ラインの導入は、**需要が安定しており寿命が長い製品の少品種多量生産を行う場合に効果的である。**多品種少量生産で導入するにはコストがかさみ、現実的ではない。

 正解 ア

 講師より

生産形態は、3つの区分方法（生産時期、生産品種・生産量、仕事の流し方）と、それぞれの生産形態の関連性（たとえば受注生産と多品種少量生産と個別生産は関連性が高い、など）を理解し覚えましょう。

問題 8

SLP

SLP（Systematic Layout Planning）に関する記述として、最も不適切なものはどれか。

ア　SLPでは、P（製品）、Q（量）、R（経路）、S（補助サービス）、T（時間）の5つは、「レイアウト問題を解く鍵」と呼ばれている。

イ　SLPでは、最初にアクティビティの位置関係をスペース相互関連ダイアグラムに表してレイアウトを作成する。

ウ　SLPにおけるアクティビティとは、レイアウト計画に関連する構成要素の総称で、面積を持つものも持たないものも両方含まれる。

エ　アクティビティ相互関連ダイアグラムとは、アクティビティ間の近接性評価に基づき作成された線図である。

解説

教科書 Ch2 Sec1

ア ○

本肢の記述どおり、P、Q、R、S、Tは、工場レイアウトを考える際の基本要素として位置づけられる。

イ ✗

SLPでは、最初に、何を（P：製品）どれだけ（Q：量）生産するか、**P-Q分析**を用いて明らかにする。

ウ ○

アクティビティは、機械・設備・倉庫など面積を必要とするものと、出入口・採光など面積を必要としないものに分類される。

エ ○

アクティビティ相互関連ダイアグラムは、アクティビティ同士の近接性を評価し、地理的配置を表現したものである。近接性の強さは、線の本数や太さで表される。

 イ

　SLPは、P-Q分析に始まり、物の流れ分析・アクティビティ相互関係図表、アクティビティ相互関係ダイアグラム、面積（スペース）相互関係ダイアグラムに至るまでの、一連の流れを重視して、理解しましょう。

問題 9 工場レイアウト（P-Q分析）

ある工場のレイアウト改善に関する次の文章の空欄AとBに入る語句として、最も適切なものの組み合わせを下記の解答群から選べ。

この工場では複数の設備を用いて製品の加工を行っており、各設備を製品ごとに直線に配置したレイアウトをとっている。最近、製品の種類が多様化してきたため加工方法が複雑になり、工程間の搬送の手間が増えてきたという問題点を抱えていた。

そこで、ものの流れに関する問題点の発見のためにPQ分析を行った。その結果が下図の　A　であったので、　B　を作成した。それに基づいて工程編成を見直し、設備のレイアウトをジョブショップ型レイアウトに変更した。

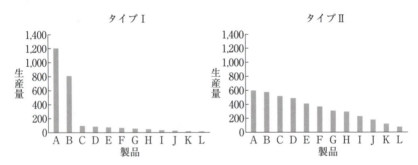

〔解答群〕
　ア　A：タイプⅠ　B：多品種工程図表
　イ　A：タイプⅠ　B：流れ線図
　ウ　A：タイプⅡ　B：多品種工程図表
　エ　A：タイプⅡ　B：流れ線図

解説

教科書 Ch2 Sec1

空欄A

　問題文より、「各設備を製品ごとに直線に配置したレイアウト」をとっていたが、「最近、製品の種類が多様化してきたため加工方法が複雑になり、工程間の搬送の手間が増えてきたという問題点」が発生していることから、多品種化が進み製品別レイアウトでは対応が難しくなっていることがわかる。そのうえで、「それに基づいて工程編成を見直し、設備のレイアウトをジョブショップ型レイアウトに変更した」とあるので、ジョブショップ型レイアウト（機能別レイアウトともいう）が適した生産形態、すなわち多品種少量生産を表すP-Q分析の結果が、空欄Aの解答となる。したがって、製品間の生産量に差が少ない**タイプⅡ**が適切である。

空欄B

　SLPにおける物の流れ分析で、P-Q分析の結果Cグループ、すなわち多品種少量生産が適した製品の場合に適しているのは、「多品種工程分析」または「フロムツーチャート」である。したがって、選択肢にある「**多品種工程図表**」が適切である。

　なお、「流れ線図（フローダイヤグラム）」は、設備や建屋の配置図に工程図記号を記入したものである。IE（参照：問題31）方法研究の工程分析において、人や物のムダな動きなどを分析する流れ分析に活用されるが、SLPにおける物の流れ分析とは直接関係しない。

　よって、**ウ**が正解である。

正解　**ウ**

講師より

　SLPは、P-Q分析に始まりレイアウト案作成に至るまでの一連の流れを理解し覚えましょう。特にP-Q分析の結果で採用する分析が異なる「物の流れ分析」や、混同しやすい「アクティビティ相互関係図表」と「アクティビティ相互関係ダイヤグラム」が、試験でよく問われるポイントです。

問題 **10**

チェック欄▶ 1 / 2 / 3

重要度 **B** フロムツウチャート

R元-3

ある工場でA～Eの5台の機械間における運搬回数を分析した結果、次のフロムツウチャートが得られた。この表から読み取れる内容に関する記述として、最も適切なものを下記の解答群から選べ。

From＼To	A	B	C	D	E
A		12	5	25	
B			11		4
C				2	
D	11				
E		27			

〔解答群〕

ア 機械Aから他の全ての機械に品物が移動している。

イ 逆流が一カ所発生している。

ウ 他の機械からの機械Bへの運搬回数は12である。

エ 最も運搬頻度が高いのは機械A・D間である。

解説

教科書 Ch2 Sec1

SLPにおける物の流れ分析のフロムツウチャートに関する問題である。

フロムツウチャート（流出流入図表）は、多品種少量生産の職場の、機械設備および作業場所の配置計画をするときに用いられる。物の流れに関する分析に使用するもので、生産ラインの前工程（From）と後工程（To）の関係を定量的に表し、工程間の相互関係を分析する。

ア ✗

図によると、機械Aからだけでなく、機械BやCからも品物が移動しているため不適切である。なお、選択肢イの解説のとおり、機械DとEからの逆流による品物の移動も発生している。

イ ✗

図によると、機械DからAに、また機械EからBに逆流が発生しているため不適切である。

ウ ✗

図によると、機械Bへの運搬回数は、機械Aから12、機械Eから27で、合計39のため不適切である。

エ 〇

図によると、機械AからDへの正流で25、機械DからAへの逆流で11、合計の運搬回数は36で他の機械間よりも多く、最も運搬頻度が高い。

講師より

近年は、図表の読み取りができるかを問われることが多くなっています。本問のように、冷静に読み取れば問題なく正答できる易しい設問も多いですが、あまり時間をかけすぎないように注意しましょう。

問題 11 ライン生産方式①

ライン生産方式に関する記述として、最も不適切なものはどれか。

ア 各工程の作業時間は、サイクルタイム以下でなければならない。

イ サイクルタイムはピッチタイムとも呼ばれ、品物が生産ラインから送り出されていく時間間隔を意味する。

ウ 生産ラインの編成効率は、$\dfrac{\text{ステーション数} \times \text{サイクルタイム}}{\text{作業時間の総和}}$ で計算される。

エ タクト方式は、すべての工程が同時に作業を開始し、一定時間間隔をもって、品物が一斉に次の工程に移動する方式である。

解説

教科書 Ch2 Sec2

ア ○
各工程の実際の作業時間は、サイクルタイムよりも短い時間で設計する必要がある。

イ ○
サイクルタイムとは、「生産ラインに資材を投入する時間間隔。備考：通常製品が算出される時間間隔に等しい。(JIS Z 8141-3409)」とされている。

ウ ×
選択肢の内容は、分子と分母が入れ替わっており、明らかに誤りである。生産ラインの編成効率は**ラインバランス効率**ともよばれ、**作業時間の総和を、ステーション数とサイクルタイムの積で除す**ことで算出される。

エ ○
タクト生産方式では、全ラインが完全に同期化して作業と運搬が交互に行われる。そのため、指揮棒を意味する「タクト」が名称として使われている。

正解　ウ

講師より

生産方式の中でも、最も頻出の論点がライン生産方式です。効率化できるなどのメリットや、柔軟性が低くなるなどのデメリットを中心に、内容をしっかりと理解しましょう。

問題 12

チェック欄▶ 1 / 2 / 3 /

重要度 Ⓐ ライン生産方式②

H28-6

生産ラインの工程編成に関する記述として、<u>最も不適切なもの</u>はどれか。

ア サイクルタイムは、生産ラインに資材を投入する時間間隔を規定する。

イ 正味稼働時間を生産量で除算することにより、サイクルタイムを求めることができる。

ウ 総作業時間を生産速度で除算することにより、最小工程数を求めることができる。

エ バランスロスは、1から編成効率を減算することで求めることができる。

26

解 説

教科書 Ch2 Sec2

ア ○

選択肢のとおりである。なお、サイクルタイムは通常、製品が産出される時間間隔に等しく、生産ラインのなかで最も長い要素作業時間に相当する。

イ ○

選択肢アの解説のとおり、**サイクルタイムは製品が産出される時間間隔に等しい**。したがって、正味稼働時間を生産量で除算することで、製品産出間隔、すなわちサイクルタイムを求めることができる。たとえば、正味稼働時間を8時間（480分）、生産量を80個とすると、サイクルタイムは6分（＝480分÷80個）となる。

ウ ✗

総作業時間を<u>サイクルタイム</u>で除算することにより、最小工程数を求めることができる。なお、生産速度はサイクルタイムの逆数である。たとえば、正味稼働時間を8時間、生産量を80個とすると、生産速度は毎時10個（＝80個÷8時間）となる。

エ ○

選択肢のとおりである。なお、編成効率はラインバランス効率ともいう。％で表すと、バランスロス率（％）＝100％－ラインバランス効率（％）となる。

正解　ウ

講師より

生産ラインにおける各工程の所要時間差があると、スムーズな生産がしにくくなります。そこで、各工程の作業量を均等化する「ラインバランシング」を行います。本問で問われた用語を確実に理解したうえで、ラインバランシングの手順も押さえましょう。

問題 13

チェック欄▶ 1 ／ 2 ／ 3 ／

重要度 Ⓐ ライン編成効率

H22-8

　サイクル時間50において組立ラインのラインバランシングを行ったところ、ワークステーション数が5となり、次表に示される各ワークステーションの作業時間が得られた。この工程編成における編成効率の値に最も近いものを下記の解答群から選べ。

ワークステーション	1	2	3	4	5
作業時間	46	50	47	46	46

〔解答群〕

　ア　0.90

　イ　0.92

　ウ　0.94

　エ　0.96

28

解説

教科書 Ch2 Sec2

ライン編成効率は、以下の式により算出される。

$$\text{ライン編成効率} = \frac{\text{各工程の所要時間の合計}}{\text{サイクル時間} \times \text{作業ステーション数}}$$

したがって、本問では下記のとおりに算出される。

各工程の所要時間の合計：$46 + 50 + 47 + 46 + 46 = 235$

サイクル時間：50

作業ステーション数：5

よって、ライン編成効率 $= \dfrac{235}{50 \times 5} =$ **0.94**

正解　**ウ**

　ライン生産方式の中でも、ライン編成効率は頻出です。単純な計算問題を必ず得点できるよう、実際に手を動かして解いてみましょう。

問題 14

チェック欄▶ 1 / 2 / 3 /

重要度 Ⓐ 生産ラインの生産性向上

H21-20

　生産ラインの生産性の向上を狙った次の改善施策のうち、最も不適切なものはどれか。

ア　異品の組付けによる不良発生を防ぐために、部品棚にポカよけ装置を設置した。

イ　各工程の作業者の作業効率を高めるために、部品や工具をできるだけ作業者の作業位置に近づけて供給した。

ウ　生産ラインのバランスロスを抑制してライン全体の生産効率を高めるために、直線ラインをU字化し、作業分担を見直した。

エ　段取作業による生産ラインの停止時間を抑制するために、外段取作業を内段取作業化した。

解 説

教科書 Ch2 Sec2

ア ○

　　ポカよけとは、人的な要因や、作業環境に起因するミスを防止するための仕組みを指す。たとえば、部品置き場に見た目での判別が難しい類似部品がある場合、「類似分に注意！」といった注意書きを掲示しておくことなどが、ポカよけにあたる。

イ ○

　　たとえば、繰り返し作業が続く職場をイメージすると理解しやすい。部品や工具を取るときに、手の届くところにある場合と、一歩でも移動が必要なところにある場合とでは、何百回と繰り返す間に大きな所要時間差がでるはずである。

ウ ○

　　U字化することで、バランスロスを削減するための作業の割付がしやすくなる。

エ ×

　　外段取と内段取が逆になっている。生産ラインの停止時間を短縮するには、ライン停止を伴う内段取時間の短縮が肝要である。そこで内段取の作業内容を精査し、**外段取でできる作業は、可能な限り外段取化する**。

 正解　エ

 講師より

　　選択肢エの「内○○」「外○○」のように、対照となる概念が本試験で問われたら、「逆になっているのでは？」と疑ってみましょう。

問題 15 生産座席予約方式

生産座席予約方式に関する記述として、最も適切なものはどれか。

ア 外注に際して発注者が、外注先へ資材を支給する方式である。

イ 組立を対象としたラインや機械、工程、作業者へ、1つの組立品に必要な各種の部品を1セットとして、そのセット単位で部品をそろえて出庫および供給する方式である。

ウ 受注時に、製造設備の使用日程・資材の使用予定などにオーダーを割り付けて生産する方式である。

エ 製造命令書を発行するときに、その製品に関する全ての加工と組立の指示書を同時に準備し、同一の製造番号をそれぞれに付けて管理を行う方式である。

解 説

教科書 Ch2 Sec2

　生産座席予約方式とは、「受注時に、製造設備の使用日程・資材の使用予定などにオーダーを割り付け、顧客が要求する納期どおりに生産する方式（JIS Z 8141-3207）」である。生産能力あるいは生産期間を「座席」と見立て、列車の座席を予約するような感覚で、顧客が要求する納期に間に合うよう「座席」にオーダーを割り当てることを「生産座席の予約」という。

ア ✕

　この選択肢の内容は、**材料支給**の説明である。生産に必要な材料を、外注先に対して発注者から支給する場合がある。

イ ✕

　この選択肢の内容は、職場やラインなどへ原材料や部品を供給する方式のひとつである、**同期化供給**の説明である。機械または作業者の生産速度に同期化させて1個ずつ供給する。なお他の供給方法として、所定のロット単位で供給するロット供給などがある。

ウ 〇

　この選択肢の内容は、生産座席予約方式の定義そのものである。

エ ✕

　この選択肢の内容は、**製番管理方式**の定義である。個別生産や、ロットサイズの小さなロット生産で用いられることが多い。

 　正解　ウ

講師より

　生産方式を横断的に問う設問への対策として確認しておきたい、典型的な出題タイプの過去問です。ライン生産と同様に重要な論点ですが、知識の深さはそれほど問われないので、各生産方式の特徴を対比しながら理解しましょう。

問題 16

チェック欄▶ 1／ 2／ 3／

重要度 Ⓐ **工程管理方式**

H26-8

工程管理方式に関する記述として、最も適切なものはどれか。

ア 完成品や仕掛品の現品管理を容易にするために、追番管理方式を採用した。

イ 工程間の仕掛在庫量を管理するために、製番管理方式を採用した。

ウ 受注見積りの時点で信頼できる納期を提示するために、かんばん方式を採用した。

エ 注文品ごとに部品を管理するために、生産座席予約方式を採用した。

解 説

教科書 Ch2 Sec2

ア ◯

追番とは、累計製造番号のことである。生産の計画と実績に追番をつけ、その差で進度管理を行う工程管理方式を、追番管理方式という。

イ ✗

製番管理方式は、製造命令書を発行するときに、その製品に関するすべての加工と組立の指示書を準備し、同一の製造番号をそれぞれに付けて管理する方式である。個々の製品やロットと部品、材料が紐付けられるが、**工程間の仕掛在庫量の管理には向かない**。**ウ**のかんばん方式のほうが適している。

ウ ✗

かんばん方式は、トヨタ生産システムにおいて、後工程引取方式を実現する際に、かんばんとよばれる作業指示票を利用して、生産指示、運搬指示をする仕組みである。かんばん方式自体が、**信頼できる納期の指示を支援する仕組みではない**。選択肢**エ**の生産座席予約方式のほうが適している。

エ ✗

イの解説にあるとおり、注文品ごとに部品を管理するためには製番管理方式が適している。

正解 ア

講師より

本問では主要な工程管理方式が網羅的に取り上げられているため、ここで名称と内容の対応ができているか、しっかり確認しておきましょう。

問題 17

重要度 **A** VE①

H25-4

VEに関する記述として、最も適切なものはどれか。

ア 対象物の価値は、対象物の $\dfrac{\text{コスト}}{\text{機能}}$ でとらえられる。

イ 対象物の機能を金額で評価するときは、その構成部品の合計購入金額が用いられる。

ウ 対象物の機能を整理するときに用いる機能体系図（機能系統図）は、機能を特性と要因に分け、相互の関係を階層化して示した図である。

エ 対象物の機能を定義するときは、名詞と動詞を用いて、「○○を○○する」のように記述する。

解説

教科書 Ch2 Sec3

ア ✕

VEは、必要な機能を最も低い原価で得るために、その機能と原価のバランスを研究し、設計・材料・製造方法・供給先の変更などを、継続的かつ永続的に行う費用抑制の手法である。VEにおける価値、機能、コストは次の式で表される。

$$価値(Value) = \frac{機能(Function)}{コスト(Cost)}$$

イ ✕

VEにおけるコストは、ライフサイクルコストで把握する。すなわち、開発・設計コスト、購買・製造コスト、販売・管理コスト、使用・破棄コストなどを包括して考える。

ウ ✕

機能体系図は、機能を「目的」と「手段」に分けて図示したものである。

エ 〇

本肢の記述のとおりである。

講師より

VEでは、「価値・機能・コスト」の式や、機能を「使用機能・貴重機能」などに分ける分解図を中心に覚えましょう。

問題 18

チェック欄▶ 1／ 2／ 3／

重要度 Ⓐ VE②

H28-4

VE における製品の機能に関する記述として、最も不適切なものはどれか。

ア 貴重機能は製品の使用目的にかかわる機能である。

イ 製品の機能は基本機能と二次機能に分類され、二次機能は基本機能を補助する。

ウ 必要機能はその製品の基本機能になる場合が多いが、貴重機能が基本機能になる場合もある。

エ 不必要機能は製品の二次機能に発生する場合が多い。

解説

教科書 Ch2 Sec3

VEにおいて、製品の機能を下記のように分類する。

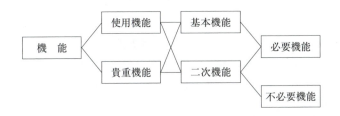

ア ✕

この選択肢の記述は、**使用機能**の説明となっている。貴重機能とは、製品の意匠（デザイン）や外観など、使用者に魅力を感じさせる機能のことである。

イ ○

したがって、二次機能を補助機能ということもある。なお、基本機能を一次機能ということもある。

ウ ○

その名のとおり、必要機能は使用者が必要とする機能なので、製品やサービスを使用するために備えていなければならない基本機能と合致することが多い。一方、装飾品等のように、貴重機能（選択肢**ア**の解説参照）が基本機能となる場合もありうる。

エ ○

使用者が必要としない機能は、二次機能に発生する場合が多い。なお、基本機能（一次機能）は、その機能を除くとその製品やサービスの存在価値がなくなる機能のことである。

正解　**ア**

講師より

VEの機能分類は頻出論点で、本問は典型的な出題パターンです。解説にある図表をしっかりと覚えれば、正答することは難しくない形式での出題が多いです。

問題 19

重要度 Ⓐ ディスパッチングルール　　　　　H30-4

チェック欄▶ 1 / 2 / 3 /

　ある職場では３種類の製品Ａ、Ｂ、Ｃを製造している。この職場の作業条件は以下に示すとおりである。

〈作業条件〉
　・各製品は第１工程と第２工程で同じ順序で加工される。
　・各工程では一度加工が始まったら、その製品が完成するまで同じ製品を加工する。
　・工程間の運搬時間は０とする。
　・各製品の各工程における作業時間と納期は下表に示される。

製品	A	B	C
第１工程	4	1	3
第２工程	5	6	3
納期	17	11	10

　また、第１工程において製品をＡ、Ｂ、Ｃの順に投入した場合のガントチャートは下図のように示され、総所要時間は18時間となる。

	0	2	4	6	8	10	12	14	16	18
第１工程	A		B	C						
第２工程				A		B			C	

　この職場に製品がＡ、Ｃ、Ｂの順で到着した場合の、第１工程における投入順序決定に関する記述として、最も適切なものはどれか。

　ア　３つの製品をSPT順に投入すると、総所要時間は15時間である。
　イ　３つの製品を到着順に投入すると、総所要時間は14時間である。
　ウ　３つの製品を到着順に投入すると、納期遅れはなくなる。
　エ　３つの製品を納期順に投入すると、納期遅れはなくなる。

解説

教科書 Ch2 Sec5

ア ○

SPT（Shortest Processing Time）順とは、作業時間が短いジョブから順に作業を行うルールを指している。設問内に「第1工程における投入順序決定に関する記述」とあるので、第1工程の作業時間が短い順にB→C→Aと投入順序を決定すると、以下のガントチャートが得られる。ここから、総所要時間は15時間であることがわかる。

	0	2	4	6	8	10	12	14	16	18
第1工程	B	C		A						
第2工程		B			C		A			

完成：7 納期：11　完成：10 納期：10　完成：15 納期：17

イ ✕

製品の到着順にA→C→Bと投入順序を決定すると、以下のガントチャートが得られる。ここから、総所要時間は18時間であることがわかる。なお、製品BとCに関しては、いずれも納期に遅れることになる。

	0	2	4	6	8	10	12	14	16	18
第1工程	A		C	B						
第2工程			A			C		B		

完成：9 納期：17　完成：12 納期：10　完成：18 納期：11

ウ ✕

選択肢**イ**の解説のとおり、製品BとCに納期遅れが発生する。

エ ✕

納期順とは、納期が早い順に作業を行うルールを指している。納期順に3つの製品を投入するとC→B→Aの順となり、以下のガントチャートが得られ、ここから製品Bが納期遅れとなることがわかる。

41

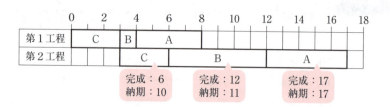

ディスパッチングルールは、設問で指示される投入順序の決定基準をしっかり確認することが何よりも重要です。本問の難度はそれほど高くありませんが、ガントチャートを書く必要があり、解答に時間がかかる点に要注意です。

MEMO

問題 20

重要度 **B** ジョンソン法①

チェック欄 ▶ 1 / 2 / 3 /

R元-9

　2工程のフローショップにおけるジョブの投入順序を考える。各ジョブ各工程の加工時間が下表のように与えられたとき、生産を開始して全てのジョブの加工を完了するまでの時間（メイクスパン）を最小にする順序として、最も適切なものを下記の解答群から選べ。

ジョブ	J1	J2	J3
第1工程	3時間	5時間	1時間
第2工程	2時間	4時間	6時間

〔解答群〕

ア J1 → J2 → J3

イ J1 → J3 → J2

ウ J2 → J1 → J3

エ J3 → J2 → J1

解説

教科書 Ch2 Sec5

　フローショップでは、全てのジョブは機械配置に沿って一方向に流れる。その代表的なスケジューリング方法に、本問で問われたジョンソン法がある。設問で、「生産を開始して全てのジョブの加工を完了するまでの時間（メイクスパン）を最小にする順序」を求められているため、2段階の工程に複数の生産オーダーが出ているときに、全体の作業期間が最短になる順序を産出できるジョンソン法を適用すべきであることがわかる。

　ところでフローショップにおいては、下図のとおり必ず以下2つのタイミングで手待ちが発生してしまう。

① 最初のジョブに第1工程が着手している際に、後工程である第2工程に手待ちが発生（手待ち①）
② 最後のジョブに第2工程が着手している際に、前工程である第1工程に手待ちが発生（手待ち②）。

　したがって総時間数、つまりメイクスパンを短くするには、①第1工程の最初のジョブが開始されてから、いかに早く第2工程の作業を開始できるか、また、②第1工程が最後のジョブを終えてから、いかに早く第2工程の作業を終えられるか、の2点が重要である。本問の場合、①の要件を満たすには、第1工程の最初のジョブには最も加工時間の短いJ3を選び、②の要件を満たすには、第2工程の最後のジョブには最も加工時間の短いJ1を選べばよいことがわかる。

　よって、**エ**が正解である。

　ジョンソン法は、繰り返し出題される、極めてベーシックな論点です。本問は平成27年度の第10問に酷似しており、生産の順序を決めるという最初の手順のみを問う平易な設問でした。

問題 21

重要度 A　ジョンソン法②

2つの生産設備M_1、M_2が直列に連結されたフローショップ工程で、5つのジョブの総処理時間を最小にする生産スケジュールについて考える。すなわち、各ジョブは、まず、生産設備M_1で処理され、次にM_2で処理される。ただし、各生産設備は、1度に1つのジョブしか処理できないものとする。

各ジョブの各生産設備における処理時間が下表に示されるとき、最小の総処理時間（すべてのジョブの処理を完了するまでの時間）を下記の解答群から選べ。

表　処理時間データ

	M_1	M_2
ジョブ1	5	5
ジョブ2	6	4
ジョブ3	4	3
ジョブ4	2	8
ジョブ5	5	7
合計	22	27

〔解答群〕
　ア　27
　イ　29
　ウ　31
　エ　33

解説

教科書 Ch2 Sec5

5つのジョブの総処理時間が最小になるように着手する順番を決定し、その工程の合計時間が解答となる。算出手順は以下のとおり。

① すべての処理時間の中から、最小のジョブを選ぶ。このときM_1のジョブ4が選択される。最小値が前工程M_1にあるので、これを着手順の先頭とする。

② 次に処理時間が小さいジョブを選ぶ。このときM_2のジョブ3が選択される。その処理時間が後工程M_2にあるので、これを着手順の最後尾とする。

③ その次の最小処理時間のジョブを選ぶ。このときM_2のジョブ2となるので、M_2の最後尾から2番目とする。

④ その次の最小処理時間のジョブを選ぶ。このときM_1のジョブ1かジョブ5、またはM_2のジョブ1である。M_1のジョブ1とジョブ5、どちらから着手しても同じ結果が得られるので、とりあえずジョブ1を先頭から2番目とする。自動的にジョブ5が先頭から3番目となる。

以上を下図のように並べると、ジョブ4→1→5→2→3の順番になり、合計処理時間、すなわち最小総所要時間は**29分**となる。

生産設備 M_1	J4 2	J1 5	J5 5	J2 6	J3 4		
生産設備 M_2		J4 8	J1 5	J5 7	J2 4	J3 3

29分

正解 イ

講師より

ジョンソン法は、必ず得点すべき論点です。ただし正確な処理にはある程度の時間を要するため、本試験の最中はいつのタイミングで着手すべきかを冷静に判断すべきです。

問題 22

重要度 A　PERT

H24-14

　受注したジョブは、7つの作業要素A～Gをもっている。各要素の作業時間と作業要素間の先行関係が下表に与えられている。このジョブの最短処理時間に最も近いものを下記の解答群から選べ。

作業要素	作業時間	先行作業
A	6	
B	5	
C	4	A
D	3	A
E	5	B
F	3	C
G	2	D，E

〔解答群〕

ア 11

イ 12

ウ 13

エ 14

48

解説

教科書 Ch2 Sec5

問題文のジョブ条件をもとにアローダイヤグラムを作成すると、次のとおりとなる。

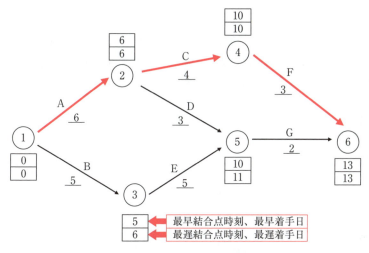

このアローダイヤグラムによれば、受注したジョブの最短処理時間は、結合点⑥に到達する時間「13」となる。

講師より

アローダイヤグラムの考え方として、次の点に注意しましょう。
① あるノード（結合点・イベント）に複数の先行作業がある場合には、それらがすべて完了してから、作業が開始される。
② 同じノード間に複数のアクティビティがある場合には、作業時間0のダミー作業により分割する。

問題 23

チェック欄▶ 1 / 2 / 3 /

重要度 **B** 指数平滑法 H27-9

　ある会社では、商品の需要予測に指数平滑法（平滑化定数 $\alpha = 0.4$）を用いている。当期の需要予測値75に対し、需要実績値は55であった。次期の需要予測値として、最も適切なものはどれか。

ア 63

イ 65

ウ 67

エ 69

解説

教科書 Ch2 Sec5

需要予測の方法のひとつである指数平滑法は、平滑化定数という指数を設けることで、予測に用いる過去の需要予測値と需要実績値との誤差に重みづけを施し、次期の需要予測値の算出を行うという特色を持っている。

指数平滑法（単純指数平滑法）による実績予測値の算出式は、以下のとおりである。

$$F_t = F_{t-1} + α(S_{t-1} - F_{t-1})$$

F_t：t 期（次期）の需要予測値
F_{t-1}：t − 1 期（当期）の需要予測値
S_{t-1}：t − 1 期（当期）の需要実績値
$α$：平滑化定数（0 ＜ $α$ ＜ 1）

本問で与えられた数値をあてはめると、以下のとおりになる。

「当期の需要予測値」 = F_{t-1} = 75
「当期の需要実績値」 = S_{t-1} = 55

「平滑化定数」 = $α$ = 0.4
∴ $F_t = F_{t-1} + α(S_{t-1} - F_{t-1})$ = 75 + 0.4 (55 − 75)
　　　　　　　　　　　　　　　　　　= 75 − 8 = **67**

正解　ウ

講師より

そもそも平滑化定数とは、予測誤差の影響を見積もり、次期の需要予測を修正するために設定する定数です。具体的には、**αが1に近づくほど予測誤差の影響を大きく見積もり**、逆に、**0に近づくほど予測誤差の影響を小さく見積もる**ことになります。

問題 24

重要度 Ⓐ **ストラクチャ型部品構成表**　　H28-9

チェック欄▶ 1 ／ 2 ／ 3 ／

　下表は、製品Aの部品構成を示している。製品Aを30台組み立てる際に、部品dの所要量として、最も適切なものを下記の解答群から選べ（単位：個）。

製品Aの部品構成表

A		a		c	
子部品	数量（個）	子部品	数量（個）	子部品	数量（個）
a	2	c	2	d	3
b	2	d	2	e	3
c	3	e	2		

〔解答群〕

ア 240

イ 390

ウ 570

エ 750

解説

教科書 Ch2 Sec6

与えられた部品構成表からストラクチャ型部品表を作成することで、必要な部品数量を求めることができる。本問の部品構成表からストラクチャ型部品表を作成すると、下図のようになる。

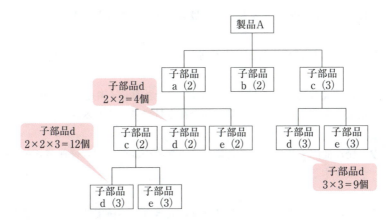

製品Aを1台組み立てるのに必要な子部品dは、

$2 \times 2 \times 3 + 2 \times 2 + 3 \times 3 = 25$（個）

となる。製品Aを30台組み立てるのに必要な子部品dは、

$25 \times 30 = $ **750**（個）

である。

正解　エ

講師より

この問題は、ストラクチャ型部品表を作成するときに、子部品aに含まれる子部品cをさらに展開することができたかがポイントといえます。

問題 25

チェック欄▶ 1 / 2 / 3 /

重要度 Ⓐ **資材の発注**   H30-13

資材の発注に関する記述として、最も適切なものはどれか。

ア MRPでは、発注量と発注時期を生産計画と独立に決定できる。

イ 定期発注方式における発注量は、（発注間隔＋調達期間）中の需要推定量－発注残－手持在庫量－安全在庫量で求められる。

ウ 発注間隔を長くすることにより、きめの細かい在庫管理ができ在庫量が減少する。

エ 発注点は、調達期間中の払出量の大きさと不確実性を考慮して決定される。

解説

教科書 Ch2 Sec6、7

ア ✕

MRP（Material Requirement Planning：資材所要量計画）とは、最終製品が必要とする構成部品の必要量を決めることをいう。**生産計画をもとに、発注量と発注時期を決定する**ため、独立して決定することはできない。

イ ✕

定期発注方式における発注量の算出式は、以下のとおりである。

発注量＝在庫調整期間中の需要推定量－発注残－手持在庫量＋**安全在庫**

したがって、安全在庫の符号は－でなく＋が正しい。なお在庫調整期間は、選択肢にあるとおり「発注間隔＋調達期間」で求められる。

ウ ✕

きめの細かい在庫管理や在庫量の減少を図る場合、**発注間隔は短くするほうがよい**。発注間隔を長くすると、一度に発注する量を多くすることになり、過剰在庫となる可能性が高まる。

エ 〇

発注点方式における発注点の算出式は、以下のとおりである。

発注点＝調達期間中の需要推定量＋安全在庫

選択肢の「調達期間中の払出量の大きさ」が算出式の「調達期間中の需要推定量」にあたり、「不確実性」が「安全在庫」にあたる。

正解　エ

講師より

MRPは、基準生産計画からの一連の流れで理解するとよいでしょう。また、各種の発注方式は、方式ごとのメリット・デメリットや、発注点や発注量の算出式を押さえることが解答の鍵となります。

問題 26

チェック欄▶ 1 / 2 / 3 /

重要度 Ⓐ **経済的発注量**

R元-10

経済的発注量 Q を表す数式として、最も適切なものはどれか。ただし、d を 1 期当たりの推定所要量、c を 1 回当たりの発注費、h を 1 個 1 期当たりの保管費とする。

ア $Q = \sqrt{\dfrac{2dh}{c}}$

イ $Q = \sqrt{2dch}$

ウ $Q = \sqrt{\dfrac{2ch}{d}}$

エ $Q = \sqrt{\dfrac{2dc}{h}}$

56

解説

経済的発注量（EOQ：Economic Order Quantity）とは、在庫に関連する総費用を最小にする発注量を指す。在庫に関連する総費用を「在庫費用」と「発注費用」と考えたとき、1回あたりの発注量を増やすと発注処理の減少で「発注費用」が抑制できるが、在庫が増加するため「在庫費用」が増大する。反対に、1回あたりの発注量を減らすと、その逆の現象が発生する。このトレードオフの関係をふまえ、「在庫費用」と「発注費用」の関係をグラフ化すると下図のようになる。

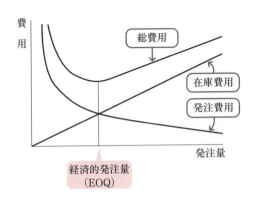

この図から、経済的発注量（EOQ）は、在庫費用線と発注費用線の交点であることが確認できる。

設問に与えられた凡例をもとに、在庫費用と発注費用は以下の式で表すことができる。

在庫費用 ＝ 一定期間内の平均在庫量 × 1個1期あたりの保管費

$$= \frac{Q}{2} \times h$$

Q：1回あたりの発注量
h：1個1期あたりの保管費

発注費用 ＝ 1回あたりの発注費 × 一定期間内の発注回数

$$= c \times \frac{d}{Q}$$

　c：1回あたりの発注費
　d：1期あたりの推定所要量

　経済的発注量（EOQ）は、在庫費用線と発注費用線の交点で求められるため、以下の式で表すことができる。

　在庫費用 ＝ 発注費用

$$\frac{Q}{2} \times h = c \times \frac{d}{Q}$$

より

$$Q = \sqrt{\frac{2dc}{h}}$$

正解　エ

　経済的発注量（EOQ）を表す数式は過去に何度も問われていますが、その要素を表す凡例がしばしば変わります。たとえば、本問では「1期あたりの推定所要量」がdとされていますが、Rとされることもあります。したがって、数式を丸暗記するのでは対応できず、数式の内容が何を表しているのか理解することが必要となります。

MEMO

問題 27

チェック欄▶ 1 / 2 / 3 /

重要度 Ⓐ 発注方式

R2-13

発注方式に関する記述として、最も適切なものはどれか。

ア あらかじめ定めた一定量を発注する方式は定量発注方式と呼ばれる。

イ 定期的に発注する方式は適用が容易であり、ABC分析におけるC品目でよく用いられる。

ウ 毎回の発注量を2ロット（ビン）ずつに固定する発注方式はダブルビン方式と呼ばれる。

エ 毎月第1月曜日に発注するなど発注する時点が固定される発注方式は発注点方式と呼ばれる。

60

解説

教科書 Ch2 Sec7

ア ○

定量発注方式は「発注時期になると**あらかじめ定められた一定量を発注する**在庫管理方式。備考：一般には、発注点方式を指す。（JIS Z 8141-7312）」と定義されている。なお、この場合の「発注時期」とは一般に、在庫量があらかじめ定めた発注点（または、それ以下）まで減ったタイミングのことをいう。

イ ✗

「定期的に発注する方式」とは、定期発注方式を指している。定期発注方式は、「あらかじめ定めた発注間隔で、発注量を発注ごとに決めて発注する在庫管理方式（JIS Z 8141-7321）」と定義されている。定期発注方式は、発注する度に需要予測を行い、発注量を算出する必要があるため、**「適用が容易」とはいえない**。また、ABC分析とは、「多くの在庫品目を取り扱うときそれを品目の取り扱い金額または量の大きい順に並べて、A、B、Cの3種類に区分し、管理の重点を決めるのに用いる分析（JIS Z 8141-7302）」と定義されている。定期発注方式は、**取り扱い金額または量の大きいA品目に適用されることが多い**。

ウ ✗

ダブルビン方式は、同じ容量の2つの容器（ビン）のうち、片方の容器が空になり、もう片方の容器に入った在庫を使用し始めたタイミングで、**1つ分の容器の容量を発注する**方式である。

エ ✗

選択肢**イ**で確認したとおり、**発注する時点が固定される発注方式は定期発注方式**である。

正解 ア

発注方式は、毎年出題される超重要論点です。また出題された場合、本問のようにあまり難度の高くない設問になることも多く、確実に得点したいです。まずは定量発注方式と定期発注方式の特徴を押さえ、そのうえでダブルビン方式など他の発注方式も理解しましょう。
　なお講義では、ダブルビン方式を解説する際に「飲み会でビールジョッキを2つ抱えて飲んでいる人」を例に出します。ジョッキが1杯空になると、途端に店員さんに「おかわり！」コール。すると、もう1杯のビールを飲んでいる間におかわりが到着し、途切れなくビールが飲めるというわけです。中小企業診断士たちの飲み会ではこのように「俺はダブルビン方式で飲むのだ！」と楽しんでいる人々をよく見かけます（笑）

MEMO

問題 28

チェック欄▶ 1／ 2／ 3／

重要度 Ⓐ **定期発注方式／定量発注方式**　　　H24-36

　流通における発注方式のうち、定期発注方式と定量発注方式に関する記述として、最も不適切なものはどれか。

ア　定期発注方式では、発注サイクルを短縮すると在庫が減少する。

イ　定期発注方式は、需要予測の精度が低くても品切れを起こしにくい。

ウ　定量発注方式では、発注点を高くすると品切れが起こりにくい。

エ　定量発注方式は、需要が安定している商品に向いている。

教科書 Ch2 Sec7

ア 〇

　定期発注方式は、発注時に需要予測を行い、発注量を決定する。このとき、発注サイクルを短縮すれば需要予測の期間が短くなるため、発注量は減少する。一般的には、需要予測の期間が短くなれば、予測の精度が高まり、適正な在庫水準の維持が可能となることから、在庫量を抑えることが可能となる。

イ ✗

　定期発注方式で、発注予測の精度が低く、実際の需要量よりも少なく見積もってしまった場合には、**品切れを起こしてしまう可能性**がある。

ウ 〇

　定量発注方式は、在庫量が発注点に至った際に、あらかじめ決めておいた一定の量を発注する方式である。このとき、発注点を高く設定すれば、調達リードタイムの間に消費される在庫の残量が多くなるため、品切れは起こりにくくなる。

エ 〇

　定量発注方式では、発注量が一定であるため、急激な需要の変動が起きた場合には、在庫切れあるいは過剰在庫が発生しやすい。そのため、需要が安定している商品に向いている。

 イ

講師より

　定期発注方式、定量発注方式に関するスタンダードな問題です。メリット・デメリットを各発注方式間で対比して理解し記憶することで、十分に対応できます。

問題 29

チェック欄▶ 1 / 2 / 3 /

重要度 **B** 在庫のＡＢＣ管理　　　　　H21-14

在庫のＡＢＣ管理に関する記述として、最も適切なものはどれか。

ア Ｂ品目では、数量に応じて類似品をグループ化し、グループごとに予測・発注、納入を行うことに重点が置かれる。

イ 在庫金額の多いＡ品目では、在庫の削減よりも、むしろ、発注業務や伝票作成などの管理事務の手間を省くことに重点が置かれる。

ウ 在庫金額の少ないＣ品目では、現品管理を徹底し、納入時点をきめ細かく指示して余分な発注を慎むことに重点が置かれる。

エ 在庫のＡＢＣ管理では、横軸に品目を在庫金額の少ない順に、縦軸に在庫金額を示したＡＢＣ曲線が用いられる。

解説

教科書 Ch2 Sec7

ア ○

　ＡＢＣ管理で、Ｂ品目については、Ａ品目よりは管理レベルを下げ、定量発注方式で対応するが、単価が高い品目は定期発注方式で重点管理する。発注方式の混在により煩雑さは生まれるが、類似品をグループ化するなどにより発注手順を標準化し、発注漏れなどを防ぐといった対策が盛り込まれれば、在庫切れなどのトラブル対応が減少する効果を期待できる。つまり、類似品をまとめることで効率化を狙った手法である。

イ ✕

　本肢の内容はＣ品目の説明である。Ａ品目は重点管理品目であり、発注業務や伝票作成など管理事務を徹底することで、在庫水準が最小になるように**厳密に管理**するべきである。

ウ ✕

　本肢の内容はＡ品目の説明である。Ｃ品目は**管理の効率化を最優先**し、定量発注方式やダブルビン方式を採用する。

エ ✕

　ＪＩＳ Ｚ 8141-7302によれば、「ＡＢＣ分析を用いた管理の仕方をＡＢＣ管理といい、**横軸に金額・量の大きい順**に品目を、縦軸に累積の金額・量（又はその割合）を示した曲線をＡＢＣ曲線という」と定義されている。本肢は横軸の記述が不適切であり、誤りである。

 ア

　ＡＢＣ管理は、原材料、製品等の在庫の重点管理に使われる手法です。本問は、基礎的な知識で解答できる難度です。

問題 **30**

チェック欄▶ 1 / 2 / 3 /

重要度 **Ⓑ** **内外製区分**

H28-12

内外作区分に関連する記述として、最も不適切なものはどれか。

ア 一過性の需要に対応するためには、生産設備を増強して、内作で対応することが好ましい。

イ 自社が特殊な技術を持っており、その優位性を維持するためには、該当する部品を継続的に内作することが好ましい。

ウ 特許技術のような特に優れた技術を他社が持っている場合には、外作することが好ましい。

エ 秘密性や重要性が低い部品で、自社において稼働率が低く、コストが引き合わないときには外作することが好ましい。

解説

教科書 Ch2 Sec7

ア ✕

一過性の需要に対応して生産設備を増強すると、その需要が減退した際に生産設備が遊休化してしまい、投資資金の回収が難しくなる。このため、一過性の需要には、**外注で対応**することが望ましい。

イ ○

他社と比して優位性をもつ特殊技術を用いた部品の生産は、技術漏洩のほか、技術や優位性のさらなる強化といった観点から、内作とすることが望ましい。

ウ ○

自社が保有する技術より優れた技術を他社が保有している場合には、外作によってその優位性を活用することが望ましい。

エ ○

秘密性や重要性が低く、かつ自社で生産した場合の稼働率が低く、コスト面で割に合わない部品であれば、コスト改善にもつながる外作を選択することが望ましい。

正解　ア

講師より

内外作を決定するポイントとして、自社（他社）で生産するほうが品質・価格・数量・納期面で有利か、自社に生産設備や既存設備の稼働余力があるか、自社にない専門技術を要するか、生産することによるリスクの程度等はどうかを考慮します。

問題 31

重要度 B IE

H28-1

　ある機械加工職場における生産リードタイムの短縮を目指した改善活動に関する記述として、最も不適切なものはどれか。

ア 処理を開始してすべての処理を完了するまでの総所要時間を短くするために、ディスパッチングルールを変更した。

イ 流れ線図を作成し、「設備間の距離×物流量の総和」を計算してレイアウトを変更した。

ウ 納期管理を徹底するために、PERTを使ってロットサイズを変更した。

エ マンマシンチャートを作成し、作業者の作業手順を変更した。

解説

教科書 Ch2 Sec5、Ch3 Sec1

ア ○

ディスパッチングルールは、「待ちジョブの中から、次に優先して加工するジョブを決めるための規則（JIS Z 8141-3314）」と定義されている。優先度により作業順を決定することで、すべてのジョブの処理を行う総所要時間を短縮することができる。

イ ○

流れ線図とは、設備や建屋の配置図に工程図記号を記入したものであり、各工程図記号の位置関係を把握することができる。また、工程図記号間の位置関係を把握することで、設備間の運搬距離と物流量を分析し、効率的なレイアウトの検討を行うことにより、生産リードタイムの短縮が可能である。

ウ ✗

PERTとは、順序関係が存在する複数のアクティビティ（作業）で構成されるプロジェクトを、効率よく実行するためのスケジューリング手法である。クリティカルパスメソッドにより、プロジェクト全体の最大期間短縮を最小の投下費用で実現することができるが、**ロットサイズの変更に直接的には関係しない。**

エ ○

マンマシンチャートとは、人と機械の作業がどのように関連しているかを時間的な経過の面から分析するもので、IEの連合作業分析に用いられるツールのひとつである。マンマシンチャートにより、人や機械の手待ちや停止などの非稼動を把握することができる。

正解 ウ

講師より

生産リードタイムの短縮を目指した改善活動について、広範な知識を横断的に問う問題です。本問を活用して理解を深めましょう。

問題 32

重要度 A 基本図記号

ある製品について行った製品工程分析の結果を下図に示す。この図から読み取ることができる記述として、最も適切なものを下記の解答群から選べ。

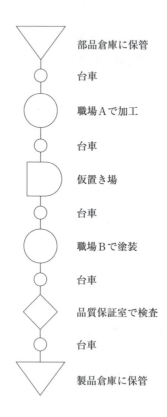

〔解答群〕
ア 作業者が4名いる。
イ 製品検査に抜取検査を採用している。
ウ 台車を自動搬送機にすることにより、運搬記号の数を減らすことができる。
エ 停滞を表す工程が3カ所ある。

解説

教科書 Ch3 Sec1

Part1
Ch 3

基本図記号

製品工程分析で用いられる基本図記号の意味は、以下のとおりである。

要素工程	記号の名称	記号	意味
加工	加工	◯	原料、材料、部品または製品の、**形状や性質に変化**を与える過程を表す。
運搬	運搬	◯	原料、材料、部品または製品の、**位置に変化**を与える過程を表す。
停滞	貯蔵	▽	原料、材料、部品または製品を、**計画により貯えている**過程を表す。
	滞留	D	原料、材料、部品または製品が、**計画に反して滞っている**状態を表す。
検査	数量検査	□	原料、材料、部品または製品の、**量または個数を測って**、その結果を基準と比較して差異を知る過程を表す。
	品質検査	◇	原料、材料、部品または製品の、**品質特性を試験し**、その結果を基準と比較してロットの合格、不合格または個品の良、不良を判定する過程を表す。

ア ✗

製品工程分析では作業者の人数を分析対象としていないため、**この分析結果から人数を読み取ることはできない**。

イ ✗

この分析結果から検査の方法が抜取検査と判断することはできない。なお、本問の図のとおりの工程が全ての製品に適用されていると仮定すれば、「品質保証室で検査」は全数検査と考えられる。

ウ ✗

運搬の方法を変えても、製品の位置に変化が与えられることに変わりはなく、**運搬記号は減らない**。

73

エ ◯
　本問の図によると、貯蔵が2カ所、滞留が1カ所、それぞれ発生しているため、停滞は合計3カ所ある。

 正解　エ

 講師より

　製品工程分析の基本図記号では、それぞれ2種類ずつある滞留（貯蔵、停滞）と検査（数量検査、品質検査）の区別を理解できているかが問われることが多いので、注意しましょう。

MEMO

問題 **33**

チェック欄▶ 1 / 2 / 3 /

重要度 **A** 運搬分析

H29-13

　工場内でのマテリアルハンドリングに関する記述として、最も不適切なものはどれか。

ア　運搬活性示数は、置かれている物品を運び出すために必要となる取り扱いの手間の数を示している。

イ　運搬管理の改善には、レイアウトの改善、運搬方法の改善、運搬制度の改善がある。

ウ　運搬工程分析では、モノの運搬活動を「移動」と「取り扱い」の2つの観点から分析する。

エ　平均活性示数は、停滞工程の活性示数の合計を停滞工程数で除した値として求められる。

解説

教科書 Ch3 Sec1

ア ✗

運搬活性示数は、置かれている物品を運び出すために必要となる取り扱いの手間の数のうち、**すでに省かれている手間の数**を示している。なお、「手間」とは、「まとめる」「起こす」「持ち上げる」「持っていく」の4つである。

イ ○

選択肢のとおり、運搬管理の改善には3つの方向性がある。「レイアウトの改善」により、運搬距離を短縮できることがある。また「運搬方法の改善」により、荷物の取り扱い等の作業が円滑になることがある。さらに、運搬専門の担当者を配置するなど、「運搬制度の改善」により作業効率化が図られることがある。

ウ ○

運搬工程分析では、工程分析の要素工程である「運搬」を、さらに「移動（＝物品の位置の変化）」と「取り扱い（＝物品の支持法の変化）」の2つの観点から分析する。

エ ○

したがって、平均活性指数の値が小さいほど、全体として物品を運び出すために必要となる取り扱いの手間がかかると解釈することができる。

正解　ア

👤 講師より

運搬活性指数に関する典型的な問題です。本問のように、運搬活性示数は0から4までの「5段階」であることや、「すでに省かれている手間」の数であることなどがよく問われます。

問題 **34**

チェック欄▶ 1 ／ 2 ／ 3 ／

重要度 **A** 動作経済の原則

R元-21

　動作経済の原則に基づいて実施した改善に関する記述として、最も適切なものの組み合わせを下記の解答群から選べ。

a　機械が停止したことを知らせる回転灯を設置した。

b　径の異なる2つのナットを2種類のレンチで締めていたが、2種類の径に対応できるように工具を改良した。

c　2つの部品を同時に挿入できるように保持具を導入した。

d　プレス機の動作中に手が挟まれないようにセンサを取り付けた。

〔解答群〕
　ア　aとb
　イ　aとd
　ウ　bとc
　エ　bとd
　オ　cとd

解説

教科書 Ch3 Sec1

動作経済の原則は、動作のあり方についての法則であり、この原則に則った仕事は、経済的であるといえる。一方、この原則に反した動作は、疲労を伴い、非能率で、効率が悪い。作業動作について改善を行う場合は、この原則に基づいて実施することが望ましい。

a ✗

この選択肢の内容は、トヨタ生産方式などに見られる「**あんどん**」を表している。生産ラインにおいて問題の発生を見える化（目で見る管理）し、不具合の後工程への流出を防ぐことに貢献する。作業者の身体的負担が軽減されるわけではない。

b 〇

動作経済の原則に基づいて実施した改善として正しい。この改善により、工具を持ち替える負担が軽減される。

c 〇

動作経済の原則に基づいて実施した改善として正しい。この改善により、挿入するために部品を保持する負担が軽減される。

d ✗

この選択肢の内容は、そもそも誤った操作ができないように構造や仕掛けを工夫することでミスの発生を防止する「**フールプルーフ**」を表している。作業者の身体的負担が軽減されるわけではない。

正解 ウ

講師より

動作経済の原則は、「動作方法」「作業場の配置」「工具・設備の設計」の３つのカテゴリに分類されます。たくさんの原則が存在しますが、本問のような設問では、「作業者の負担を軽減できるか」という観点から正誤を検討しましょう。

問題 35

チェック欄▶ 1 / 2 / 3 /

重要度 **A** 連合作業分析

H24-16

連合作業分析に関する記述として、最も適切なものはどれか。

ア 連合作業分析では、作業を単独作業、連合作業、連続作業の3つに分類して作業分析を実施する。

イ 連合作業分析では、作業を要素動作の単位に分割して分析を実施する。

ウ 連合作業分析は、配置人員を検討する際に利用できる。

エ 連合作業分析は、複数の素材を組み合わせて製品を製造するプロセスを分析するための手法である。

解 説

教科書 Ch3 Sec1

ア ✕

連合作業分析では、作業の特性を明らかにするために、作業を
① 作業を単独作業（他の作業主体と一緒に作業しない作業）
② 連合作業（他の作業主体と協同して行う作業）
③ **不稼動**（他の作業主体が作業している間の待っている状態）
の３つに分類する。本肢では、連続作業となっている点が誤りである。

イ ✕

あらゆる作業に共通する要素動作の単位に分割して分析を行う方法は、連合作業分析ではなく、**サーブリッグ分析**（微動作分析）である。

ウ 〇

連合作業分析により、人や機械の手待ちロス、停止ロス（機械干渉）を明確にし、これらに対して改善の原則（ECRSの原則）などを適用することで、そのロスを減少させつつ、作業周期の時間短縮や人・機械の稼働率向上、機械持ち台数や配置人員の適正化を図ることができる。

エ ✕

生産対象の物を中心に、原材料、部品などが製品化される過程を、調査・分析する手法は連合作業分析ではなく、**製品工程分析**である。

講師より

本問では、方法研究の体系を、頭の中で整理できているかがチェックできます。方法研究は、まず工程系の工程分析、作業系の動作研究に分岐することを押さえましょう。工程系ではさらに「工程分析」と「運搬分析」に、作業系ではさらに「作業系列」と「動作研究」に分岐します。連合作業分析は、「作業系列」に属します。

問題 36

チェック欄▶ 1 / 2 / 3 /

重要度 **B** ワークサンプリング H20-4

稼働分析の手法であるワークサンプリングに関する記述として、最も不適切なものはどれか。

ア 1名の観測者で、多くの観測対象の観測ができる。

イ 確率論の考え方が基本となっている。

ウ 作業の時間値を直接得ることができる。

エ 連続観測法と比較して、労力が少なくて済む。

解説 　　　　　　　　　　　　　　　　　　　教科書 Ch3 Sec1

ア ○

　ワークサンプリングは、1人の観測者が多くの対象者を観測できる点が長所のひとつである。さらに、データの整理が容易なことや、観測される対象者が観測されることを意識しないのでデータの信頼性が高いことも、長所としてあげられる。一方、深い分析には不向きであることや、サンプル数が少ないと誤差が大きくなる点は、短所としてあげられる。

イ ○

　ワークサンプリングは、確率論の考え方に基づき、観測回数と観測時刻を決めて観測する方法である。たとえば、ある作業を100回観測したとき、90回稼働していれば、稼働率を90％とする。

ウ ✕

　ワークサンプリングは、作業時間値を直接得るわけではない。選択肢**イ**のとおり、確率論の考え方により分析するものである。たとえば、ある作業が100分間のうち、ワークサンプリングによって稼働率が90％と分析された場合、作業時間は90分間であるはずというように間接的に算出されるものである。

エ ○

　選択肢**ア**のとおり、ワークサンプリングは1名の観測者で多くの観測対象の観測ができるなど、その容易さに長所がある。

　ウ

 講師より

　ワークサンプリング（瞬間観測法）は、連続観測法との対比でメリット・デメリットを整理しましょう。**前者が繰り返し作業に適した手法**であり、**後者が非繰り返し作業に適した手法**であることも、まず押さえましょう。

問題 **37**

チェック欄▶ 1 / 2 / 3 /

重要度 **A** 標準時間

H27-15

標準時間の算定に関する記述として、最も適切なものはどれか。

ア PTS法で標準時間を算定する際には、レイティングの操作をする必要がない。

イ 観測作業の速度が基準とする作業ペースより速いとき、レイティング係数の値は100より小さく設定される。

ウ 正味時間は、観測時間に余裕率を掛けることで算定される。

エ 標準時間は、正味時間と付帯作業時間から構成される。

解説

教科書 Ch3 Sec1

ア ○

　　PTS法とは、作業を微動作（サーブリッグ）レベルまで分解し、あらかじめ定めた微動作ごとの作業時間を積み上げ、標準時間を求める方法である。微動作レベルでは作業者の個人差がなく、一定の時間値が求められるという考え方に基づいているため、レイティングを必要としない。

イ ×

　　レイティング係数は、正常な作業者が正常な速度で行う基準とする作業ペースを100として、観測対象者のペースと比較した係数である。レイティング係数は以下の式で表すことができる。

$$レイティング係数 = \frac{基準とする作業ペース}{観測作業ペース} \times 100$$

　　このため、観測対象者のペースが速ければ、100より**大きく**設定される。

ウ ×

　　正味時間は観測時間にレイティング係数を掛けることで算定される。
正味時間＝観測時間の代表値×レイティング係数

エ ×

　　標準時間は、主体作業時間と準備段取作業時間に分類され、いずれの時間も正味時間と**余裕時間**から構成される。

　正解　ア

講師より

　本問を通じて、ストップウォッチ法における標準時間設定の流れを理解できているかを確認しましょう。まず、観測時間の代表値に、レイティングで個人差の修正を行い、余裕時間を加えて標準時間を設定します。

問題 **38**

チェック欄 ▶ 1／ 2／ 3／

重要度 **A** QC7つ道具

R元-11

QC7つ道具に関する記述として、最も適切なものはどれか。

ア 管理図は、2つの対になったデータをXY軸上に表した図である。

イ 特性要因図は、原因と結果の関係を魚の骨のように表した図である。

ウ パレート図は、不適合の原因を発生件数の昇順に並べた図である。

エ ヒストグラムは、時系列データを折れ線グラフで表した図である。

解説

教科書 Ch3 Sec2

ア ✗

この選択肢の内容は、「**散布図**」を表している。散布図は、2つの対になったデータの相関性を視覚化することができる。下図は、強い正の相関関係のある場合の、散布図の例である。

イ ○

選択肢の内容のとおりである。特性要因図は、矢印の先に結果を記入して、さまざまな原因が、結果に対してどのような因果関係になっているのかを視覚的に整理する手法である。

ウ ✗

この選択肢の内容は、「**パレート図**」を表している。パレート図は、たとえば不適合品を、不適合の内容別などの切り口により分類して、出現頻度の大きさの順に棒グラフで示し、累積比率を折れ線グラフで示した図である。これにより問題の大きさが可視化され、最も重要な問題点に的を絞って問題解決にあたることが可能となる。下図の場合、累積比率で過半数を占める事象Aの解決を最優先に考えることが必然となる。

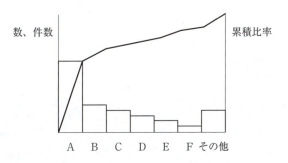

エ ✗

　この選択肢の内容は、「**管理図**」を表している。連続したデータを時系列で並べ、データが管理限界内に入っているかどうかなどによって、異常の有無や傾向を監視し、必要に応じて対処する。限界線に近づきつつある場合は、限界線を越える前に対策を講ずる。

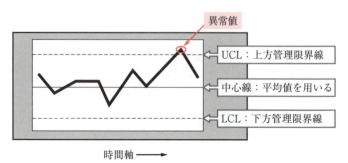

正解　イ

　QC7つ道具は名称と内容をセットで覚えましょう。本問は7つ道具の内容を横断的に問う、典型的な出題パターンです。個別の道具について深く問われる際には、特に管理図が最もよく出題されます。管理図には「計量値データ」の管理図（X-R管理図など）と、「計数値データ」の管理図（p管理図やnp管理図など）があることを覚えておきましょう。

MEMO

問題 39

重要度 **B** 管理図

H24-12

管理図の用途に関する記述として、最も不適切なものはどれか。

ア 観測値を用いて工程を管理状態に保持するために、解析用管理図を用いる。

イ 群の大きさに対する不適合品数の割合を用いて工程を評価するために、p管理図を用いる。

ウ 群の標準偏差を用いて工程の分散を評価するために、s管理図を用いる。

エ サンプルの個々の観測値を用いて工程を評価するために、X管理図を用いる。

解説

教科書 Ch3 Sec2

ア ×

選択肢の内容は、「管理用管理図」を指している。解析用管理図は、工程の状態が把握できていない場合、それを調整するために用いる管理図である。

イ ○

p管理図は、不連続な計数値データを扱い、選択肢にある「群の大きさに対する不適合品数の割合」、すなわち不良率を管理する。

ウ ○

s管理図は、連続的な計量値データを扱い、群の標準偏差（standard deviation）で工程の分散を評価する。

エ ○

X管理図は、連続的な計量値データを扱い、サンプル個々の観測値を用いて工程を評価する。

 ア

講師より

QC7つ道具の中でも、やや詳細な内容を問われることのある管理図について、余裕のある方はチェックしておきましょう。○管理図の○に入るアルファベットに内容を紐づけると、少し覚えやすくなります。

例：標準（standard）偏差で評価する"s"管理図

問題 **40**

チェック欄▶ 1 / 2 / 3

重要度 **Ⓐ** 設備保全

R元-18

　生産保全の観点から見た保全活動の実施に関する記述として、最も適切なものはどれか。

ア　偶発故障期にある設備の保全体制として、部品の寿命が来る前に部品を交換し、故障の未然防止を図る必要があるため、予知保全体制を確立することが重要である。

イ　初期故障期にある設備では、設計ミスや潜在的な欠陥による故障が発生する可能性が高く、調整・修復を目的とした予防保全を実施する。

ウ　設備の故障率は使用開始直後に徐々に増加し、ある期間が過ぎると一定となり、その後劣化の進行とともに故障率は減少する。

エ　定期保全とは、従来の故障記録などから周期を決めて周期ごとに行う保全方式で、初期故障期にある設備に対して実施される。

解 説

教科書 Ch3 Sec3

　生産保全とは「生産目的に合致した保全を経営的視点から実施する、設備の性能を最大に発揮するための最も経済的な保全方式（JIS Z 8141-6208）」と定義されている。以下に示す保全活動の分類や、バスタブ曲線に関する知識を確実に理解しておきたい。

【保全活動の分類】

　保全活動を分類すると、設計時の技術的性能を維持するための維持活動と、性能劣化を修復・改善する改善活動に大別される。なお「保全予防」のみ、生産設備導入の「前」に行う活動である点に注意したい。簡単にいうと、故障しにくい設備を設計する活動である。

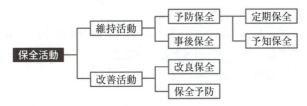

【バスタブ曲線】

　一般的な機械設備の故障発生と使用期間との関係を表す曲線で、寿命特性曲線や、故障率曲線ともよばれる。縦軸は故障率、横軸は使用期間であり、機械設備の導入初期（初期故障期）および一定期間を経過した機械設備（摩耗故障期）に故障が多く、中間の期間（偶発故障期）には故障が少ないことがわかる。

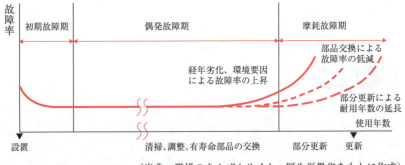

（出典：職場のあんぜんサイト　厚生労働省をもとに作成）

ア ✗

　この選択肢の内容は、**摩耗故障期**における保全体制の説明である。一般的に偶発故障期は部品の寿命よりも、操作ミスなど事故による偶発故障が多い。そのため発生時期を予測することが困難であり、**事後保全**などが基本となる。

イ ◯

　初期故障期は、新設備の運転初期や旧設備の修理・改善直後に故障率が高まる時期である。原因として設計・製造による不具合などがあげられ、この時期に稼働状況を監視し、必要に応じて予防保全を行うことで、設備の故障率を抑制する。

ウ ✗

　バスタブ曲線で示されているとおり、設備の故障率は使用開始直後に徐々に**減少**し、ある期間が過ぎると一定となり、その後劣化の進行とともに故障率は**増加**する。

エ ✗

　初期故障期には、故障記録など保全すべき周期を決めるデータが不足している。したがって、定期保全ではなく、一般的には予知保全が実施される。なお、選択肢前半の記述内容（定期保全〜周期ごとに行う保全方式）は正しい。

 　イ

講師より

　設備保全の論点では「保全活動の分類」を自分で書けるくらい、体系的に整理して覚えましょう。設備の生産能力を新品のように「維持」する活動、より壊れにくく「改善」する活動、とまずは理解してください。また、バスタブ曲線については、5年に1度くらいですが出題されますので、併せて押さえておきたい論点です。

MEMO

Part1
Ch 3

設備保全

問題 41

チェック欄 ▶ 1 / 2 / 3 /

重要度 Ⓐ 製造プロセスのデジタル化 H27-3

製造プロセスのデジタル化に関する記述として、最も適切なものはどれか。

ア CADを導入することで複数台のNC工作機がコンピュータで結ばれ、効率的な設備の運用が可能となった。

イ CAEを導入することで樹脂や金属製の立体物が造形され、開発コストの低減と開発期間の短縮が可能となった。

ウ CAMを導入することでCADと連携したマシニングセンタへの指示プログラムが作成され、熟練工の高度な加工技術を再現することが可能となった。

エ 3次元CADと3Dプリンタを連携させることで構造解析・流体解析等のシミュレーションがコンピュータ上で可能となり、開発コストの低減と開発期間の短縮につながった。

解説

教科書 Ch4 Sec1

ア ✗

CAD（Computer-Aided Design：コンピュータ支援設計）は、製品の形状設計におけるデジタル化の技術であり、本肢にあるような**生産工程におけるデジタル化とは直接関係しない**。生産工程におけるデジタル化の技術は、CAM（Computer-Aided Manufacturing：コンピュータ支援生産）である。

イ ✗

本肢は、**3Dプリンタ**に関する記述である。3Dプリンタは、3次元CADやコンピュータグラフィックスのデータを利用して立体を造形する機器である。3Dプリンタの導入により、立体物の試作が短期間かつ低コストでできるようになり、開発コストの低減や開発期間の短縮が可能になった。

ウ 〇

CAMは、製品の生産工程の設計におけるデジタル化の技術であり、CADと連携することで、設計情報と生産情報を統合し、熟練工の高度な加工技術を再現する指示プログラムの生成といったような、生産工程に必要な情報の効率的かつ正確な運用が可能になる。CADによる設計情報をCAMで活用することを、CAD/CAMとよぶこともある。

エ ✗

本肢は、3次元CADと**CAE**（Computer-Aided Engineering：コンピュータ支援解析システム）の連携に関する記述である。本肢の記述を例にすれば、CAEにより、3次元CADによって作成された製品の形状設計の情報に基づいて、コンピュータ上で構造解析や流体解析のシミュレーションが可能となり、試作品作成のための費用や時間的コストの縮減につながる。

講師より

CAD、CAM、CAEについては、名称と用途など基本的な知識について、しっかりと押さえておきましょう。詳細に知る必要はなく、用語が何を指すものなのかが理解できればよいです。

問題 42

チェック欄▶ 1 / 2 / 3 /

重要度 Ⓐ **まちづくり三法**　　　　　　　　　　　　H30-21

　次の文章は、いわゆる「まちづくり三法」のねらいに関する記述である。空欄A～Cに入る語句として、最も適切なものの組み合わせを下記の解答群から選べ。

　中心市街地活性化法は、都市中心部の衰退化現象に歯止めをかけるべく、都市中心部に対して政策的に資源を集中しようとするものであり、従来の　A　政策の系譜の中での取り組みである。　B　ではゾーニング的手法によって商業施設の立地を計画的に誘導することが期待され、　C　では施設周辺の生活環境を保持する観点からチェックが行われる。

〔解答群〕

ア　A：競争　　B：大規模小売店舗立地法　　C：都市計画法

イ　A：競争　　B：都市計画法　　　　　　　C：大規模小売店舗立地法

ウ　A：振興　　B：大規模小売店舗立地法　　C：都市計画法

エ　A：振興　　B：都市計画法　　　　　　　C：大規模小売店舗立地法

解説

教科書 Ch1 Sec1

　まちづくり三法は、大規模小売店舗立地法、中心市街地活性化法、都市計画法の3つの法律の総称である。

① 大規模小売店舗立地法
　大型店の開発・出店に際して、施設の配置や運営方法等について、その**周辺地域の生活環境の保持**という観点から、大規模小売店舗を設置する者に適正な配慮を求める法律。

② 中心市街地活性化法
　中心市街地を再生し、コンパクトなまちづくりを推進する市町村に対して、各支援措置等を与える法律。同法の条文には「**地域の振興**及び秩序ある整備を図り、国民生活の向上及び国民経済の健全な発展に寄与することを目的とする」と定められている。

③ 都市計画法
　13種類の用途地域が定められ、それぞれ建てることのできる**建物の用途が制限（ゾーニング）**されている。小売業を含む諸施設の立地コントロールを強化するための法律。

　よって、各空欄にはそれぞれA「振興」、B「都市計画法」、C「大規模小売店舗立地法」が入る。

正解　エ

　ほぼ毎年、必ず出題されるのが「まちづくり三法」です。3つの法律がバラバラに出題されるのが一般的ですが、本問では全体像を概観することができます。今一度、復習しておきましょう。

問題 43

重要度 Ⓐ **大規模小売店舗立地法**

H29-26

大規模小売店舗立地法に関する記述として、最も適切なものはどれか。

ア 大規模小売店舗の設置者が配慮すべき基本的な事項の１つは、地域商業の需給調整である。

イ 大規模小売店舗立地法が適用対象とする小売業には、飲食店が含まれる。

ウ 大規模小売店舗立地法が適用対象とする小売店舗は、敷地面積が1,000㎡を超えるものである。

エ 大規模小売店舗立地法の施行に伴い、地域商業の活性化を図ることを目的として大規模小売店舗法の規制が緩和された。

オ 都道府県は大規模小売店舗の設置者が正当な理由がなく勧告に従わない場合、その旨を公表することができる。

解説

教科書 Ch1 Sec1

ア ✗

大規模小売店舗の設置者が配慮すべき基本的な事項として、次の事項が定められている。①周辺地域についての調査など、②住民への適切な説明③都道府県などからの意見に対する誠意ある対応など、④テナントの履行確保、責任体制の明確化など、⑤開店後における適切な対応

本肢の「地域商業の需給調整」は、大規模小売店舗の設置者が配慮すべき基本的な事項に含まれていない。

イ ✗

大規模小売店舗立地法が適用対象とする小売業には、**飲食店は含まれない**。

ウ ✗

大規模小売店舗立地法が適用対象とする小売店舗は、**店舗面積**が1,000㎡を超えるものである。

エ ✗

大規模小売店舗立地法の施行に伴い、大規模小売店舗法の規制は**廃止された**。

オ ○

大規模小売店舗立地法第9条において、都道府県は大規模小売店舗の設置者が正当な理由がなく勧告に従わない場合、その旨を公表することができると定めている。

正解 オ

講師より

まちづくり三法が改正された背景や目的を理解したうえで、大規模小売店舗立地法の目的、対象店舗、調整項目、対象を整理して覚えましょう。

問題 44

重要度 A 陳列手法と特徴

店舗における売場づくりに関して、以下に示す【陳列手法】と【陳列の特徴】の組み合わせとして、最も適切なものを下記の解答群から選べ。

【陳列手法】
　① レジ前陳列
　② ジャンブル陳列
　③ フック陳列

【陳列の特徴】
　a　商品を見やすく取りやすく陳列でき、在庫量が把握しやすい。
　b　非計画購買を誘発しやすく、少額商品の販売に適している。
　c　陳列が容易で、低価格のイメージを演出できる。

〔解答群〕
　ア　①とa　②とb　③とc
　イ　①とa　②とc　③とb
　ウ　①とb　②とa　③とc
　エ　①とb　②とc　③とa
　オ　①とc　②とa　③とb

解説

教科書 Ch2 Sec1

各選択肢に登場した陳列手法の特徴は、以下のとおりである。

〈レジ前陳列〉
　購買顧客が必ず通過するレジ前に陳列することから、目に触れやすく、ついで買いを誘発する効果がある。

〈ジャンブル陳列〉
　カゴやワゴンに無造作に投げ込んでおくような、いわゆる「投げ込み陳列」のこと。陳列の手間がかからないうえ、低価格イメージを訴求できるため特売品の陳列に向いている。一方、高額商品には不向きな陳列手法である。

〈フック陳列〉
　フックに引っかけて陳列する手法。コンビニエンスストアなどで見かけられるように、文房具など小型で軽量の商品に利用される。商品が見やすく、在庫量を把握しやすい。

　　　ジャンブル陳列　　　　フック陳列

a：フック陳列の特徴そのものである。
b：「非計画購買を誘発しやすく」は、ついで買いしやすいことを意味する。
c：ジャンブル陳列の特徴そのものである。

よって、**エ**が正解である。

正解　エ

講師より

陳列手法は2〜3年に1度くらい出題される定番の論点です。2021年度の出題可能性はそれほど高くありませんが、出題された場合はあまり難度が高くならないと思われます。日常の買い物などを通じて理解・記憶しやすく、範囲も広くありませんのでしっかりと対策しておきましょう。

問題 45

チェック欄▶ 1 / 2 / 3 /

重要度 **B** フェイス管理

H28-29

　下表は、商品Aから商品Eの5商品の販売棚における陳列数と最近1か月の売上数量を示したものである。これらの5商品の商品単価と商品パッケージのサイズは同じで商品棚に陳列できる最大フェイス数は20とした場合、棚全体の売上数量を増やすために商品棚割を改善する考え方に関する記述として、最も適切なものを下記の解答群から選べ。なお、期間中に品切れは発生していなかったものとする。

	商品A	商品B	商品C	商品D	商品E
販売棚のフェイス数	8	6	2	3	1
売上数量	120	50	50	60	20

〔解答群〕

ア　売場面積あたりの生産性が最も高い商品Aのフェイス数を増やす。

イ　商品Dと商品Eのフェイス数を2ずつにそろえる。

ウ　商品補充の作業性の面で最も効率が悪い商品Dのフェイス数を増やす。

エ　フェイス数を1つ増やしたときに売上数量が増えるフェイス効果は、商品Aより商品Eの方が高い。

解説

教科書 Ch2 Sec1

Part2
Ch 2
フェイス管理

5種の商品単価と商品パッケージサイズが同じであることから、フェイスあたりの売上数量を求めればよい。

	商品A	商品B	商品C	商品D	商品E
販売棚のフェイス数	8	6	2	3	1
売上数量	120	50	50	60	20
1フェイスあたりの売上数量 （売り場面積あたりの生産性）	15	8.33	25	20	20

ア ✕

棚の面積を売場面積としてとらえた場合、1フェイスあたりの売上数量が売場面積あたりの生産性を意味する。したがって、売場面積あたりの生産性が最も高いのは**商品C**である。

イ ✕

現在の売上数量は、商品Dが60、商品Eが20であり合計80である。ここで、商品Dと商品Eのフェイス数を2ずつに揃えた場合、各商品ともフェイス数の増減により1フェイスあたりの売上数量は多少変化するであろうが、それを考慮せずにとらえれば期待できる売上数量は、商品Dが40、商品Eが40となり合計80となるので、**売上の増加は期待できない。**

ウ ✕

商品Dよりも効率が悪い商品として、1フェイスあたりの売上数量が多い商品Cや、1フェイスあたりの売上数量が商品Dと同じであるが陳列数量の少ない商品Eなどが考えられるが、商品Dが商品補充の作業性の面で**最も効率が悪いとはいえない。**

エ ◯

フェイス数を1つ増やしたときに売上数量が増えるフェイス効果は、フェイス数が多くなるほどその効果が逓減するとされる。現在のフェイス数は、商品Eのほうが商品Aよりも少なく、1フェイスあたりの売上数量は商品Eのほうが商品Aよりも多いため、商品Eのほうが商品Aよりも、1フェイス増加させることによる売上数量増大効果が大きいと考えられる。

105

正解　エ

講師より

　本問は、フェイシングの論点では珍しいタイプの設問です。しかし、選択肢エの解説にあるとおり、「フェイス数を1つ増やしたときに売上数量が増えるフェイス効果は、フェイス数が多くなるほどその効果が逓減する」という原則を問う点では、過去の出題と同じです。

106

MEMO

問題 46

重要度 **C** 色彩

H25-26

売場や商品を演出する色彩に関する説明として、<u>最も不適切なものはどれか</u>。

ア オクラを緑色のネットに入れることで、対比現象により商品の色を鮮やかに見せることができる。

イ 色相が連続する虹色の順に商品を陳列すると、売場に連続性が形成される。

ウ フェイスアウトの陳列をする場合、明度のグラデーションで高明度の色を手前に、暗い色を奥に置くのが一般的である。

エ ベビー用品は、優しい印象を与えるために、明度が高く、やわらかく見える色が多く使われている。

解説

教科書 Ch2 Sec2

ア ✗

　緑色のオクラを緑色のネットに入れることによって期待される演出効果は、対比現象ではなく**同化現象**である。同化現象とは、同系の色を重ねて用いることで、相互の色が影響し合って似た色に見えるという現象である。オクラをより深く鮮やかな緑色のネットに入れることで、ネットの緑色に同化して深い色に見えるようになり、オクラの鮮度が高く見えるという効果を得ることができる。

イ ○

　売場の回遊性を高め、買い物客の足を止めないようにするためには、売場の連続性を途絶えないようにすることがポイントとなる。そのために、陳列する商品の色相を連続性のあるものにすることや、売場の角に商品を陳列する際に、その角をまたぐように同系統の商品を陳列するといった方法が有効である。

ウ ○

　フェイスアウトとは、服飾店などで商品を陳列する際に、正面が見えるように陳列する方法である。フェイスアウトの陳列を行う際は、高明度の色の商品を手前に、暗い色の商品を奥に置くことで、商品が目につきやすくなる効果が得られる。

エ ○

　本肢のとおり、ベビー用品には優しい印象を与えるために、パステルカラーなどの、明度が高くやわらかく見える色が多く使われている。

　正解　ア

講師より

　やや詳細な論点ではありますが、選択肢の内容をよく読むことで、キーワードの違和感に気づけるかどうかが勝負どころとなります。

問題 **47**

チェック欄▶ 1 / 2 / 3 /

重要度 **A** 在庫高予算

H23-29

　ある小売店では、当月売上高予算250万円、年間売上高予算2,400万円、年間予定商品回転率が6回転である。この場合に、基準在庫法によって月初適正在庫高を算出するといくらになるか。最も適切なものを選べ。

ア 400万円

イ 450万円

ウ 500万円

エ 600万円

オ 650万円

110

解説

教科書 Ch3 Sec1

基準在庫法による月初適正在庫高を算出する式は、以下のとおりである。

月初適正在庫高　＝当月売上高予算＋年間平均在庫高－月平均売上高予算
年間平均在庫高　＝2,400÷6＝400（万円）
月平均売上高予算＝2,400÷12＝200（万円）
月初適正在庫高　＝250＋400－200＝**450**（万円）

正解 イ

基準在庫法は、年間平均在庫高に、当月売上高予算と月平均売上高予算の差を「**額**」で反映させる方法です。一方、百分率変位法は、「**率**（具体的には、差の半分）」で反映させる方法です。

問題 48

重要度 A　販売価格決定（値入率）

　小売業の販売価格決定に関する次の文中の空欄AとBに入る数値として、最も適切なものの組み合わせを下記の解答群から選べ。ただし、消費税は考慮しないものとする。

　仕入単価700円の商品Xを売価値入率30％で価格設定した。このときの商品Xの販売価格は　A　円である。しばらくすると、この商品Xの売れ行きが悪くなってきたため、商品Xを3個で1セットとして、1セットの販売価格を2,500円に設定した。この商品Xのセットの売価値入率は　B　％である。

〔解答群〕
- ア　A： 910　　B：16
- イ　A： 910　　B：20
- ウ　A：1,000　　B：16
- エ　A：1,000　　B：20

解説

教科書 Ch3 Sec1

仕入単価700円、売価値入率30％の商品Xにおける売価、原価、値入額の関係について図示すると、以下のとおりになる。

売価＝原価÷（1－売価値入率）
　　　＝700÷（1－0.3）
　　　＝1,000

以上より、Aは**1,000**となる。

また、商品Xを3個セットで販売する場合の原価は、700×3＝2,100円となる。

売価値入率＝値入額÷売価
　　　　　＝（売価－原価）÷売価
　　　　　＝（2,500－2,100）÷2,500
　　　　　＝0.16

以上より、Bは**16**（％）となる。

マーチャンダイジングの領域で出題される各計算問題については、ボックス図を書くなど、うっかりミスを防ぐ手立てを打ちましょう。

問題 49

重要度 A　GMROI　H23-32

商品予算計画に関する算出数値として、最も不適切なものはどれか。

ア　1,800円で仕入れた商品を売価値入率25％で販売する場合、販売価格は2,400円である。

イ　ある小売店の１年間の粗利益率が1,300万円、年間平均在庫高（原価）が500万円である場合、GMROIは260％である。

ウ　ある商品の売上高粗利益率が30％であり、商品回転率が６回転である場合に、交差主義比率は５％である。

エ　期首商品棚卸高600万円、期末商品棚卸高400万円、年間売上高3,000万円の場合に、商品回転率を求めると、６回転である。

解説

教科書 Ch3 Sec1

ア 〇

売上値入率をもとに原価値入率を算出すると、次のようになる。

$$原価値入率（\%） = \frac{売価値入率（\%）}{100\% - 売価値入率（\%）} = \frac{25\%}{75\%} = \frac{1}{3}$$

この原価値入率をもとに、値入額を算出する。

値入額 = 原価 × 原価値入率 = 1,800 + 600 = 2,400

イ 〇

GMROIは次の式で算出される。

$$GMROI（\%） = \frac{売上総利益}{平均在庫高（原価）} \times 100 = \frac{1,300}{500} \times 100 = 260\%$$

ウ ✕

与えられた商品回転率が原価基準で算出されたとした場合、値入率が与えられていないことから、交差比率の検証ができないため、売価基準で算出されたものとして考える。

$$交差比率（\%） = \frac{売上総利益}{平均在庫高（売価）} = \frac{売上総利益}{売上高} \times \frac{売上高}{平均在庫高（売価）}$$

$$= 売上総利益率（\%） \times 商品回転率$$

$$= 30\% \times 6 = 180\%$$

商品回転率が売価基準だとした場合、交差比率は**180%**となる。

エ 〇

期首商品棚卸高および期末商品棚卸高が売価基準であるとし、商品回転率を算出すると、次のようになる。

$$商品回転率（回） = \frac{売上高}{平均商品棚卸高} = \frac{3,000}{500} = 6 回$$

講師より

正解 ウ

商品予算計画の各計算問題で使う算出式は、どうしても忘れがちです。GMROIや交差比率、在庫高予算（基準在庫法、百分率変位法）など各種の算出式をまとめておき、本試験直前にはひととおり確認し、本問などで実際に計算して復習するとよいでしょう。

問題 50

チェック欄▶ 1 / 2 / 3 /

重要度 Ⓐ ISM

H26-31

インストアマーチャンダイジングに関する次の文中の空欄AとBに入る語句の組み合わせとして、最も適切なものを下記の解答群から選べ。

客単価を上げるためには、インストアマーチャンダイジングを実践することが有効である。たとえば、[A]ためにはマグネットポイントの配置を工夫することが重要である。また、棚の前に立ち寄った客の視認率を上げるためには[B]ことが重要である。

〔解答群〕

ア A：買上率を高める　　　B：CRMを実施する
イ A：買上率を高める　　　B：プラノグラムを工夫する
ウ A：客の動線長を伸ばす　B：CRMを実施する
エ A：客の動線長を伸ばす　B：プラノグラムを工夫する

解説

教科書 Ch3 Sec3

空欄A　客の動線長を伸ばす

　インストアマーチャンダイジングでは、商品単価と買上点数の増加によって客単価の増大を図る。マグネットポイントとは、磁石のように顧客を引きつける売場や商品を指すが、マグネットポイントを店内の最適な場所に配置することで、顧客は店内の隅々まで回遊するようになり、結果として客の動線長を伸ばすことにつながる。顧客の動線長が伸びれば、その分だけ非計画購買を行う機会が増え、買上点数の増加による客単価の増加が期待できる。

空欄B　プラノグラムを工夫する

　プラノグラムとは、棚割り（小売店内の売場における商品の陳列計画）をシステマチックに行うための手法である。具体的には、商品のブランドの強さ、包装形態や色などをどのように組み合わせ、その棚の収益が最大になるようシミュレーションする。まず、商品カテゴリーごとに売場の位置を決め、次に売場内のゾーニングを決定する。そして、現状の棚割りでのスペース生産性を算出し、売上の効率性を評価し、スペースの拡大縮小を検討する。ここでは、カテゴリーの戦略を考慮しながら、サブカテゴリーごとの役割に応じてスペース配分や配置位置が決定される。基本的には収益性の高い商品を優位置に配置し、売れ行きの良い商品はフェイスを多く配分する。これにより、顧客の買上点数増加やより収益性の高い商品の販売に結び付け、客単価の増加を企図するのである。

正解　エ

　非計画購買を促す売場生産性向上策であるISMについては、特にインストアプロモーションのなかでも、「**非価格主導型**」のさまざまな具体策を知っておきましょう。また、一方のスペースマネジメントにおいては、客単価を規定する要因である「動線長、立寄率、視認率、買上率、買上個数、商品単価」について理解しておきましょう。

問題 51

チェック欄▶ 1 / 2 / 3

重要度 Ⓐ **ISP**

H30-30

インストアプロモーションに関する次の文章の空欄A〜Dに入る語句として、最も適切なものの組み合わせを下記の解答群から選べ。

特売は、インストアプロモーションの中でも ［ A ］ に売上を増加させるために有効である。価格弾力性が ［ B ］ 商品は、［ C ］ 商品と比べて同じ値引率での売上の増加幅が大きい。ただし、特売を長期間継続した場合は、消費者の ［ D ］ が低下するため、特売を実施する際に注意が必要である。

〔解答群〕

ア A：短期的　B：小さい　C：大きい　D：外的参照価格
イ A：短期的　B：大きい　C：小さい　D：内的参照価格
ウ A：短期的　B：大きい　C：小さい　D：外的参照価格
エ A：長期的　B：小さい　C：大きい　D：内的参照価格
オ A：長期的　B：小さい　C：大きい　D：外的参照価格

解 説

教科書 Ch3 Sec3

インストアプロモーション（ISP）とは、小売店内における販売促進活動のことである。店頭で積極的な提案を行うことで、顧客の購買動機形成や意志決定のプロセスに直接影響を及ぼそうとする活動である。価格主導型と非価格主導型に分類でき、本問でテーマとなっている「特売」は価格主導型ISPの代表的な手法である。

特売は即効性があるため、空欄Aは「**短期的**」が該当する。また、価格低下により需要が大きく伸びる商品に効果がより顕著に表れるため、空欄Bは「**大きい**」、空欄Cは「**小さい**」が該当する。空欄Dには、消費者がこれまでの購買経験で記憶している特定商品の価格である「**内的参照価格**」が該当する。

よって、**イ**が正解である。

 イ

インストアマーチャンダイジング（ISM）は、毎年出題される重要論点です。ISMの2本柱として「ISP」と「スペースマネジメント」があることは、確実に覚えましょう。また、ISPには「価格主導型」と「非価格主導型」の2種があることと、具体的にどのような手法があるのかを覚えましょう。

問題 **52**

チェック欄▶ 1 / 2 / 3 /

重要度 **B** ピッキング方式

H25-35

　物流センターにおけるピッキング方式に関する説明として、最も適切なものの組み合わせを下記の解答群から選べ。

a シングルピッキング方式とは、1人の作業者が受注単位ごとに保管場所を周回して、ピッキング作業を完結する摘み取り型のピッキング方式である。

b 品種別ピッキング方式とは、複数の作業者がその作業範囲を分担し、それぞれが中継してピッキング作業を完結させる方式である。

c 品種別・オーダー別複合ピッキング方式とは、受注を一定受注先数ごとに集約して、品種単位にまとめてピッキングし、その直後に商品を受注先ごとに仕分ける作業を繰り返す方式である。

d リレー式ピッキング方式とは、受注を集約して品種単位にまとめてピッキングし、そのピッキングした商品を後工程でオーダー先ごとに仕分ける種まき型のピッキング方式である。

〔解答群〕
　ア aとb
　イ aとc
　ウ aとd
　エ bとc
　オ bとd

解説

教科書 Ch4 Sec2

a ○

シングルピッキング方式は、顧客となる店舗や注文先別に、1人の作業者が保管場所を周回して集品する摘み取り型のピッキング方式で、オーダー（別）ピッキングともよばれる。

b ✗

本肢は、**リレー式ピッキング方式**の説明である。リレー式ピッキング方式とは、シングルピッキング方式のもつ作業者の移動距離が長くなるという欠点を解消するために、複数の作業者が担当の作業範囲を決め、1人が担当作業範囲でのピッキングを終えたら、次の作業範囲の担当者にコンテナを受け渡すというピッキング方式である。作業者の移動距離は少なくなり、複数店舗のピッキング作業を同時に行うことができる半面、作業者間の作業習熟度に差がある場合は、滞留が発生する可能性もある。

c ○

品種別・オーダー別複合ピッキング方式は、品種別ピッキング方式とシングルピッキング方式の折衷型で、受注を一定の基準で集約し、品種単位ごとにまとめてピッキングし、直後に商品を受注先別に仕分ける、という作業サイクルを繰り返す方式である。

d ✗

本肢は、**品種別ピッキング方式**の説明である。品種別ピッキング方式は、受注を集約した後、それらの受注において出荷される商品ごとにまとめてピッキングし、受注先ごとに仕分けるという作業を繰り返すという、種まき型のピッキング方式である。

  イ

講師より

各ピッキング方式が、どのような注文状況（注文先の多少、多品種少量／少品種多量の別など）に適しているかを押さえましょう。

問題 53 物流センター

物流センターの機能に関する記述として、最も適切なものはどれか。

ア　クロスドッキングとは、物流センターの荷受場で、入荷品を事前出荷通知に基づき保管するか出荷するかを識別して、出荷品を出荷場に通過させることである。

イ　店舗に対して一括物流を行うには、物流センターで在庫を持つ必要がある。

ウ　店舗の発注から店舗への納品までの期間は、一般的に、在庫を持たない物流センターを経由して納品する方が、在庫を持つ物流センターを経由して納品するよりも短い。

エ　包装は、内装と外装に大別され、前者を商業包装、後者を工業包装ともいう。

オ　保管機能とは、商品を一定の場所で、品質、数量の保持など適正に管理し、空間的懸隔と時間的懸隔を克服するものである。

解説

教科書 Ch4 Sec2

ア ○

本肢の記述のとおりである。

イ ×

物流センターには、在庫をもつDCと、在庫をもたず店別仕分けを行うTCがある。このため、**物流センターに在庫をもたずに一括物流を行うことも可能**である。

ウ ×

在庫をもたないTCでは、店舗からの注文を受けるたびに製造業者や卸売業者から商品を取り寄せる必要がある。このため、在庫をもたない物流センターを経由して納品するほうが、在庫をもつ物流センターを経由して納品するよりも、店舗の発注から店舗への納品までの期間は**長い**。

エ ×

包装は**個装、内装、外装**に大別され、個装は商業包装、内装と外装は工業包装とよばれる。個装は個々の物品に対する包装であり、商品を購入するときの包装である。内装は、個装された商品をまとめて梱包したもので、外装は内装をダンボール箱などに収めた流通作業単位の包装である。

オ ×

空間的懸隔とは、生産地と消費地との隔たりのことであり、時間的懸隔とは、生産時期と消費時期との隔たりのことである。物流の保管機能は、時間的懸隔を埋める機能である。農産物のように生産に季節性があるものや、アパレル製品のように消費に季節性があるものは、保管により時期を問わず安定した供給、消費が可能となるが、**空間的懸隔は保管では埋めることができない**。

正解 **ア**

講師より

物流センターの論点については、DCとTCの特徴（リードタイム、カテゴリー納品対応の可否など）を中心に押さえましょう。

問題 54

重要度 **Ⓐ** ユニットロード

R2-37

物流におけるユニットロードおよびその搬送機器に関する記述として、最も適切なものはどれか。

ア コンテナは、複合一貫輸送をする際には使用することができない。

イ 平パレットには、長さと幅についてさまざまな種類があり、日本産業規格（JIS）で規格化されているものはない。

ウ 平パレットを使用する場合は、使用しない場合に比べて、積み込みや取り卸しなどの荷役効率が高い。

エ ユニットロード化を推進することにより、パレットやコンテナなどの機器を利用しないで済むようになる。

オ ロールボックスパレットには、大きさが異なる荷物を積載することができない。

解説

教科書 Ch4 Sec2

ア ✗

複合一貫輸送とは、トラック、船舶、鉄道等の複数の輸送手段を組み合わせて行う輸送である。幹線道路沿いでは、船積みコンテナを載せたトラックが走る姿も多く見られるように、**複合一貫輸送においては広くコンテナが活用されている**。

イ ✗

長さや幅などが異なるさまざまな種類の平パレットが混在して流通しているのが実情ではあるが、「一貫輸送用平パレット」として1100×1100×144mmのT11型パレットが**日本産業規格（JIS）で規格化されている**。

ウ ◯

大小さまざまな形の荷物も、パレットに載せて荷姿を安定させることで作業標準化ができ、さらにフォークリフトで一度に取り扱うなど複数の荷物をまとめて処理できるため、荷役効率が高くなる。

エ ✗

ユニットロードでは、パレットやコンテナなどの機器を活用してユニット化することで輸送効率を高める。したがってユニットロード化を推進することは、むしろ**パレットなどの利用度が高くなる**。

オ ✗

ロールボックスパレットとは、三方を柵で囲い、一方が開口されたキャスター付きの台車のことで、一般に「カゴ台車」などともよばれる。柵で囲まれた範囲内であれば**大きさが異なる荷物でも積載できる**。

ロールボックスパレット

一般社団法人日本パレット協会「パレットとは」https://www.jpa-pallet.or.jp/about/

正解　ウ

　ユニットロードは、近年、毎年のように出題されている重要論点です。出題された場合、それほどの難問になることは考えにくいですが、見慣れない用語が選択肢上に出現することもしばしばあります。そのような場合でも落ち着いて、選択肢が示す状況をイメージして正解肢へ絞っていきましょう。

MEMO

問題 55

重要度 **A** 輸送手段

H29-35

国内の輸送手段に関する記述として、最も適切なものはどれか。

ア 鉄道輸送では、パレットを利用することができず、一貫パレチゼーションを阻害する。

イ 鉄道輸送は、常温での輸送であり、冷蔵・冷凍など温度管理が必要な荷物を輸送できない。

ウ トラック輸送からのモーダルシフトとは、貨物輸送を鉄道や内航海運などへ転換し、トラックと連携して複合一貫輸送を推進することである。

エ トラック輸送からのモーダルシフトは、単独荷主の貸切便で行われ、複数荷主の混載便では行われない。

解説

教科書 Ch4 Sec2

ア ✗
　鉄道輸送においても、コンテナ内にパレット積みの荷物を格納することが可能であり、一貫パレチゼーションを**阻害しない**。

イ ✗
　鉄道輸送においても、温度管理コンテナの導入が進んでおり、冷蔵・冷凍など**温度管理が必要な荷物を積載することができる**。

ウ ○
　トラック輸送により、出荷場所から駅または港まで輸送し、鉄道や内航海運を用いて長距離移動を行ったあと、さらに到着地の駅または港からトラック輸送を行うという、複合一貫輸送が推進されている。

エ ✗
　貸切便に限らず、複数の荷主や輸送事業者による混載モーダルシフトが見られるようになっている。

 正解　ウ

講師より

物流戦略のなかでも主要な輸送手段については、理解しておきましょう。なお、選択肢にある「一貫パレチゼーション」においては、パレット回収が困難になるという問題を解決するための**パレットプールシステム**についても問われることがあります。

問題 56 重要度 B　3PL

H21-29

3PL（Third Party Logistics）に関する記述として、最も不適切なものはどれか。

ア　3PL事業者には、自社で輸送手段や保管施設を保有している者と保有していない者がある。

イ　3PLを活用する場合も、物流拠点ネットワークの設計などは荷主側で行う必要がある。

ウ　荷主にとって3PLを活用する利点は、コスト削減のみならず高度な物流サービスの提供を受けることが可能となることにある。

エ　ロジスティクス・コスト削減の成果を荷主と3PL事業者で分け合う包括契約を締結する場合がある。

解説

教科書 Ch4 Sec2

ア ○

　3PL（サードパーティロジスティクス）事業者は、自ら輸送手段や倉庫、物流センターを保有するアセット（資産をもつ）型と、それらをもたないノンアセット（資産をもたない）型に分類される。ノンアセット型の事業者は、荷主企業のニーズに応じて、他の運送事業者や倉庫事業者などに委託し、物流業務をコーディネートしていくこととなる。

イ ✗

　国土交通省「総合物流施策大綱」において、3PLは、「荷主企業に代わって、最も効率的な物流戦略の企画立案や物流システムの構築の提案を行い、かつ、それを包括的に受注し、実行すること。荷主でもない、単なる運送事業者でもない、第三者として、アウトソーシング化の流れの中で物流部門を代行し、高度の物流サービスを提供すること」とされており、物流拠点ネットワークの設計を**荷主側で行う必要はない**。

ウ ○

　イの解説にもあるとおり、3PLは、「高度の物流サービスを提供すること」とされている。

エ ○

　イの解説にもあるとおり、3PLは、「包括的にロジスティクスを受託する業務である」とされている。

 正解　イ

講師より

　3PLには、選択肢アにあるように、いわゆる物流コンサルティングを生業とするノンアセット型だけでなく、物流そのものまで受託する事業者もあることに注意しましょう。

問題 **57**

チェック欄▶

重要度 **A** 商品の販売データ分析

H24-40

商品の販売データの分析に関する記述として、<u>最も不適切なものはどれか</u>。

ア いったん「売れ筋」商品と位置づけられた商品であっても、条件が変われば「死に筋」商品になる可能性がある。

イ いわゆる「ロングテール現象」とは、インターネット通信販売などにおいて、「死に筋」商品の売上をすべて合計すると大きな売上が得られるという現象を指す。

ウ 小売店舗の売場面積は限られているために、交差比率の低い「死に筋」商品を排除することが重要である。

エ 販売数量を期待できないが、他の商品の販売促進効果が期待できる商品群を「見せ筋」ということがある。

解 説

教科書 Ch5 Sec1

ア ◯

　売れ筋商品は、売上が大きい商品を意味する場合と、売上も粗利益も大きい商品を意味する場合があるが、いずれも気候要因や社会地域的要因、流行などにより、死に筋商品になってしまう可能性がある。

イ ◯

　ロングテール現象とは、死に筋商品やニッチ商品の販売額の合計が、ヒット商品の販売額の合計を上回る現象で、主にインターネットを介した通信販売に起きやすい。売場スペースが無限にあるネット販売では、少量多品種の商品を多く扱うことができ、実在庫はもたず、または、安い地代の場所に在庫をするなどの工夫で、流通コストや在庫コストを抑えることが可能であるため、ヒット商品の大量販売に依存することなく、収益を上げるビジネスモデルの構築が可能となった。

ウ ✗

　一般に小売店舗の売場面積は限られていることから、効率の良い売場を計画する際には、「死に筋商品」の排除が検討される。しかし、カテゴリーマネジメントを実施している場合には、死に筋商品であっても、その商品がカテゴリーを構成する重要なアイテムであれば、取り扱う品目として**排除するべきではない**。また店頭に並べ始めたばかりの新商品の場合、POSデータを抽出する対象期間において十分な売上を達成できていないという可能性もあり、排除する前に「死に筋商品であるかの検証」が必要となる場合もある。

エ ◯

　見せ筋商品とは、客寄せの目的で、売れることを期待せずに取り扱われる商品のことである。死に筋商品であっても売れ筋商品をさらに告知するような販売促進効果が期待できれば、見せ筋商品として店頭に並べておくこともある。

正解　ウ

POSデータのマーチャンダイジングへの活用においては、本問の「売れ筋」「死に筋」の論点のほかに、価格以外で売上に影響を与える要因である「コーザルデータ」や、来店客数の影響を除外して商品の販売実績を評価する指標である「PI値」についても押さえておきたいです。
 また、教科書外の知識を使う必要があることも、本問を通じて体感しましょう。

MEMO

問題 58

チェック欄▶ 1 / 2 / 3 /

重要度 Ⓐ **FSP**

R元-39

　小売業におけるFSP（Frequent Shoppers Program）に関する記述として、最も適切なものの組み合わせを下記の解答群から選べ。

a FSPデータから顧客セグメントを識別する分析方法として、RFM（Recency, Frequency, Monetary）分析がある。

b FSPデータから優良顧客層を発見する分析方法として、マーケットバスケット分析が最適である。

c FSPは、短期的な売上の増加を目指すより、長期的な視点での顧客のロイヤルティを高めることを目指す手段である。

d FSPは、特売期間を限定せず、全ての顧客に各商品を年間通じて同じ低価格で販売する手段である。

〔解答群〕
　ア aとb
　イ aとc
　ウ aとd
　エ bとc
　オ bとd

136

解説

教科書 Ch5 Sec1

　FSP（Frequent Shoppers Program）とは、高い頻度（Frequent）での来店や購買など、自店舗への貢献度に応じて「優良顧客」として優遇することによって、自店舗へのさらに高い支持の獲得を狙うマーケティング手法である。一般的に、ポイントカードを発行のうえ、購入金額に応じてポイントが付与される仕組みなどを指し、広く普及している手法である。

a 〇

　ポイントカードのシステムから取得されるFSPデータ（顧客ID付きの購買データ）から、優良顧客のセグメントを見出す手法としてRFM分析がある。RFM分析とは、顧客をRecency（最終購買日）、Frequency（購買頻度）、Monetary（一定期間の購買金額）の組み合わせで得点化し、ランク分けする。

b ✕

　マーケットバスケット分析は、**優良顧客層を発見するための手法ではない**。顧客が「どんな商品を併せ買いする傾向があるか」をレシート単位で分析し、併せ買いされやすい商品の陳列方法（近くに陳列するなど）や販売方法（セット販売するなど）を工夫し、顧客単価の向上を図ることを目的とする。

c 〇

　FSPは、短期的な売上の増加を目指すだけではなく、顧客との長期的な関係性を構築することに重点をおいている。すなわちCRM（Customer Relationship Management）の一手法であるともいえる。

d ✕

　選択肢の内容は、EDLP（Every Day Low Price）政策の説明である。一般的にFSPでは、RFM分析などにより顧客をセグメントに分けて対応を変えるので、**全ての顧客に同じ低価格で販売するとは限らない**。

正解　イ

講師より

　販売流通情報システムの論点のなかでは、本試験の常連であるID-POSデータに基づくRFM分析や、さらにその具体的な活用先としてのFSPについて、しっかり理解しておきましょう。バーコードなど無機質で覚えるのが大変な領域ですが、私たちが普段から生活者として触れているISMなどに活用されていることがわかり、ほんの少し身近に感じられますね。

MEMO

問題 **59**

チェック欄▶ 1／ 2／ 3／

重要度 Ⓐ マーケットバスケット分析　　H30-39設問1

　マーケットバスケット分析は、頻繁に購入される商品の組み合わせ（相関ルール）を見つけ、併買を促すためのヒントを見つけ出すのに活用される方法の1つである。この相関ルールの評価に関する下記の設問に答えよ。

　相関ルールを多角的な観点から評価するためには、複数の指標が用いられる。このうち、リフト値は重要な評価指標の1つであるが、他に2つの評価指標を挙げる場合、以下の①～④のうち、最も適切なものの組み合わせを下記の解答群から選べ。

① コンバージョン率
② 支持度（サポート）
③ 信頼度（コンフィデンス）
④ 正答率

〔解答群〕
ア　①と③
イ　①と④
ウ　②と③
エ　②と④
オ　③と④

解説

教科書 Ch5 Sec1

　併買を促すためのヒントとなりうる相関ルールを評価する代表的な指標として、リフト値、支持度（サポート）、信頼度（コンフィデンス）などがある。したがって、相関ルールとは関連の薄い「1　コンバージョン率」と「4　正答率」は、この時点で候補から除外されるので、選択肢**ウ**のみが残る。

　支持度（サポート）とは、全顧客人数のうち、特定の商品の組み合わせを購入した人数の割合を表す。たとえば、分析対象が商品Xと商品Yの2つである場合、支持度は以下の式で算出される。

　　支持度（％）＝（商品Xと商品Yを併買した人数）÷全顧客数×100

　また、信頼度（コンフィデンス）とは、ある商品を購入した人が、もう1つの商品を併買する確率を表す。たとえば、商品Xからみた商品Yとの信頼度は以下の式で算出される。

　　信頼度（商品X→商品Y）（％）
　　＝（商品Xと商品Yを併買した人数）÷（商品Xを購入した人数）×100

　よって、**ウ**が正解である。

正解　**ウ**

講師より

　マーケットバスケット分析は、近年頻繁に出題されている論点です。本問で問われた3つの指標については、計算問題として出題された場合も対応できるように、必ず練習してください。

問題 60

チェック欄▶ 1 / 2 / 3 /

重要度 Ⓐ JANコード

H25-38

JANコードに関する記述として、最も不適切なものはどれか。

ア 実際の製造が海外で行われる商品であっても、日本の企業のブランドで販売される場合は、日本の国コードが用いられる。

イ 商品が製造または出荷される段階で、製造業者または発売元が商品包装にJANコードをJANシンボルにより表示することを、ソースマーキングという。

ウ ソースマーキングにより、商品の供給責任者がどこの企業か、何という商品かを識別することができる。

エ ソースマーキングのコード体系は、価格処理の違いにより、PLU方式とNonPLU方式に区分される。

解説

教科書 Ch5 Sec1

ア ◯

　JANコードでは、GS1事業者コードの最初の2桁が国コードとなっている。この国コードは、その商品の供給責任者（ブランドオーナー／発売元／製造元）がどの国に所属しているかを示すものであり、当該商品の「原産国」を示すものではないという点に注意が必要である。したがって、本肢のように製造が海外で行われる商品でも、日本企業のブランドで販売される場合、JANコードにはその「日本企業のGS1事業者コード」が付される。

イ ◯

　ソースマーキングとは、製造業者または発売元などが、製造・出荷の段階で、商品包装にあらかじめJANコードをマーキングすることを指す。JANコードのソースマーキングは、①GS1事業者コード②商品アイテムコード③チェックデジットの3つで構成されている。

ウ ◯

　JANコードのソースマーキングにはGS1事業者コードと商品アイテムコードが含まれているため、ソースマーキングによって、どこの供給責任者の何という商品かを識別することが可能である。

エ ✕

　価格処理の違いによりPLU（Price Look-Up）方式とNonPLU（Non Price Look-Up）方式の2つに分かれているのは、**インストアマーキング**のコード体系である。

 正解　エ

 講師より

　JANコード（Japanese Article Number）は、国際的にはEAN（European Article Number）コードとよばれます。13桁が標準で、8桁の短縮タイプの2つがあります。本問を通じて、問われ方を知りましょう。

問題 61

重要度 B ICタグ

H26-40

物流情報システムの一環としてICタグの利用が徐々に広がってきている。複数企業がICタグを利用する際のコード体系に関する記述として、最も適切なものはどれか。

ア 他の企業との間でコードの重複が生じないように、なるべく複雑で独自のコード体系を採用することが望ましい。

イ 独自のコード体系を採用することで、競争優位性を獲得・維持することができる。

ウ 他の企業の商品コードを読み取った場合にコードを判別できるように、コード体系の標準化が要請されている。

エ 目標とする対象物以外のデータを読み込んでしまう場合があるために、自社のみで識別可能な独自のコード体系による運用が望ましい。

解 説

教科書 Ch5 Sec1

ア ✕

　ICタグのコード体系は、**世界標準の共通のコード体系を採用するのが望ましい**。問題文には「複数企業がICタグを利用する際」とあるため、企業間で一意に識別できないようなICタグを付けた製品や商品が流通した場合、混乱を起こす可能性がある。

イ ✕

　企業独自のコード体系を採用した場合、無識別・誤識別が生じ混乱を起こす可能性がある。また、独自のコード体系を採用したとしても、**競争優位性を獲得・維持することにはつながらない**。

ウ ○

　コード体系の標準化については、国際的なコード体系標準化機関であるGS1傘下の「EPCglobal」や、日本を中心とする「ユビキタスIDセンター」などによる取り組みが進められている。

エ ✕

　できる限り標準化された**共通のコード体系による運用を行うことが望ましい**。また、目標とする対象物以外のデータを読み込まないようにするには、ICリーダーを調整したり、ICタグの種類や周波数帯を調整する方法がとられる。

正解　

講師より

　RFID（無線周波による自動識別技術）を使ったICタグの普及に伴い、出題が続いている論点です。

MEMO

MEMO

MEMO